役割・能力・成果…
"○×主義"を超えて

役割主義・能力主義・成果主義
それぞれの特質を活かしつつ調和させた
トライアングル人事システムとは

河合 克彦〔著〕

目　次

はじめに …………………………………………………… 1

Ⅰ　能力主義、役割主義、成果主義
　　　　　いろいろあるが何を選択すべきか …… 7

1　能力主義 ………………………………………………… 8
　(1)　能力主義の内容 ……………………………………… 8
　(2)　成長経済にフィットしている ……………………… 9
　(3)　人事異動は柔軟に行うことが出来る ……………… 9
　(4)　おおらかな昇格基準 ………………………………… 9
　(5)　降格がない …………………………………………… 10
　(6)　能力主義の考課と処遇の関係 ……………………… 11
　(7)　部門業績、個人目標に対する関心が低い ………… 11
　(8)　能力を評価するのは難しい ………………………… 11
　(9)　等級・号俸による賃金表 …………………………… 13
　(10)　人件費管理に対する関心が希薄 …………………… 14
　(11)　能力主義の特質 ……………………………………… 15

2　役割主義 ………………………………………………… 16
　(1)　役割主義の内容 ……………………………………… 16
　(2)　理論的ではあるが運用が窮屈 ……………………… 16
　(3)　評価は目標管理（個人目標）と
　　　　　　　　行動評価で構成されている …… 18
　(4)　役割主義の特質 ……………………………………… 22

3　成果主義 ………………………………………………… 23
　(1)　成果主義の内容 ……………………………………… 23
　(2)　目標管理（個人目標）で成果を評価する時の問題点 … 23
　(3)　処遇（昇給・昇格・賞与）を意識しすぎる評価になる … 26

(4)　成果主義の特質 …………………………………28

Ⅱ　能力主義・役割主義・成果主義を超えて、これからの人事に求められること …29

1　弾力的に組織運営が出来る等級制度 …………………………34
2　漏れなく本人の行動や結果・能力を把握できること ………35
　(1)　能力主義、役割主義、成果主義それぞれの
　　　　　　長所・短所を理解した上での成果・能力の把握 ……35
　(2)　通常の評価では把握しきれないところも
　　　　　　　　把握できるような仕組みを考える ……36
　(3)　職場規律は守って当たり前であるので
　　　　　　　　　　守らない場合は減点とする ……37
　(4)　部門業績を忘れない …………………………………38
　(5)　個人業績は、それを把握するのが得意とする
　　　　　　　　　　ツールで漏れなく把握する ……44
　(6)　評価項目を設定する時の三つ留意事項 …………46
　(7)　能力も忘れず評価する …………………………………50
3　評価の物差しを明確にすること ………………………………57
4　評価の論理と処遇の論理を区分すること ……………………59
5　評価は納得性が重要 ……………………………………………61
　(1)　「評価に納得する」とは ………………………………61
　(2)　「評価のプロセス」「評価者と被評価者の協働」…………64
　(3)　「評価の信頼性」「評価結果の信頼性」
　　　　　　　　「評価の納得性」「評価の品質」とは ……66
　(4)　評価の信頼性・納得性を損なう三つの壁 ……………70
　(5)　三つの壁を乗り越える方策 …………………………73
6　評価のパワーに気づきこれを活用する ………………………77
　(1)　評価のパワー：「能力開発」………………………………79
　(2)　評価のパワー：「コミュニケーションの促進」…………82

(3)　評価のパワー：「モチベーションアップ」……………83
　　　(4)　評価のパワー：「価値観の浸透」……………………85
　　　(5)　評価のパワー：「リーダーシップ」…………………89
　7　評価は個人目標の評価と同じ基準、方式がよい……………89
　　　(1)　個人目標の評価システムで優れているところ ………89
　　　(2)　役割期待の評価は、
　　　　　　　個人目標の評価システムと同じにする ……91
　8　新しい評価観に立つことが大切………………………………93
　9　賃金は安心を尊重……………………………………………94
　　　(1)　能力主義のマイルドな賃金管理は優れている ………94
　　　(2)　「年俸制」より「月給＋賞与」方式の方が優れている…96
　　　(3)　賃金は社会性、賞与は成果性 ………………………97
　　　(4)　初任給が稼ぎに比べて低いので
　　　　　　　稼ぎに追いつくまでは昇給が必要である ……100
　10　役割・能力・成果に対応する賃金、
　　　　　　　　年功の要素も加味する …… 102
　　　(1)　賃金の大枠は役割・能力で決める …………………… 102
　　　(2)　賞与は成果、昇給は成果・能力で決める …………… 107
　11　人件費原資をコントロールするという発想が必要 …… 107
　　　(1)　このやり方では人件費をコントロールできない …… 107
　　　(2)　人件費をコントロールするにはどうすべきか ……… 108
　　　　①　人件費をコントロールする
　　　　　　　　という意識を持つことが必要 …… 108
　　　　　a　人件費を総額で捉える……………………………… 109
　　　　　b　付加価値と適正労働分配率線で
　　　　　　　　人件費の大きさ（パイの大きさ）を決める …… 109
　　　　　c　PDCAのサイクルを回す
　　　　　　　　（特に付加価値経営計画を立てる）…… 115
　　　　　d　人数、雇用形態をどうするか……………………… 118

② 昇給原資を守る昇給管理……………………… 120
　　③ 賞与原資を守る賞与管理……………………… 122
　　④ 退職金は基本給との連動を断ち切る………… 124

Ⅲ　トライアングル人事システムの具体的内容……… 127
1　トライアングル人事システムのコンセプト………… 128
2　役割・能力を明確にする…………………………… 130
　(1)　ステージ制度 ……………………………………… 130
　(2)　役割能力要件表 …………………………………… 131
　(3)　役割能力要件表の読み方 ………………………… 133
　　① 「期待される役割」の読み方 ………………… 133
　　② 「必要とされる知識技能」の読み方 ………… 134
　(4)　役割能力要件表と各種評価との関連 …………… 135
　(5)　バランスのとれた評価制度 ……………………… 137
　(6)　役割能力要件は人事制度の核 …………………… 139
3　成果を明確にする…………………………………… 141
　(1)　成果とは …………………………………………… 141
　(2)　管理職の成果 ……………………………………… 141
　　① 部門業績責任者………………………………… 142
　　② 部門活性化推進者……………………………… 142
　　　a　変化している………………………………… 143
　　　b　やる気に満ち溢れている…………………… 143
　　　c　コミュニケーションがよい………………… 145
　　③ 管理職の成果をどう捉えるか………………… 146
　(3)　一般社員の成果 …………………………………… 149
4　業績評価……………………………………………… 152
　(1)　得意とするところで把握 ………………………… 152
　(2)　業績評価項目とウエイト ………………………… 154
　(3)　役割期待評価 ……………………………………… 155

	① 役割期待評価項目 ………………………………………	155
	② 役割期待評価項目の評価基準 ………………………	155
	③ 役割期待評価項目の評価用紙 ………………………	158
	④ 役割期待評価項目の運用 ……………………………	158
	⑤ 役割期待評価項目の評価 ……………………………	160
(4)	加点・減点 ……………………………………………………	161
(5)	業績評価得点の計算 …………………………………………	162
(6)	評価期間 ………………………………………………………	164
(7)	一次評価・二次評価 …………………………………………	165
5 個人目標 ………………………………………………………………		168
(1)	目標管理の強み ………………………………………………	168
	① 組織業績達成と個人満足の同時達成 ………………	168
	② 見える化 …………………………………………………	172
	③ 企業・組織の価値観・経営目標の浸透 ……………	173
	④ 個人の役割の明確化 ……………………………………	173
	⑤ 自分で考える ……………………………………………	173
	⑥ 仕事の焦点化 ……………………………………………	174
(2)	目標管理の強みを生かす ……………………………………	174
(3)	個人目標の評価 ………………………………………………	175
(4)	個人目標の評価得点の計算 …………………………………	177
6 部門業績評価 …………………………………………………………		178
(1)	部門業績とは …………………………………………………	178
(2)	管理部門の部門損益計算 ……………………………………	179
(3)	部門業績評価制度構築のステップ …………………………	184
(4)	部門の目的の設定 ……………………………………………	185
(5)	部門業績評価要素の設定 ……………………………………	189
(6)	部門業績評価項目の設定 ……………………………………	192
	① 部門業績評価要素の絞り込み ………………………	192
	② 部門業績評価項目の体系 ………………………………	193

③　規定評価項目と自由評価項目……………………… 196
　(7)　部門業績評価項目の定義、
　　　　　　　　　ウエイト、評価基準の設定 …… 198
　　　①　部門業績評価項目の定義（算式）………………… 198
　　　②　部門業績評価項目のウエイト……………………… 198
　　　③　部門業績評価項目の評価基準……………………… 198
　　　　a　目標達成率タイプ………………………………… 199
　　　　b　絶対額タイプ……………………………………… 200
　　　　c　得点タイプ………………………………………… 200
　　　　d　定性的タイプ……………………………………… 200
　　　　e　減点タイプ………………………………………… 201
　　　④　部門業績評価項目・ウエイト表、部門業績評価項目の
　　　　　定義（算式）、部門業績評価項目の評価基準 …… 201
　　　⑤　部門貢献利益目標達成率の考え方………………… 206
　(8)　部門業績評価得点の計算 ……………………………… 209
　　　①　部門重点施策の得点計算…………………………… 209
　　　②　部門業績評価得点の計算…………………………… 209
7　チャレンジ加点……………………………………………… 211
　(1)　プロジェクト加点 ……………………………………… 212
　(2)　パーソナル加点 ………………………………………… 213
　(3)　エクセレント加点 ……………………………………… 215
　(4)　評価委員会 ……………………………………………… 215
8　能力評価……………………………………………………… 216
　(1)　トライアングル人事システムでの能力評価 ………… 216
　(2)　職務の評価 ……………………………………………… 217
　　　①　「職務の割り当て」は「能力評価」……………… 218
　　　②　「職務の評価」の考え方　──　昇格の場合 ……… 219
　　　③　「職務の評価」の考え方　──　降格の場合 ……… 221
　　　④　「職務の評価」の評価基準………………………… 222

- (3) 知識技能力評価 ………………………………………… 225
  - ① 役割能力要件表と知識技能力評価の関係………… 225
  - ② 知識技能力評価基準………………………………… 227
  - ③ 知識技能力評価ワークシート……………………… 228
- (4) 昇格可能性の評価 ……………………………………… 229

9 昇格 …………………………………………………………… 231
- (1) 昇格基準1 ―― 業績評価 ………………………… 233
- (2) 昇格基準2 ―― 能力評価 ………………………… 235
- (3) 昇格基準3 ―― 審査 ……………………………… 236
- (4) 降格 ……………………………………………………… 237

10 賃金体系 ……………………………………………………… 239
- (1) 役割給 …………………………………………………… 239
  - ① 賃金表による賃金管理と
      賃金表なしの賃金管理の違い …… 241
  - ② 役割給は重なり合うように設定する……………… 243
  - ③ モデルを設定して賃金カーブを想定してみる…… 248
  - ④ 各ステージの役割給の上限・
      下限をどのように設定するか …… 248
- (2) ステージ手当 …………………………………………… 251
- (3) 職位手当 ………………………………………………… 252
- (4) 賃金組み替え …………………………………………… 252
  - ① 移行格付け…………………………………………… 253
  - ② 賃金組み替え………………………………………… 257

11 昇給 …………………………………………………………… 261
- (1) 賃金表によらない昇給計算の仕組み ………………… 261
  - ① 賃金表に基づかない昇給管理の狙い・長所……… 261
  - ② 基本昇給額…………………………………………… 262
  - ③ ステージ係数………………………………………… 264
  - ④ 逓減率………………………………………………… 265

⑤　補正比率……………………………………………… 267
　(2)　若年層の昇給……………………………………………… 267
　(3)　昇給原資の配分…………………………………………… 268
　(4)　昇給計算の実際…………………………………………… 268
12　賞与……………………………………………………………… 270
　(1)　賞与計算の仕組み………………………………………… 270
　　①　基本賞与……………………………………………… 270
　　②　業績賞与……………………………………………… 270
　(2)　賞与計算の実際…………………………………………… 272
　　①　基本賞与の計算……………………………………… 272
　　②　業績賞与の計算……………………………………… 273
　　③　基本賞与と業績賞与を合計して
　　　　　　　各人の賞与を算出する………………… 275
　(3)　賞与計算の実際のまとめ………………………………… 275
　(4)　昇格者の賞与計算………………………………………… 276
　　①　昇格・昇給前の業績賞与指数、
　　　　　賞与算定基礎額で計算する…………… 276
　　②　昇格・昇給後の業績賞与指数、
　　　　　賞与算定基礎額で計算する…………… 276
13　退職金…………………………………………………………… 277

Ⅳ　トライアングル人事システムの鳥瞰 ……………… 281
1　トライアングル人事システムの全体像………………………… 282
2　トライアングル人事システムは能力主義、役割主義、
　　　成果主義の問題点をどのように克服したか …… 288
3　トライアングル人事システムの簡素化………………………… 295

巻末資料

【別表―1】 役割能力要件表（一般社員）
　　　　　　　期待される役割·················· 302
【別表―2】 役割能力要件表（一般社員）
　　　　　　　必要とされる知識技能·············· 303
【別表―3】 必要とされる知識技能の
　　　　　　　具体的内容（全職掌共通）·········· 304
【別表―4】 必要とされる知識技能の
　　　　　　　具体的内容（人事課）·············· 305
【別表―5】 役割能力要件表（管理職―課長）······ 306
【別表―6】 必要とされる知識技能の
　　　　　　　具体的内容（管理職―課長）········ 306

【別紙―1】 部門業績評価表······················ 307
【別紙―2】 個人目標シート······················ 309
【別紙―3】 業績評価表（役割期待シート）········ 310
【別紙―4】 チャレンジ加点申告書
　　　　　　（プロジェクト加点申告書）·········· 311
【別紙―5】 チャレンジ加点申告書
　　　　　　（パーソナル加点申告書）············ 312
【別紙―6】 チャレンジ加点申告書
　　　　　　（エクセレント加点申告書）·········· 313
【別紙―7】 能力評価用紙························ 314
【別紙―8】 職務の評価ワークシート·············· 315
【別紙―9】 知識技能力評価ワークシート·········· 316
【別紙―10】部門目標分担マトリックス表·········· 317

≪参考文献≫···································· 318
≪索引≫·· 320

河合コンサルの豆知識・コラム・Q＆A

豆知識その1	動機づけ要因＝衛生要因
	…ハーズバーグの研究 …………………87
豆知識その2	マズローの欲求5段階説………………… 144
豆知識その3	マグレガーのX理論、Y理論……………… 171

| コラムその1 | 価値観の浸透 |
| | …桶狭間の戦いの例…………………88 |

Q＆Aその1	コンピテンシーについて………………………56
Q＆Aその2	評価の進め方について…………………………71
Q＆Aその3	評価で陥りやすいエラーについて……………72
Q＆Aその4	役割能力要件
	必要とされる知識技能について ………… 226
Q＆Aその5	職務の評価について………………………… 230

はじめに

　人事には基本ファクターとして「役割」「能力」「成果」がある。その中の一つのファクターを重要視して人事制度を組み立てたのが役割主義、能力主義、成果主義と呼ばれているものである。筆者はこれらを○×主義と呼んでいる。我が国の企業・組織の人事制度のほとんどは、これら○×主義の人事制度、またはその亜流で行われている。それぞれよいところもあるが、問題を露呈しているところもある。時代に合わなくなっているところもある。人事の専門家、企業・組織の人事担当責任者、経営者の方々は、その問題を認識しつつ、現行の人事制度を運用しているのが現状ではなかろうか。これら問題点を克服する次の人事制度が待たれるが、未だこれと言った有効な人事制度がなく、模索しているのが現状ではなかろうか。

　筆者は○×主義の次に来る人事制度として『トライアングル人事システム』を提案している。トライアングルとは三角形である。人事の基本ファクターである「役割」「能力」「成果」の三つが三角形をなす。○×主義は人事の基本ファクターである「役割」「能力」「成果」のどれか一つを強調して人事制度を組み立てているところに無理があり、問題を露呈させている。むしろ人事の基本ファクターである「役割」「能力」「成果」それぞれの特質を活かし、調和させることが重要ではないかと考えるのである。トライアングル人事システムはこのような基本的考えから組み立てている。

　ところで、○×主義人事制度についての問題点は、それぞれの箇所で指摘しているが、共通した問題点を四つ指摘できる。これは○×主義人事制度に限らず我が国人事制度共通の問題点と言ってもよい。

　① **個人に立脚しており、部門の視点が薄い**
　視点が個人にあり、評価は個人の業績評価・能力評価であり、部門の業績を評価するという視点はほとんど見られない。

② 評価の手段の特質を生かす（餅は餅屋）発想が薄い

評価の手段としては、大きく分けて「評価項目で把握」と「目標管理」の二つがあるが、これの特質を生かした使い分けが出来ていない。

「評価項目で把握」は、「正確度」「チームワーク」「人材育成」等の評価項目を設けて、これの定義（意味）、評価段階を明確にして把握するやり方である。評価項目をよく吟味して設定し、ウエイトづけすれば、バランスよく本人の行動や結果が把握できる。

「目標管理」は自分の意思でやりたいことを目標にするので、どのような目標になるかは、その時々決まる。評価する対象は「評価項目で把握」は固定的であるのに対し、「目標管理」は自由である。そして目標は本人の業務の特定部分であり、全てをカバーすることは出来ない。目標管理は、変化・前進・向上・改善・完成させるような特定業務と、売上・利益等の数値化できる業務の把握においては優れている。しかし定常業務（ルーチンワーク）、基本業務（チームワーク、報告・連絡・相談といった仕事を行う上で基本となる行動）、必須業務（部下育成、人事評価といった管理職にとっての必須業務）の把握には適していない。むしろ定常業務、基本業務、必須業務の把握は「評価項目で把握」の方が漏れなく、重点を置いた評価が出来る。

成果主義は目標管理に偏重しすぎているし、能力主義は目標管理に冷淡である。「目標管理」は、このように極端に扱うのではなく、その優れたところを活かすようにすればよい。

「評価項目で把握」は、企業・組織の価値観の浸透、本人に期待する役割を明確に示していること、本人の行動や結果をバランスよく余すところなく把握できるという優れたものを持っている。この二つの評価の手段の特質を活かす発想が必要ではないか。

業績は「評価項目で把握」と「目標管理」の二つに、①で挙げた部門業績を加えた次の三つで把握すれば、漏れなく的確に把握できる。

【図表－１】 仕事を特性に合わせて三つに分類し、その得意分野で業績を把握する

① 変化・前進・向上・改善・完成させるような特定業務 売上・利益等数値化できる業務	⇒	目標管理になじむ
② 部門業績に関する業務	⇒	部門業績評価制度を構築して、そこで運用する方がなじむ
③ 定常業務 基本業務 必須業務	⇒	目標管理（個人目標）になじまない。評価項目（正確度、チームワーク、人材育成等）を設けて、そこでしっかり評価した方がなじむ

③ 人件費をコントロールしていくという視点が薄い

　賃金表で賃金を管理している企業・組織では、定期昇給（定昇）は聖域になっている。定昇で上った賃金は賞与、退職金、法定福利費、時間外算定基礎額に跳ね返ってくることが多いが、これに対して有効な手が打たれていない。人件費をコントロールしていくという視点が薄い。

④ 古い評価観であり、新しい評価観に立つという視点が薄い

　図表－２に古い評価観（現在、通常見られる評価観）と新しい評価観を対比させた。新しい評価観とは「評価を広く捉える」「評価のプロセス」「評価者と被評価者の協働」「評価のパワー」「被評価者にも人事評価の知識は必要」といったものである。現在、人事に関連している人には、このような評価観に立つという視点が薄い。この新しい評価観は、筆者がDVD『被評価者のための評価の基礎知識（日本経済新聞出版社刊）』『被評価者のための評価の基礎知識（日本生産性本部刊）』『一生懸命やっているのに評価されないと感じたとき読む本（中央経済社）』等、被評価者向けのDVD・書籍を監修・著作する中で気づいたものである。

　それまでは、評価と言えば評価者を中心に考えて、被評価者はあまり意識していなかった。しかし被評価者向けDVD・書籍を

監修・著作することになって、真剣に被評価者を考えるようになった。被評価者の目線に立って評価を考えた場合、これまでと違った新しい風景が映ってきたのである。これが「新しい評価観」である。

【図表－２】　評価観の新旧対比

項目	旧評価観	新評価観
評価は何のために行うのか	処遇を決めるため（77ページ）	処遇を決めるために加え、評価にはパワーがあることを認識し、これを活かす（77～89ページ）
被評価者の意識	被評価者は「評価は受けるもの」という意識（73～77ページ）	被評価者は評価のプロセスを評価者と協働して評価をつくりあげる（66ページ）
評価の定義	狭義の評価　評価者の行う評価に限定（64ページ）	広義の評価　評価のプロセスを含める（65ページ）
被評価者に評価の知識は必要か	被評価者には人事評価の知識は必要ない（73～77ページ）	被評価者にも人事評価の知識は必要である（63ページ、75～77ページ）

　本書は四章構成になっている。
　第Ⅰ章は能力主義、役割主義、成果主義の現状と問題点を述べている。筆者はコンサルティングを始めるに当たって、その企業・組織の人事制度を徹底的に調査分析する。本書はこの調査分析に基づき具体例を挙げて説明したので分かりやすいと思う。またその企業・組織の人事制度は能力主義であったり、役割主義であったり、成果主義であったりする。この能力主義、役割主義、成果主義にはいろいろな分派があり、一概にこうだと言えないところもある。本書で述べられているものは筆者が体験したものと理解して欲しい。従って少し違うと感じられるところがあるかもしれない。そこはご容赦願いたい。
　第Ⅱ章は能力主義、役割主義、成果主義の次にくる人事制度は「こんな感じの人事制度であったらいいね」という観点から思いつくまま書いた。これに共感したならば次の第Ⅲ章に進んでいた

だきたい。筆者は運用面では能力主義が、理論面では役割主義が、成果志向面では成果主義が優れていると思う。これからの人事制度は、能力主義、役割主義、成果主義のいいとこ取りをして、問題点を克服し、しかも調和させればよいと考えている。

第Ⅲ章は第Ⅱ章で述べたコンセプトを具体的な人事制度に移し替えればこうなるというところが述べられている。トライアングル人事システムの具体的内容をステージ制度、役割能力要件、業績評価、個人目標、部門業績評価、チャレンジ加点、能力評価、昇格、賃金体系、昇給、賞与、退職金について詳しく述べている。

第Ⅳ章はトライアングル人事システムの鳥瞰図を載せた。全体を把握する時、見ていただきたい。そしてトライアングル人事システムで、能力主義、役割主義、成果主義のよいところをどのように活かし、どのように問題点を克服したのかを対比表形式でまとめてみた。復習になると思う。またトライアングル人事システム鳥瞰図を見ると、鉄筋コンクリート造りのビルのようで、複雑だなと感じられるかもしれない。木造住宅程度でよいのだがという希望を持たれている方もおられると思う。これに応えて簡素化したトライアングル人事システムも示した。これをベースに自企業・組織の体力、運用力、評価者のレベルを考えて、順次パーツを組み立てていくというのも一つの方法である。

本書のメインテーマである「トライアングル人事システム」は、10年ほど前の拙著『役割・業績・能力基準人事賃金システム』でも触れているように、何も本書執筆のために突如出てきたものではない（筆者は、「業績」は「成果」と同じ意味と考えているので、人事の基本ファクターである「役割」「能力」「成果」の特質を活かし調和させる「トライアングル人事システム」と、「役割・業績・能力基準人事賃金システム」は同じものである）。筆者のこれまでの人事コンサルティング経験を通じて自然と出てきたものである。したがって本書の考えや仕組みは、既に筆者がコンサルティングをしている企業・組織に実施・運用しているものであり、実証済みであることから、本書を手に取られた皆様の企業・組織でも、無理なく運用できることと思う。

また、本書は筆者の30年余りのコンサルティング経験のいわば集大成とも言えるものであり、トライアングル人事システムは、鳥瞰図（283ページ）を見ていただければ分かるように、いろいろなパーツのシステムからなる集合体でもある。それぞれのパーツの仕組みは既に筆者の著書になって出版されている。本書では詳しく説明出来なかったところもあるので、詳しく知りたい方は**図表－3**に示す書籍に当たっていただければ幸甚である。

【図表－3】　更に詳しく知るには…

項目	関連ページ	筆者執筆の参照書籍
目標管理、役割期待	44～50	役割目標によるマネジメント （生産性労働情報センター）
部門業績評価	38～44 178～210	これで納得　賃金決定のための部門業績評価（経営書院）
総額人件費管理、付加価値経営計画	108～126	要員・総額人件費マネジメント （生産性労働情報センター）
新しい評価観	94～95	被評価者のための評価の基礎知識 （生産性労働情報センター）
評価の進め方、評価で陥りやすいエラー	72	評価者になったら読む本　改訂増補版 （生産性労働情報センター）
管理部門の業績評価	179～183	管理部門生産性向上システム （生産性労働情報センター）
役割能力要件表構築	131～140	人事賃金コンサルティング入門 （日本法令）
トライアングル人事システムの構築	128～279	

　最後に、本書出版にあたっては、公益財団法人　日本生産性本部　生産性労働情報センターの下村暢氏に、ひとかたならぬご尽力を賜りました。ここに心から厚く御礼申し上げます。

2015年7月
河合克彦

I 能力主義、役割主義、成果主義　いろいろあるが何を選択すべきか

　人事のファクターとしては役割、能力、成果の三つがある。役割を強調して人事制度を組み立てたのが役割主義、能力を強調したのが能力主義、成果を強調したのが成果主義である。

　我が国の企業・組織の人事制度は能力主義、役割主義、成果主義またはその亜流で組み立てられているのがほとんどである。

　能力主義、役割主義、成果主義とはどのようなものか、どこが優れて、どこが問題なのかを第Ⅰ章ではみていく。

I 能力主義、役割主義、成果主義
いろいろあるが何を選択すべきか

　人事の基本ファクターとしては役割・能力・成果がある。それぞれのファクターを中心に組み立てたのが役割主義、能力主義、成果主義である。しかしこの難しい時代に一つの人事ファクターだけで人事制度を運用することには限界が来ている。多くの企業・組織は能力主義、役割主義、成果主義（いわゆる○×主義）の問題点を認識しながら、その後に来る人事制度を模索しているが、これといった決め手がなく悩んでいるというのが現状ではないだろうか。

　本書は、能力主義、役割主義、成果主義の次に来る人事制度は何か、それを探っていくのを目的としているが、その前に現状行われている能力主義、役割主義、成果主義とはどういったものなのか、どこに特色があって、どこが問題なのかをみていくことにする。

　ただここでお断りしておきたい。能力主義、役割主義、成果主義といってもその内容は企業・組織に合わせて構築されているため千差万別であり、その亜流もいろいろある。本書で上げられている能力主義、役割主義、成果主義の人事制度は、いずれも筆者が接した人事制度であることを予めお断りしておく。

1　能力主義

(1)　能力主義の内容

　能力主義は、図表1－1にみるように能力で処遇を決めるやり方である。評価は「能力」を中心に行う。等級は能力の発展段階と定義される。等級・号俸による賃金表を使用して賃金管理を行う。わが国では最も多く行われている人事制度である。

【図表1-1】 能力主義の内容

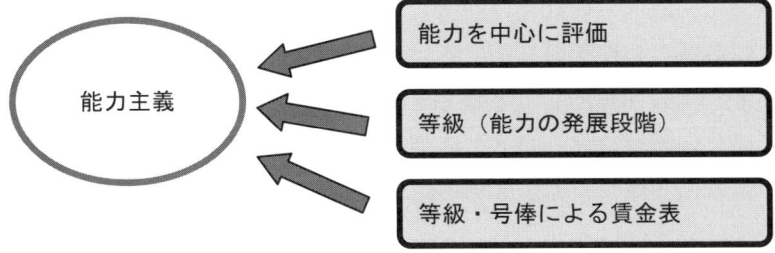

(2) 成長経済にフィットしている

　等級は能力の発展段階と規定され、能力が高まれば昇格する。等級には定員は無い（役割主義は役割ポストには限度があるので定員がある）。誠におおらかな仕組みである。日本経済が成長していた時期は、経済の成長に合わせて企業・組織も成長し、組織も拡大し、ポストも増えていった。従って能力が高まれば昇格させても十分対応できた。

　それが日本経済の成長が低下し、企業・組織もそれほど成長しなくなり、ポストもそれほど増えない時代になってきた。そういうことになれば、能力が上がったからと言って昇格させても、それに見合った仕事がないということになる。低成長下、能力主義を維持するのはなかなか難しくなってきた。

(3) 人事異動は柔軟に行うことが出来る

　役割主義のように役割が変わってもそれで直ちに等級が変わるということはない。賃金も確保される。役割が変わっても社員は安心であり、組織変更や人事異動を柔軟に行うことが出来る。能力開発、キャリア形成のための異動もスムーズに出来る。

(4) おおらかな昇格基準

　昇格（等級が上がること）においては、最短と最長の在級年数

Ⅰ　能力主義、役割主義、成果主義いろいろあるが何を選択すべきか

（同じ等級に留まる年数）が設定されている。最短在級年数は、誰でも、最低この期間は在級しなければ、昇格できないものである。最低この期間は在級しなければ、昇格のための能力判定において、正確さを期すことができないこと、およびローテーションで新しい職場に移った人との能力比較において、不公平が生じないように考慮したものである。最長在級年数は、誰でも、この年数を経過すれば昇格するというものである。ある程度の等級までは最長在級年数があるので昇格できる。また最短在級年数は昇格の歯止めになっているが、逆にこの年数が標準になり、この年数を在級すれば昇格すると思うようになり、昇格が年功化することにもつながっている。

【図表１－２】 能力主義の昇格基準の例

等級	在級年数		人事考課
	最短	最長	
９級⇒10級	３年		直近１年　Ａ以上
８級⇒９級	３年		直近１年　Ａ以上
７級⇒８級	４年		直近２年　Ａ以上
６級⇒７級	４年		直近１年　Ａ以上
５級⇒６級	４年		直近１年　Ｂ以上
４級⇒５級	３年		直近１年　Ｂ以上
３級⇒４級	３年	５年	直近１年　Ｂ以上
２級⇒３級	２年	２年	―
１級⇒２級	２年	２年	―

（５） 降格がない

　一旦身につけた能力は減退することはないと考え、基本的には降格がない。ただ日進月歩の今日、知識の陳腐化が激しく、過去の知識は役に立たず却って邪魔になることもある。降格がないということに違和感を感じる人は多い。

(6) 能力主義の考課と処遇の関係

　能力主義の評価は成績考課、情意考課、能力考課で構成され、図表1－3のように昇給・昇格、賞与に反映される。能力主義の場合、評価は「考課」という言葉を使うので「成績考課」「情意考課」「能力考課」となる。賞与評価、昇給・昇格評価というように評価と処遇が直接結びついておらず、評価の論理と処遇の論理は区分されている。

【図表1－3】　能力主義の考課と処遇の関係

```
┌──────────┐  ┌──────────┐  ┌──────────┐
│  成績考課  │  │  情意考課  │  │  能力考課  │
└──────────┘  └──────────┘  └──────────┘
        ↓  ↓       ↓     ↓         ↓
     ┌────────┐        ┌──────────┐
     │  賞与  │        │ 昇給・昇格 │
     └────────┘        └──────────┘
```

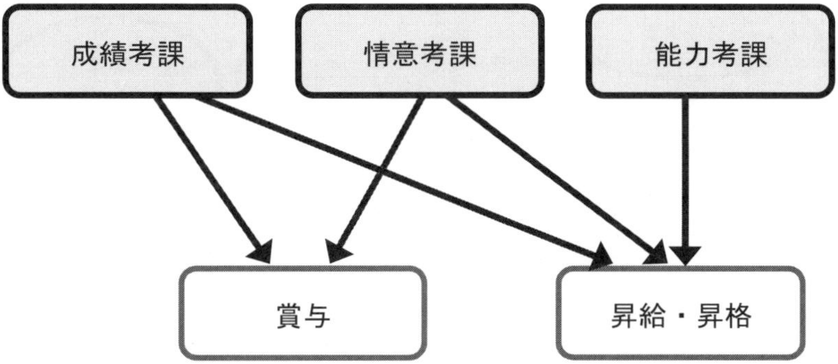

(7)　部門業績、個人目標に対する関心が低い

　能力主義の考課の内容を詳細に見ると図表1－4のとおりである。能力主義を行っている企業・組織は、経営計画、部門計画、個人目標を運用しているところもあるが、多くは部門計画、個人目標を人事評価に反映させていない。能力主義は視点が個人にあり、経営管理、部門業績に、あまり関心を示さないところが多い。個人目標を行っている企業・組織も成績考課（仕事の質、仕事の量）の参考資料に留めているところが多い。

(8)　能力を評価するのは難しい

　評価は「能力」を中心に評価するが、実際評価するとよく分かるように、能力を評価することは極めて難しい。能力はそれを直

【図表1-4】 能力主義の考課の内容

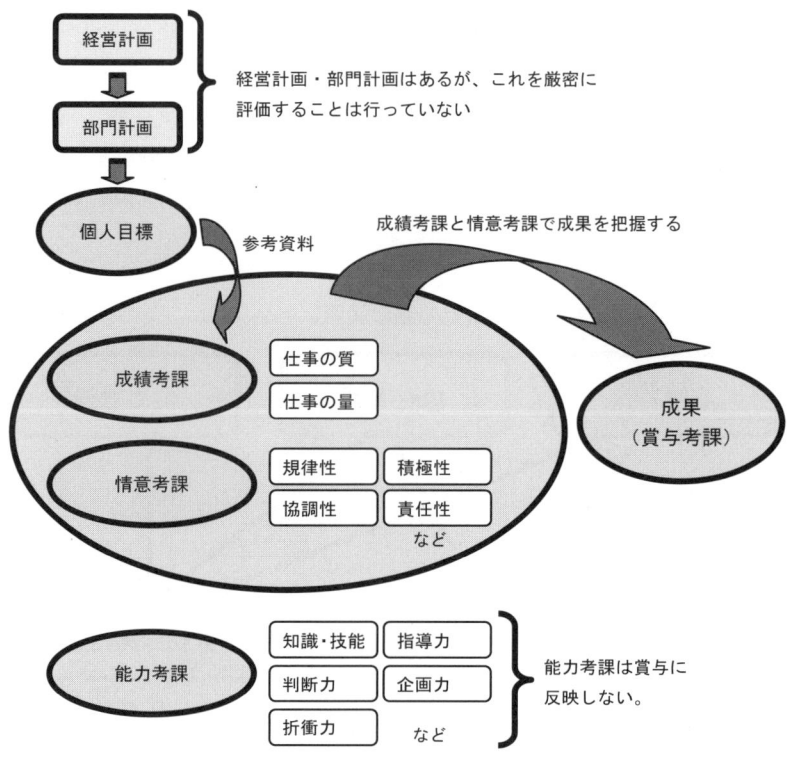

接評価できないので、本人の行動や結果を評価して、そのような行動をする人や結果を出す人は多分このような能力を持っていると間接的に評価するという形をとる。それでも能力評価は難しいので、アバウトになりやすい（図表1-5）。

　実際、ケースを用いた評価者研修を行ったらよく分かるが、成績考課、情意考課は実際に表れる結果や行動を評価すればよいので評価できるが、能力考課はどのように評価すればよいかよく分からない。結局、評価項目に関係する評価期間の行動や結果を評価するしかない。

　例えば「折衝力」という能力の定義が「自分の考えや意図を相手に口頭、または文書で正確かつ要領よく伝え、相手を理解、納

得させることができる能力」となっているとする。能力は直接評価できないので、評価期間中にあった「自分の考えや意図を明確に持っている」「それを口頭、または文書で伝えている」「伝えた内容は正確である」「しかも要領よく伝えている」「そしてそれを相手に理解させている」「その結果、相手を納得させている」という行動を評価して、今後もそのような行動が出来るかどうかを判定するということになるのではないか。能力評価と言いながら、結局、現実に表れた行動を評価している。それなら「能力評価」と言わないで「行動評価」とした方が分かりやすい。

【図表1－5】　能力考課の考え方

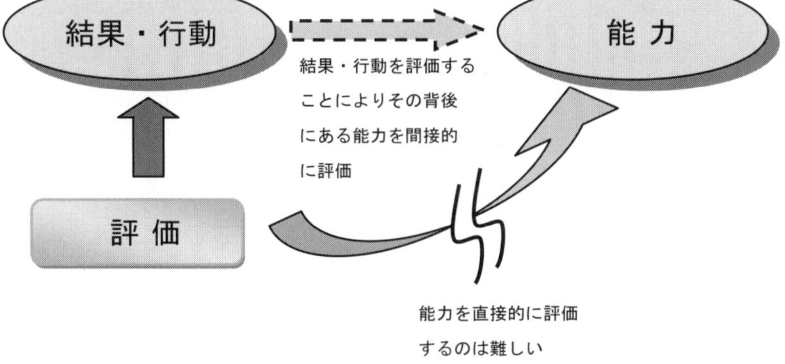

結果・行動　← 結果・行動を評価することによりその背後にある能力を間接的に評価　　能力

評価

能力を直接的に評価するのは難しい

(9)　等級・号俸による賃金表

　基本的賃金は、職能本給と年齢給で構成される。

　職能本給は等級・号俸による賃金表で運用される。賃金表の構造は図表1－6に示すようになっている（賃金表の具体例は図表3－114（242ページ）にある）。号俸の上限を設けているところもあるが、上限を設けず青天井で昇給させているところもある。図表1－6の右に表示しているものは賃金表を上限・下限のレンジで表しており、等級間の賃金には重なるところがある。

【図表1-6】 賃金表の構造

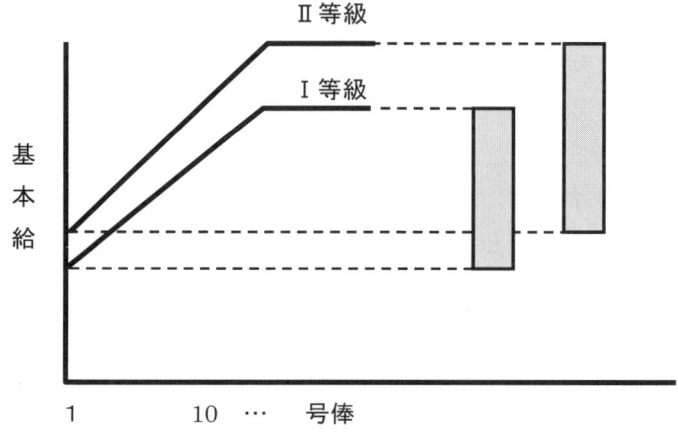

　年齢給は年齢で支給され、年齢による生計費の増加に対応している。多くは年齢と勤続は対応しているので、年齢給は年功的である。また年齢の高い中途入社社員は、能力や役割に関係なく賃金が高くなるという問題もある。

　異動によって役割が変わっても、等級は維持されるので、賃金は総じて安定的に運用される。社員の生活の安定によく配慮した賃金である。

(10) 人件費管理に対する関心が希薄

　賃金表の昇給ピッチは一定であり、B評価は5号俸、A評価は6号俸と、定められたとおり昇給する。こうなると昇給は予め設定された条件によって決まる。これが定期昇給（定昇）と言われるものである。定昇は固定的であり、原資に収めることはなかなか難しい。原資に納めるにはピッチの金額を変えるか、評価に対応する昇給号俸を変更するか、従来60点以上をB評価としていたところを65点以上とするように評価の分布基準を変えるかする必要がある。しかしこのような変更は面倒であるので、当初決めた通りに昇給を行うところが多い。また賞与も賞与算定基礎額の

何ヵ月と固定されておれば、昇給で上がった賃金は賞与の増加となって反映され、人件費は膨れ上がる。能力主義は、総じて人件費をコントロールするという考えが希薄である。そして人件費原資管理がうまくできなくて、人件費が上がり、労働分配率が上がり、利益減少という事態に陥り、それに耐え切れず、人員削減、リストラということになる。

（11）　能力主義の特質

　能力主義は、能力が高まれば等級が上がり、賃金体系・昇給も生活への配慮が行き届いており、安心して働くことが出来、成長経済にフィットした誠におおらかな人事制度である。社員は等級でしっかり守られており、組織変更や異動によって役割が変わっても、それですぐ社内ステータスや賃金が変わることはない。組織変更や異動も柔軟に出来る人事制度である。

　しかし、最長・最短の在級年数が設定されていること、能力評価は難しいので評価にあまり差がつかないこと等もあり昇格や昇給は年功化しやすい。また、その関心は個人にあり、経営全般、経営管理への関心が薄い。それが経営計画、部門業績、個人目標といったところへの関心の薄さ、人件費管理に対する関心の薄さに表れている。

2 役割主義

(1) 役割主義の内容

役割主義は、一人ひとりの役割を明確にして役割に基づいて処遇する人事制度である。評価は目標管理と行動評価で行う。役割と等級がリンクしている。賃金は等級に対応して設定される（図表1－7）。欧米の職務給と親和性がある。

【図表1－7】 役割主義の内容

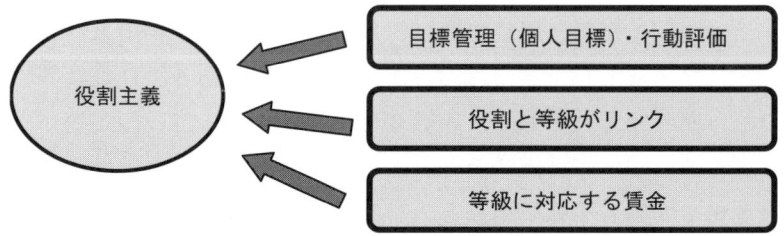

(2) 理論的ではあるが運用が窮屈

役割主義は図表1－8に示す通り役割と等級と賃金がリンクしており、役割のレベルに従って処遇するということでは筋が通っており、理論的である。

【図表1－8】 役割と等級と賃金がリンク

図表1－9は等級と役割の関係表の例である。6等級は課長、5等級は課長代理と等級に対応して役割がある。

図表1－10は等級に対応する基本給のレンジである。上限・下限のレンジの等級間のダブりはない。等級は役割のレベルに基づいて設定される。賃金は等級に対応している。役割のレベルが違うから賃金も違うのだと説明でき、理論的である。

【図表1-9】 等級と役割の関係表の例（A社）

等級	役割		
8		部長	上級スタッフ
7		部長代理	
6		課長	
5		課長代理	
4	スタッフ	リーダー	
3			
2			
1			

【図表1-10】 役割主義での基本給の等級別上限・下限

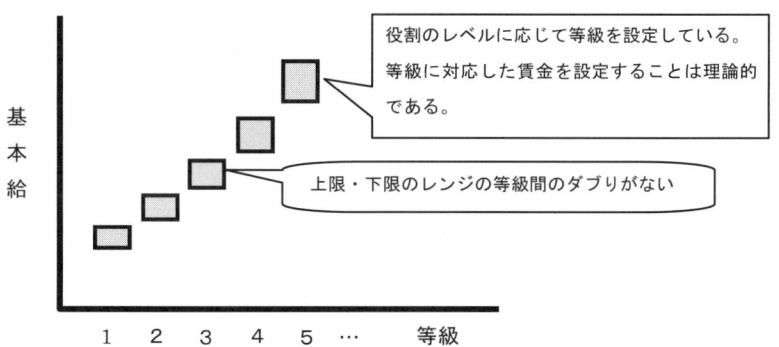

役割のレベルに応じて等級を設定している。等級に対応した賃金を設定することは理論的である。

上限・下限のレンジの等級間のダブりがない

【図表1-11】 職務手当の例（A社）

等級	スタッフ	リーダー	課長代理	課長	部長代理	部長	上級スタッフ
8						140,000	100,000
7					120,000		90,000
6				100,000			80,000
5			80,000				70,000
4	30,000	40,000					
3	20,000						
2	10,000						
1	0						

Ⅰ 能力主義、役割主義、成果主義いろいろあるが何を選択すべきか

しかし理論的ということと運用がうまく出来るということとは別問題である。次に述べるように運用では苦労する。人事制度は理論だけではなく、うまく運用できるかどうかも重要である。

① 役割が変わったとき等級を変えるかどうか、賃金を変えるかどうかという問題が出てくる。例えば、部長を外れたとき、等級や賃金をどうするのか悩ましい。**図表1－11**のＡ社では課長を外れて、上級スタッフになったら職務手当は課長の100,000円から上級スタッフ（6等級）の80,000円になるのであるが、職務手当が下がった分の20,000円は調整給で対応し賃金総額は変えないようにしていた。

② 組織運営の必要性から柔軟に適任者を任命することが要請されるが、課長に任命したいのだが、その者が課長に対応する等級になっていない場合はどうするかという問題もある。

③ ジョブローテーションを計画的に行って人材の育成を図りたいのであるが、役割を変えると、賃金や等級を変えなければならず、ジョブローテーションもうまく出来ないという問題がある。

④ 賃金は、等級に対応して設定される。基本給は**図表1－10**に示すように等級間のダブリを認めない例が多い。その場合、上限・下限の幅が狭くなる。同等級の滞留が長くなると、すぐ上限に到達してしまう。それでは、モラールが保てないので上限を取り払い、上限を超えて昇給させるという企業・組織にも出くわしたことがある。

（3） 評価は目標管理（個人目標）と行動評価で構成されている

役割主義の評価は**図表1－12**に示すように目標管理（個人目標）（※）と行動評価で行う。能力主義のように目標管理（個人目標）を成績考課の参考とするようなことはない。目標管理（個人目標）は経営計画、部門計画に基づいて設定されるので、経営

【図表1－12】 役割主義の評価

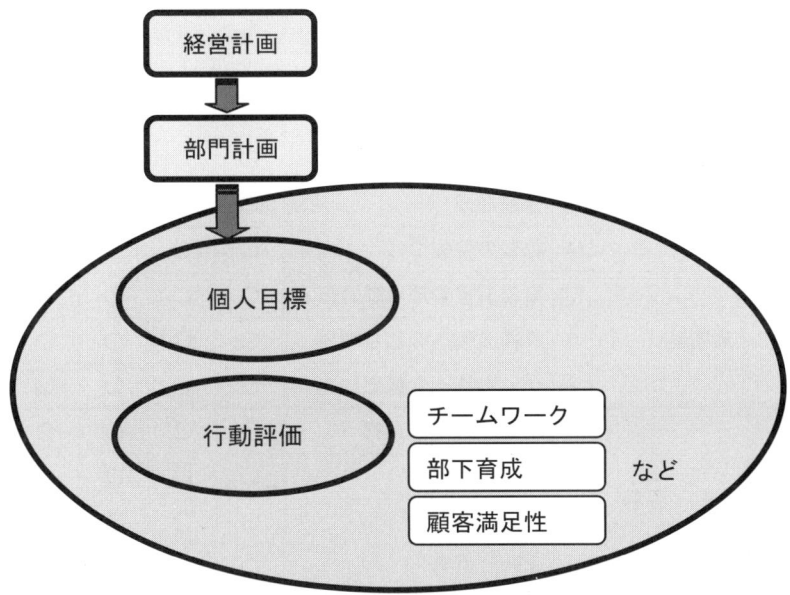

管理との関係も十分意識されている。行動評価は等級・職掌毎にやらなければならない行動が評価項目として挙げられており、本人の成果がバランスよく余すところなく把握されるようになっている。能力主義でいう能力は行動や結果に表れるので、敢えて能力を評価することはしていない。

※目標管理はManagement by Objectives and Self-Control の和訳であるが、ここでは目標管理と個人目標は同じ内容のものとしている。

行動評価項目の例を示すと図表1―13に示す通りである。各等級は行動評価項目が20個設定されている。各項目の評価は5段階評価であるので、満点は100点（20個×5）になるように設計されている。

問題点としては次のようなことが挙げられる。

① 各項目のウエイトは均等である。行動評価項目には重要な項目とそうでない項目があるのではないか。行動評価項目に

【図表1－13】 等級に対応する行動評価項目の例（A社）

区分			項目	5等級	6等級	7等級	8等級
1	方針計画立案	①	会社方針理解と部門方針立案	○	○	○	○
		②	実行計画の立案	○	○	○	○
2	課題形成	③	課題形成	○	○	○	○
		④	課題の優先づけ	○	○	○	○
3	業務遂行	⑤	業務進捗管理と軌道修正	○	○	○	○
		⑥	業務改善への取り組み	○	○	○	○
		⑦	タイムリーな意思決定	○	○	○	○
4	意欲・姿勢	⑧	主体的な業務遂行	○	○	○	○
		⑨	達成志向性	○	○	○	○
		⑩	能力開発	○	○	○	○
		⑪	柔軟な思考	○	○	○	○
5	人材育成 人事管理 組織運営	⑫	目標管理（目標管理の活用）	○	○	○	○
		⑬	人事管理（公正な評価）	○	○	○	○
		⑭	人材育成（部下の把握と指導）	○	○	○	○
		⑮	人材育成（動機づけ）	○	○	○	○
		⑯	組織運営	○	○	○	○
6	対人対応・コミュニケーション	⑰	知識伝達	○	○	○	○
		⑱	傾聴（意見を聴く）	○	○	○	○
		⑲	意思疎通（合意形成、説得力）	○	○	○	○
		⑳	交渉・折衝	○	○	○	○
			項目数	20	20	20	20

ウエイトがあってもよいのではないか。A社の例では20項目を設定して満点が100点になるようにしているが、別の会社では等級毎に項目数が違うので満点も等級毎に違うというのもあった。評価項目に対するウエイトという観念がないのではないかと感じられる。

② A社の例では、20項目を設定しなければならないと考えるのか、それほど重要とは思われない項目があったり、「③課題形成」「④課題の優先づけ」と敢えて二つの項目に分けて評価する必要があるのかと思われるところがあったり、「⑪柔軟な思考」など評価が難しい項目があったりする。

③ 評価項目は項目名が示されているだけで評価項目の定義（意味）は示されていない。評価項目をみてすぐ分かるものならよいが、意味を詳しく説明しないと分からない評価項目もある。その場合、評価者によって解釈が違うといったこともありうるのではないか。

④ 評価項目数が20項目と多い。この評価項目の意味をよく理解し、事実に基づいて評価するとなると評価する者は大変である。

⑤ 仕事の結果は、行動評価ではなく個人目標で評価することが理論的である。しかしルーチンワークをミスなく行うということは、個人目標で評価するよりも、むしろ能力主義の「仕事の質と量」「正確度」「迅速度」で評価した方がよいのでないか。しかしA社の例のように、行動評価項目には仕事の結果を評価する項目はない。そのようなこともあり行動評価の中に「業務遂行」という評価項目を設定して仕事の結果を評価している企業・組織にも出くわしたことがある。

⑥ 能力は行動に表われるので行動を評価すればよいとして能力評価を行っていないが、本当にこれでよいのだろうか。例えば知識技能はその保有が各等級・各職掌に必要とされる

が、これを評価しなくてよいのであろうか。
⑦　昇格を考えた場合、上の等級の役割を果たすことが出来る能力の保有を評価する必要はないであろうか。

（4）　役割主義の特質

　役割主義においては、等級は役割のレベルに基づいて設定される。賃金は等級に対応している。役割のレベルが違うから等級も賃金も違うのだと説明でき、理論的である。しかし実際の運用はなかなか苦労する。人事制度は理論的であることは必要であるが、運用が出来るかどうかの方がもっと重要である。

　評価は目標管理（個人目標）と行動評価で行うことで、バランスよく、また余すところなく行動や結果を評価できる仕組みになっている。しかし評価項目に対してウエイトを設定するという発想がないこと、ルーチンワークの仕事の結果を評価する項目がないこと、能力を評価することがないことが問題点として挙げられる。

3　成果主義

(1)　成果主義の内容

成果主義は評価を成果で行うことと、賃金による動機づけが内容である（図表1－14）。

【図表1－14】　成果主義の内容

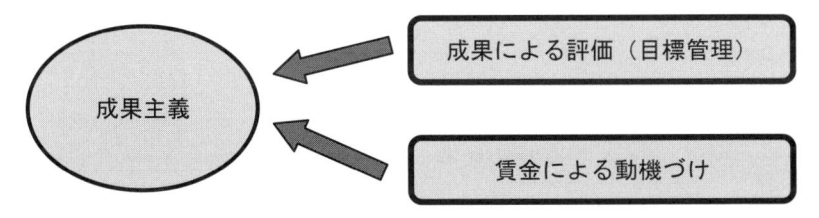

成果主義 ← 成果による評価（目標管理）
成果主義 ← 賃金による動機づけ

(2)　目標管理（個人目標）で成果を評価する時の問題点

成果主義の評価は成果で行うが、成果の評価は目標管理（個人目標）の評価で行うところが多い。目標管理（個人目標）だけで成果を把握するということになれば、次のような問題が出てくる。

① 目標管理（個人目標）で本人の仕事をカバーすることが出来ない

目標というものは図表1－15に示すように、本人の仕事の一部に焦点を当てて特定化するものである。本人の仕事の全部をカバーできない。漏れが出る。

② 定常業務、基本業務、必須業務が漏れる。能力が評価されない

従って評価を目標管理（個人目標）だけで行うと定常業務、基本業務、必須業務が漏れる。また能力も評価されない（図表1－16）。

定常業務とは、日常繰り返し行う業務でルーチンワークと言われている業務である。これはミスなくやってもらわなければなら

Ⅰ　能力主義、役割主義、成果主義いろいろあるが何を選択すべきか

ない重要な業務である。通常「正確度」「迅速度」「仕事の質と量」等の評価項目で評価される。

【図表１−15】 目標は仕事の一部を特定したもの、仕事の全部をカバーできない

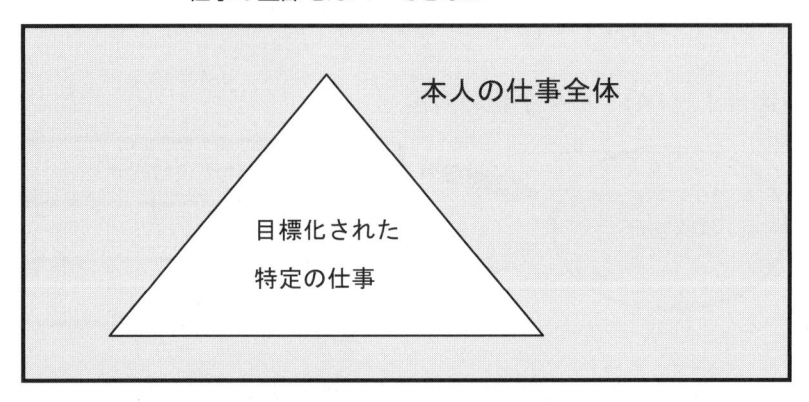

```
本人の仕事全体
  目標化された
   特定の仕事
```

【図表１−16】 定常業務、基本業務、必須業務が漏れる 能力が評価されない

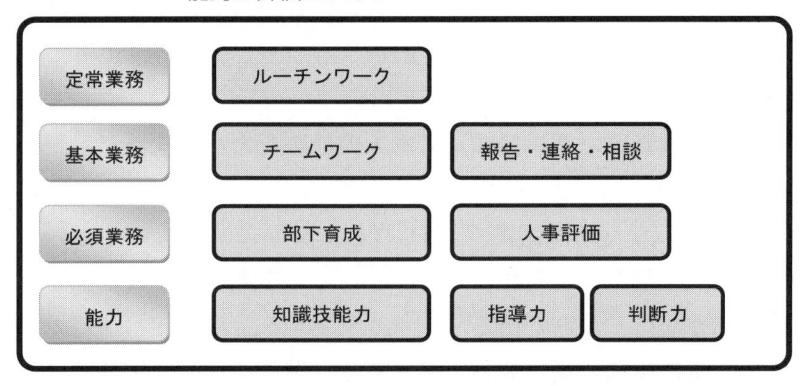

定常業務	ルーチンワーク	
基本業務	チームワーク	報告・連絡・相談
必須業務	部下育成	人事評価
能力	知識技能力	指導力 / 判断力

　基本業務とは、仕事を行う上で基本となる行動である。「チームワーク」「報告・連絡・相談」等がこれに当たる。

　必須業務とは、基本業務の上位に相当する業務である。管理職にとって必須の業務である「部下育成」「人事評価」等がこれに当たる。

　能力とは、業務遂行に必要な能力で「知識技能力」「指導力」

「判断力」がこれに当たる。

　成果主義に対する批判で「管理職が部下を育てなくなる」「チームワークがガタガタになる」等が挙げられるが、これら定常業務、基本業務、必須業務、能力が評価されないところから来ると思われる。

③　目標管理（個人目標）の中にいろいろな要素が混在する

　目標管理（個人目標）が得意とする分野は、変化・前進・向上・改善・完成といった仕事および売上・利益と言った数値化できる仕事である。定常業務、基本業務、必須業務は個人目標で把握するより、別途評価項目を立てて、評価基準を設定して評価する方がよい。

　しかし成果主義では定常業務、基本業務、必須業務を、別途評価項目を立てて評価する仕組みになっていない。成果の評価は目標管理（個人目標）だけで行っているのである。そこで本人は、自分がやったことを十分評価してもらいたいと考え、定常業務、基本業務、必須業務を個人目標の中に入れるようになる。

　そうなると図表1－17に示すように、個人目標は変化・前進・向上・改善・完成といった仕事および売上・利益と言った数値化できる仕事と定常業務、基本業務、必須業務が混在するようになる。「ルーチンワークをミスなく行う」という目標と「改善目標を立てて達成する」という目標が混在して、それぞれウエイトづけし、その達成度で評価したものが、果たして意味があるのかという問題になる。また、管理職の目標には部門業績に関する目標も入ってくる。

【図表1-17】 成果主義の評価

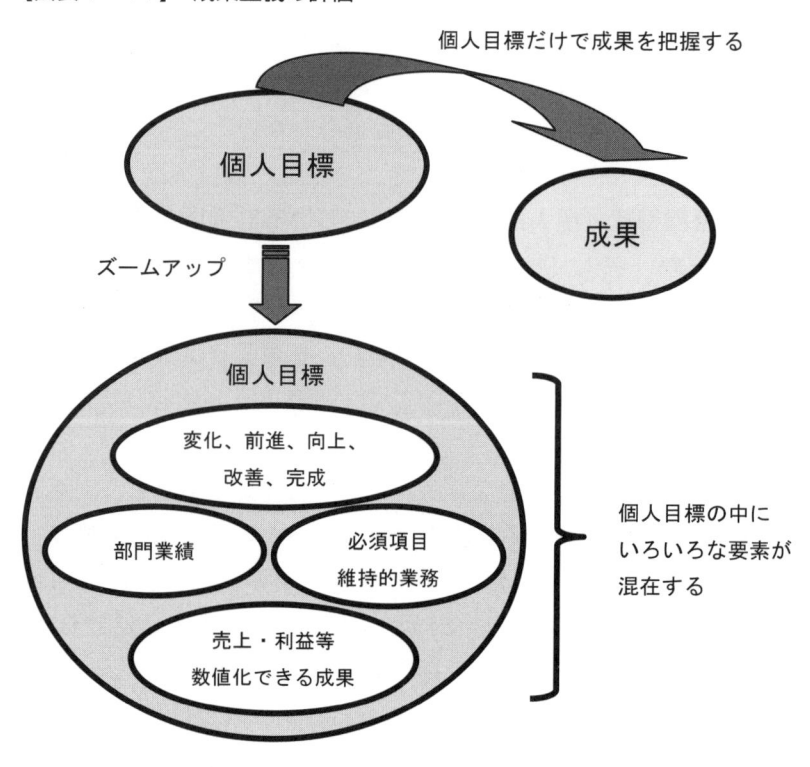

個人目標だけで成果を把握する

個人目標 → 成果

ズームアップ

個人目標
- 変化、前進、向上、改善、完成
- 部門業績
- 必須項目 維持的業務
- 売上・利益等 数値化できる成果

個人目標の中にいろいろな要素が混在する

（3） 処遇（昇給・昇格・賞与）を意識しすぎる評価になる

　評価は評価基準に従って行えばよい。処遇を意識した評価は、評価をゆがめることになる。的確なフィードバックもできない。成果主義で「やったら出すよ！」を強調しすぎると、評価も処遇を考えて行うようになる（図表1-18）。

【図表1-18】 処遇（昇給・昇格・賞与）を意識しすぎる評価になる

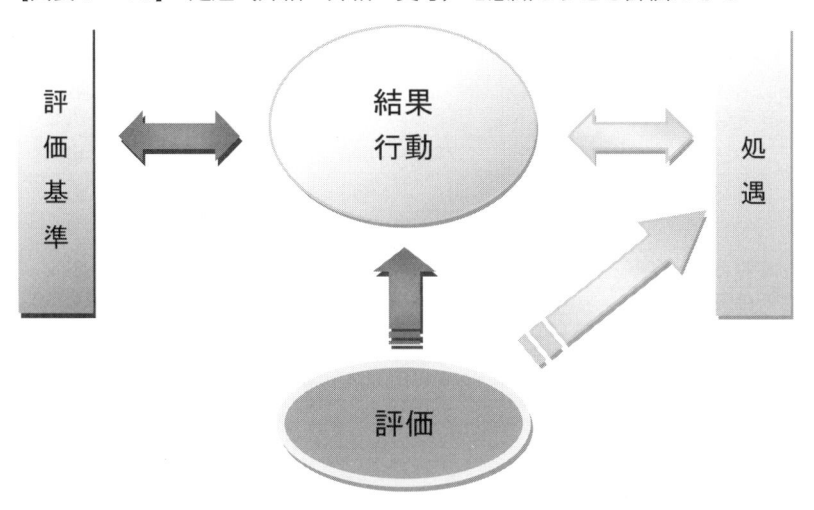

評価基準 ⇔ 結果 行動 ⇔ 処遇
　　　　　　　↑　↗
　　　　　　　評価

　図表1-19は、洗い替え方式の昇給の例である。例えば、5等級の基本給のレンジは385千円から455千円であり、評価によって昇給したり降給したりするようになっている。「B」評価を取れば、翌年の基本給は420千円になり、「B+」評価を取れば翌年の基本給は431千円になる。前年度の評価が「B+」であった場合、今年度の評価を「B+」より評価を下げると降給になる。降給になるほどではないとした場合、評価を「B+」より下にすることはなかなかやりづらい心理が働く。本来、評価は評価期間の事実と評価基準に基づいて評価すればよいのであるが、「B+」がベースになり、「B+」か、それ以上の評価をしなければならないように考えてしまう。評価で陥りやすいエラーで「逆算誤差」（※）というのがあるが、「逆算誤差」に陥りやすい仕組みになっている。評価は処遇を考えて行うのではなく、評価基準に従って、評価の論理で評価を行えばよいのである。

　※評価で陥りやすいエラーについては「河合コンサルのQ＆Aその3」（72ページ）参照

Ⅰ　能力主義、役割主義、成果主義いろいろあるが何を選択すべきか

【図表1-19】 洗い替え方式の昇給の例

等級	基本給（単位　千円）						
	S	A	B+	B	B−	C	D
8等級	665	653	641	630	619	608	595
7等級	595	583	571	560	549	537	525
6等級	525	513	501	490	479	467	455
5等級	455	443	431	420	409	397	385
4等級	385	373	361	350	339	327	315
3等級	315	303	291	280	269	257	245
2等級	245	233	221	210	200	190	180
1等級	180	176	173	170	166	163	160

（4）　成果主義の特質

　成果主義は成果を上げた者には成果に見合った報酬を出して、社員の行動を成果中心にしてモチベーションを高め、会社の業績をアップさせようとするものである。稼ぎに応じて配分する制度である。これは至極自然な考えであり、会社も個人もこの考え方であれば、問題はない。

　ただ成果の捉え方が目標管理（個人目標）に偏重しているところに問題があると思われる。目標管理は万能ではない。仕事の一部を特定化したものであるにも関わらず、仕事全体と思い込むところに問題がある。管理職で言えば、目標管理で目標に上がっているものを成果とし、部下の育成、人事評価、コミュニケーション等の管理職として必須項目が抜け落ちているところが問題である。

　また目標も短期目標に重点が置き、長期的な目標はおざなりになってしまうのも問題である。処遇を意識した評価になるのも問題である。

Ⅱ 能力主義・役割主義・成果主義を超えて、これからの人事に求められること

　能力主義、役割主義、成果主義はそれぞれ問題があることが分かった。第Ⅱ章では、能力主義、役割主義、成果主義の次にくる人事制度は「こんな感じであったらいいね」と思いつく感じで述べてみたい。

　筆者が日頃いだいている人事制度への思いを述べると共に、『評価のパワー』『評価を広く捉える』『評価のプロセスを評価者、被評価者が協働して評価をつくりあげる』『被評価者にも評価の知識が必要である』といった、『新しい評価観』についても述べている。

Ⅱ 能力主義・役割主義・成果主義を超えて、これからの人事に求められること

　これまで能力主義・役割主義・成果主義の利点、欠点を見てきた。これからの人事制度を考える場合、これらの功罪を見つめながら、企業・組織に最適な人事制度を探っていく必要がある。筆者は、これからの人事制度には、次のようなことが求められていると考えている。

　能力主義のおおらかさは残したい。役割主義のように役割が変わったら等級も変わる、賃金も変わるというのは、理論的ではあるが、運用は窮屈である。役割が変わっても等級は変えない、賃金も維持されるというのが安心して働ける。
　成果主義のように評価と賃金の結びつけを密にするのは問題である。また賞与評価、昇給評価というように、評価と処遇を直接結びつけるのも問題である。賃金を意識して評価をするというのは評価のあるべき姿ではないと思う。評価は評価で意味があり、パワーがある。評価は処遇を決める為だけではない。評価を通じて能力開発を図ったり、コミュニケーションの促進を図ったり、モチベーションを上げたり、企業・組織の価値観の浸透を図ったり、リーダーシップの後ろ盾になったりする。
　能力主義のように、個人にこだわりすぎ、経営管理への関心が薄れても困る。やはり経営計画、部門目標、個人目標という目標の連鎖があり、部門目標、個人目標は評価の要素として欠かせない存在である。ただ成果主義のように目標管理（個人目標）に偏重しすぎるのも感心しない。目標管理（個人目標）で全てを把握出来るものではない。目標管理（個人目標）には限界があり、その限界を見極めてそれに適した使い方をすればよい。

目標管理（個人目標）が得意としているものは変化・前進・向上・改善・完成といった特定の仕事と、売上・利益といった数値化できる仕事である。定型的な仕事を間違いなくやったかということは、目標管理ではなく「正確度」「迅速度」「仕事の質と量」など評価項目をしっかり選定して、評価基準をしっかり定めて評価した方が、しっかりした評価が出来る。管理職には「課題形成」「部下育成」「人事評価」「コミュニケーション」といった絶対必要な行動がある。これも目標管理で行うのではなく、評価項目を定めて、ウエイトを定め、評価段階を定めて評価した方が漏れなく公平にしっかり評価できる。また「チームワーク」「顧客満足」「能力開発」「報告連絡相談」といった必ず押さえておきたい項目も目標管理ではなく、一般的な評価項目で評価する方がしっかり評価できる。要は得意とするもので把握するようにしたらよい。

　能力主義は個人にこだわり過ぎで経営や部門に対する関心は高くないが、もっと部門の業績に関心を高くする必要がある。成果主義や役割主義は経営、部門への関心は高いが、それでも管理職の部門業績に関する評価は個人目標の中で行われている。部門業績評価制度をキチンと構築して行っているところは少ない。部門業績への関心を高めて、部門業績評価制度を構築することが必要である。

　目標管理（個人目標）の評価の仕組みは大変よく出来た仕組みである。「目標設定」「目標遂行」「目標評価」「フィードバック」といったPDCAを回す仕組みがビルトインされている。個人目標シートといったツールがあり上司・部下がこれを通じて確認する仕組みになっており「見える化」が出来ている。またセルフコントロールの考えのもと「自己評価」がある。これは評価の納得性を高めるために是非必要なことである。この目標管理（個人目標）の評価の仕組みを「正確度」、「迅速度」、「チームワーク」と

いった一般の評価項目にも取り入れるべきだと思う。「やることの確認」「やっていることの確認」「やったことの確認」「フィードバック」を、評価シートを通じて「見える化」する必要がある。自己評価を取り入れることも必要である。評価も目標管理（個人目標）と同じように絶対評価で行うべきである。

　このように考えると、評価も評価者が行うだけの狭い意味での評価ではなく、被評価者を巻き込んだ「やることの確認」「やっていることの確認」「やったことの確認」「フィードバック」を加えた広い意味で捉えることが必要である。そうすることで被評価者の納得性は高まる。評価には納得性が必要であり、納得するのは被評価者である。そのためには評価者と被評価者との協働が必要である。しかし、これまでは被評価者に対しては評価に関してオープンではなかった。これからはもっと被評価者に対してオープンにすることが必要である。また評価を、処遇を決めるために行うとする考えも改める必要がある。評価にはそれ自体に「能力開発」「コミュニケーションの促進」「モチベーションアップ」「価値観の浸透」「リーダーシップ」などのパワーがあり、このパワーに気づき、活かすことが必要である。このような新しい評価観への転換が必要である。

　厳しい収益状況で、人件費をコントロールできるようにすることは絶対必要である。付加価値の算定をしっかり行い、これと労働分配率との関係で人件費を算定する仕組みの確立は欠かせない。無尽蔵に人件費があるわけではないので、人件費をコントロールする仕組みはキチンと組み込む必要がある。その中で、昇給率、昇給原資との調整が窮屈な賃金表は、見直すことが必要である。賞与も人件費の調節弁の役割をもっと強化する必要がある。

　以上、思いつくままに述べてきたが、これを項目別に整理して述べると**図表２−１**に示すとおりである。

【図表2−1】 能力主義・役割主義・成果主義を超えて、これからの人事に求められること

1　弾力的に組織運営が出来る等級制度
2　漏れなく本人の行動や結果・能力を把握できること
　(1)　能力主義、役割主義、成果主義それぞれの長所・短所を理解した上で成果・能力の把握
　(2)　通常の評価では把握しきれないところも把握できるような仕組みを考える
　(3)　職場規律は守って当たり前であるので守らない場合は減点とする
　(4)　部門業績を忘れない
　(5)　個人業績は、それを把握するのが得意とするツールで漏れなく把握する
　(6)　評価項目を設定する時の三つの留意事項
　　　　①仕事の特性　②規範性　③分かりやすい
　(7)　能力も忘れず評価する
3　評価の物差しを明確にすること
4　評価の論理と処遇の論理を区分すること
5　評価は納得性が重要
6　評価のパワーに気づきこれを活用する
7　評価は個人目標の評価と同じ基準、方式がよい
8　新しい評価観に立つことが大切
9　賃金は安心を尊重
10　役割・能力・成果に対応する賃金、年功の要素も加味する
11　人件費原資をコントロールするという発想が必要

1　弾力的に組織運営が出来る等級制度

　能力主義の等級と職位の運用は優れている。これはうまく活用することが必要である。役割主義のように役職が変われば等級も変わる、賃金も変わるというのでは、賃金を考えて異動をしなければならず、弾力的な組織運営ができない。

　等級は安定的に運用し、社員に安心感を与え、組織は弾力的に運用できるように、等級と職位が緩やかに対応する方がよい。**図表２－２**の等級と職掌・職位の対応表は、このような運用ができるように考えて作成したものである。課長はⅤ、Ⅵ等級、部長はⅦ等級、Ⅷ等級に緩やかに対応させている。部長、課長を外れた者は専任職で対応するようにしている。ただ等級は能力主義の能力だけで規定するのではなく役割の要素も入れる必要がある。そういう意味で等級という言葉は使わず、別の言葉にした方がよいかもしれない。

【図表２－２】　等級と職掌・職位の関係の例

等級	一般職				監督職		管理職		専門職	
Ⅷ								部長	専門職	専任職
Ⅶ								部長	専門職	専任職
Ⅵ							課長		専門職	専任職
Ⅴ							課長		専門職	専任職
Ⅳ						係長				
Ⅲ	営業職	開発職	技術職	事務職	主任					
Ⅱ	営業職	開発職	技術職	事務職						
Ⅰ										

　等級は役割と能力の要素からなると規定して、各等級に期待される役割と必要とされる能力を明確にする。各等級に期待される役割と必要とされる能力を表わすために**図表２－３**のような役割能力要件表を作成する。この役割能力要件表で等級の管理を行

う。すなわち役割と能力が異なるから等級も異なるとするのである。そして昇格（等級が上がること）は厳密な昇格基準を設けて運用する。役割が変わったから即等級を変えるということはしない。

能力主義のように降格なしとすることは現実的でない。降格はありにするが、その運用は慎重に行うようにする。

【図表２—３】「役割能力要件表」の構成

等級	役　割	能　力
Ⅳ		
Ⅲ		
Ⅱ		
Ⅰ		

2　漏れなく本人の行動や結果・能力を把握できること

評価の納得性を高めるには、漏れなく、本人の行動や結果・能力を把握できることが必要である。そのためにはどのように考え、どのような方策が必要か見てみよう。

（1）　能力主義、役割主義、成果主義それぞれの長所・短所を理解した上での成果・能力の把握

能力主義にあるように、目標管理を別もの扱いにするのも無理がある。目標管理は目標管理として優れた点がある。これを活かすことが必要である。能力主義の評価は漏れなく把握することに関しては優れている。評価項目の定義を行い、万遍なく把握できるような評価項目が用意されていて、ウエイトづけをしている。

一方、役割主義は目標管理と行動評価で把握することになっており、バランスが良い。ただ能力が評価されない。

このように成果主義、能力主義、役割主義の評価の仕方には一長一短がある。これを踏まえて、これから考える評価制度は、どのような評価制度がよいのか探ってみよう。

(2) 通常の評価では把握しきれないところも把握できるような仕組みを考える

　評価は本人の行動・結果・能力を漏れなく評価することが、評価の納得性につながる。通常の評価は上司が評価者になって本人の評価をするが、本人が上司の目の届かないところで仕事をしている場合はどうするか、期待どおり行えば「5」と評価するとした場合、チャレンジして期待を大幅に上回った場合はどうするか、期の途中で急に入り込んだ仕事をどう評価するかを考えてみよう。

① チャレンジングな成果を上げたらキチンと評価する

　期待どおり行えば「5」と評価するとした場合、「5」を上回る評価はないとしたら、チャレンジする気が萎えてくるかもしれない。チャレンジして期待を大幅に上回った場合、これを評価する仕組みを考える必要がある。その場合の仕組みとしては「6」や「7」の評価を加えるとか、チャレンジ加点制度を構築することが考えられる。

② 評価者がいないところでの行動や結果をキチンと評価する

　例えば図表2－4のように本人がプロジェクトチームに参加しており、プロジェクトチームで顕著な貢献をした場合、そのプロジェクトチームに上司（評価者）が参加していたら本人の貢献を評価できるが、参加していない場合はプロジェクトリーダーから本人の貢献を聞くということになる。上司が直に見るのと、間接的に聞くのでは、迫力が違う。こういうこともあり、プロジェクトチームに参加しても、あまり評価されないので適当にやっておくということを聞くこともある。プロジェクトチーム等で評価者

がいないところでの行動や結果をキチンと評価する「プロジェクト加点制度」等の仕組みを考える必要がある。

【図表2−4】 プロジェクトでの評価

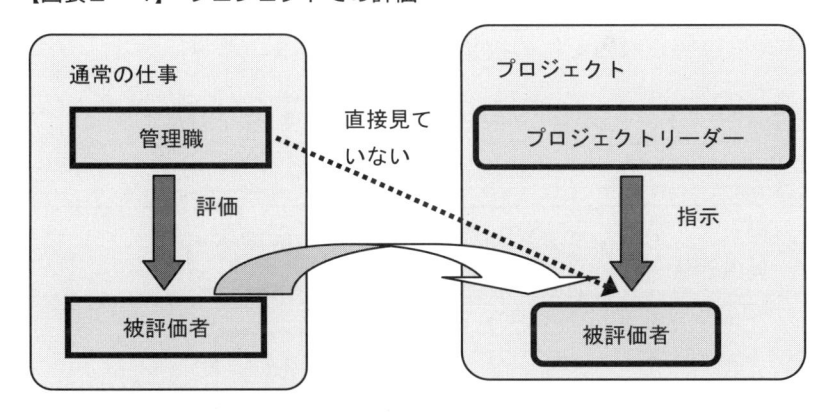

通常の仕事：管理職 → 評価 → 被評価者
プロジェクト：プロジェクトリーダー → 指示 → 被評価者
管理職は被評価者（プロジェクト側）を直接見ていない

③ 評価期間の途中で発生した仕事もキチンと評価する

個人目標は、やることが事前に分かっているものを目標とする。期初にやることが分かっていないものは目標を立てようがない。しかし評価期間の途中で重要な仕事が舞い込むこともある。その場合「目標は後回しにしてよいから、これを先にやってくれ」と指示されることもある。目標を変更するという手もあるが、期末近くで目標を変更するまでもないということもある。図表2−5に示す「事後申告加点制度」など目標管理の隙間をフォローする仕組みを考える必要がある。

(3) 職場規律は守って当たり前であるので守らない場合は減点とする

遅刻をしない、欠勤しない、時間を守るなど職場規律は守って当たり前である。守ったからと言って積極的に高く評価するようなものではない。その場合、守らなければ減点とする仕組みがよいのではないかと思われる。

職場規律は守るのが通常であり、ほとんど全員が「減点なし」となる。注意しても改まらなかった場合は「仕方がないね」として減点とする。注意が前提となる。注意する者は上司（管理職）である。職場規律を守らない者を見て見ぬふりをして注意しない管理職は管理職としての役割を果たしていないと評価する。

【図表２－５】　評価期間の途中で発生した仕事をキチンと評価する

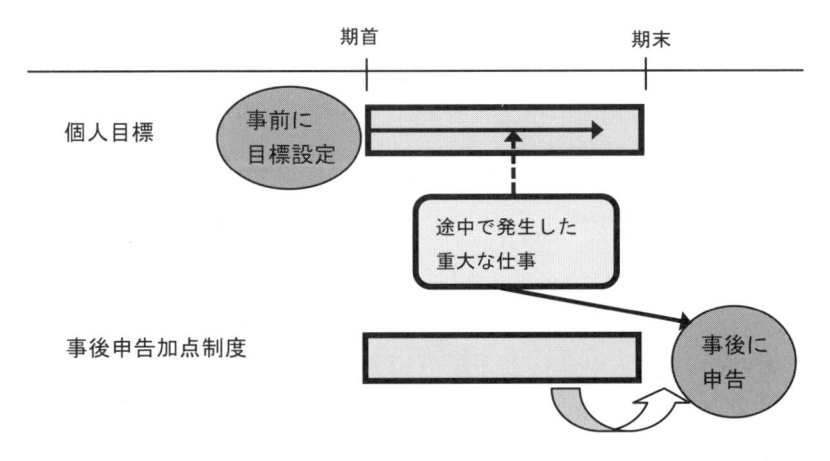

【図表２－６】　減点項目　職場規律

規律違反の程度	減点
他に悪影響を及ぼす等、重大な問題があり、再三の注意にも関わらず改まらなかった	－10点
軽微な問題があり、注意は受け入れるが、また再発する等して改まらなかった	－5点
特に問題なし	0点

（4）　部門業績を忘れない

　人事の専門家（人事コンサルタント、人事部門担当者）は、個人に関心はあるが、部門にはあまり関心を示さない傾向がある。個人業績を把握する場合も部門業績を忘れていることが多い。能力主義ではほとんど部門業績という発想がない。成果主義、役割

主義では、管理職の個人目標が部門業績に関する目標になっているが、部門業績として厳密に評価項目・ウエイト・評価基準が検討されたものではない。一般社員は、部門の構成員として部門業績に関係するが、全く部門業績に関する評価は行っていない。

そもそも「成果（業績）」（※）とはどういうものであろうか。筆者は図表２−７に示すように至極簡単に考えている。つまり「成果（業績）とは、やるべきことを、どれだけやったか」である。

【図表２−７】　成果とは

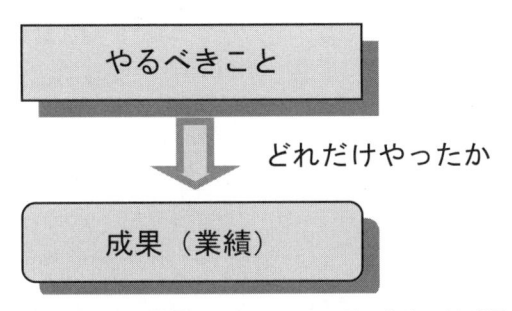

```
┌─────────────┐
│  やるべきこと  │
└──────┬──────┘
       │  どれだけやったか
       ▼
┌─────────────┐
│  成果（業績）  │
└─────────────┘
```

※成果（業績）となっているが、本書では成果と業績は同じ意味で使っている。文脈によって使い分けている。役割・能力・成果という場合や、成果主義という場合は「成果」を使っている。後に評価が来る場合は、業績評価と「業績」を使っている。「成果」と「業績」は同じ意味である。

それでは企業・組織業績、部門業績、個人業績はどのように考えればよいのであろうか。図表２−８に示すように、企業・組織全体のやるべきことは「経営目標」、部門のやるべきことは「部門の目的」、個人のやるべきことは「期待される役割」である。「経営目標」、「部門の目的」、「期待される役割」をどれだけやったかが「企業・組織業績」「部門業績」「個人業績」になる。

個人の処遇（昇給、昇格、賞与等）は個人業績で行われるので、部門業績と個人業績の関係を明確にしなければならない。その場合、管理職は部門業績責任者と位置付けられ、管理職以外は部門の構成員として部門業績に貢献することが期待されている。

Ⅱ　能力主義・役割主義・成果主義を超えて、これからの人事に求められること

【図表2−8】「企業業績」「部門業績」「個人業績」の関係

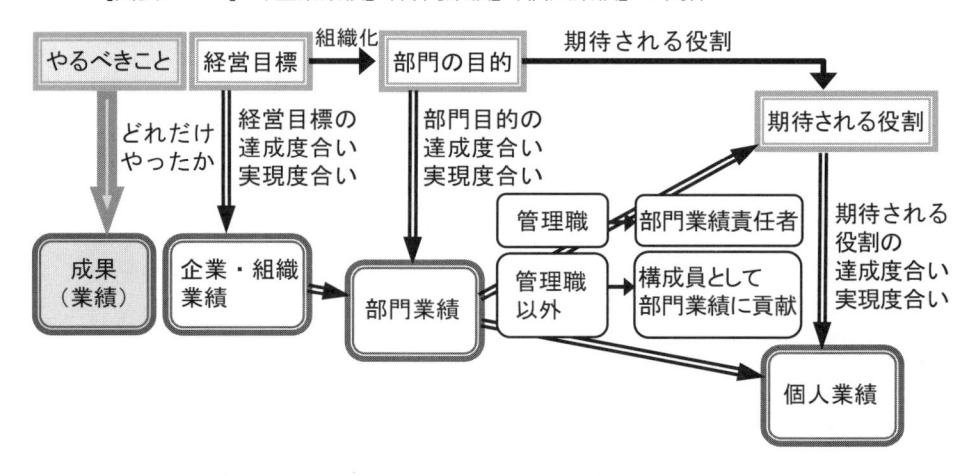

これら期待されている役割に応じて部門業績を反映すればよい。

このように考えれば図表2−9に示すように、管理職は部門業績責任者であるので管理職の業績評価の中で「部門業績」のウエイトは高くなる。管理職以外の者は、部門構成員として部門業績に貢献することが期待されるので、それぞれの役割によって「部

【図表2−9】管理職、管理職以外の者の業績把握、部門業績の占める位置

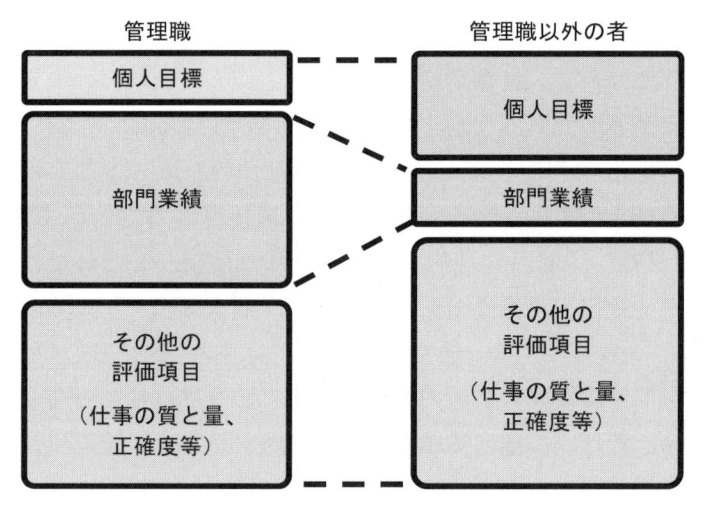

門業績」のウエイトは変わるが、管理職ほど大きくはない。しかし「部門業績」が０％ではないことにも注目していただきたい。

　企業の人事部門スタッフや人事コンサルタントの関心はなぜか個人にあって、部門に対しては関心が薄いように思われる。評価においても個人業績をどう捉えるかは関心があるが、部門業績にはあまり関心を示さない傾向がある。多くの企業・組織の業績評価の項目に部門業績という評価項目はあまり見られない。

　何故このようになったのであろうか。多くの企業・組織では図表２－10のように部門業績評価の周辺はバラバラになっている。これは部門業績評価およびこれの周辺を研究している専門家が自分の専門領域から出ようとしないところにも原因があるのではないかと思われる。

　会計・経理の専門家は部門別損益計算制度を精緻に作り上げているが、これから得られる部門別の売上高や利益を、個人の人事評価にどのように結びつけるのかはあまり考えていない。個人の人事評価については、人事管理の専門家が考えてくれという態度である。

　経営戦略・経営計画の専門家は経営戦略・経営計画をどのように策定するか、PDCA（Plan Do Check Action）をどのように回すかは研究しているが、これを個人の人事評価にどのように結びつけるかはあまり考えていない。

　一方、人事管理の専門家は前述のように、個人の業績評価や能力評価をどのようにするかは研究しているが、これはあくまで個人が基点になっており、部門の観点は軽視されている。つまり部門別損益計算制度や経営計画を、個人の業績とどのように結びつけるのかの観点が抜けているのである。ただ人事管理の中に「目標管理（個人目標）」というのがあり、部門計画を受けて個人目標を設定する過程で「目標管理（個人目標）」が経営計画と結びついているが、それでもあくまで視点は「個人」にある。

【図表2-10】 部門業績評価の周辺 ── バラバラ

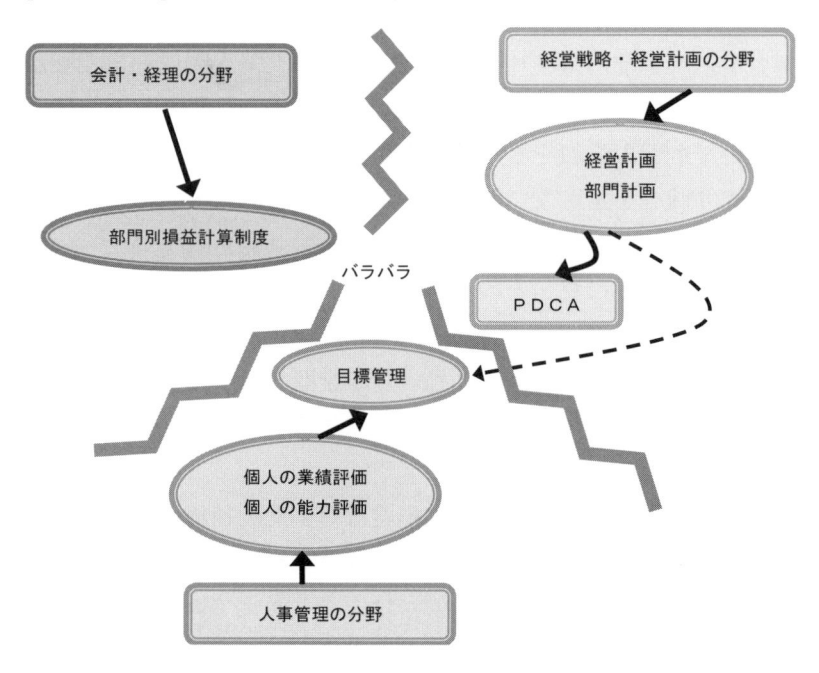

（図：会計・経理の分野 → 部門別損益計算制度／経営戦略・経営計画の分野 → 経営計画・部門計画 → PDCA／目標管理 ← 個人の業績評価・個人の能力評価 ← 人事管理の分野、中央に「バラバラ」）

　「部門業績評価」はこれまでバラバラであった「会計・経理の分野」「経営戦略・経営計画の分野」「人事管理の分野」を図表2-11のように結びつけるものである。すなわち部門別損益計算結果は部門業績評価の重要な要素となり、部門業績評価を介在して個人業績評価に結びつくことになる。経営計画・部門計画は、部門目標の達成度合いが部門業績として把握され、これもまた個人業績評価に結びつくことになる。

　このように部門業績評価は「会計・経理の分野」「経営戦略・経営計画の分野」「人事管理の分野」を結びつけるものであり、個人業績評価の重要な要素になることをよく認識することが必要である。

　本書の読者は人事専門家（企業・組織の人事担当者、人事コンサルタント等）が多いのではないかと思う。第一章で述べたとお

【図表2-11】 部門業績評価によってそれぞれが有機的に結合

- 会計・経理の分野 → 部門別損益計算制度
- 経営戦略・経営計画の分野 → 経営計画 部門計画
- 部門業績評価
- PDCA
- 目標管理
- 個人の業績評価 個人の能力評価
- 人事管理の分野

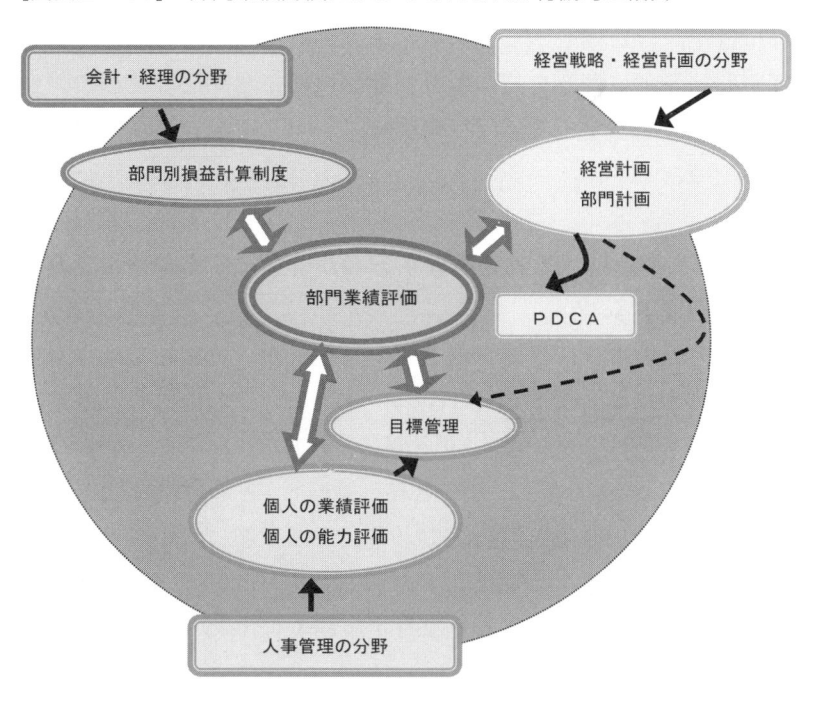

【図表2-12】 部門業績評価を通じて経営管理・財務管理に関心を持つようにする

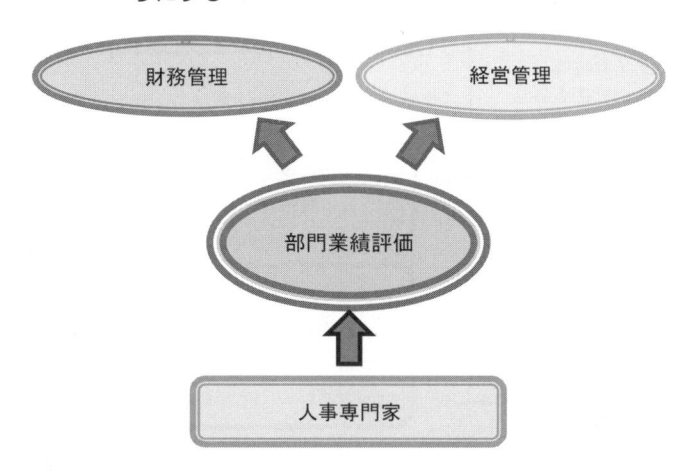

- 財務管理
- 経営管理
- 部門業績評価
- 人事専門家

り、能力主義は、個人に対する関心は高いが、部門業績や経営管理にはそれほど関心が高くない。能力主義で育った方は、経営管理や財務管理に関心を持つように心がけることが必要ではないかと思う。その橋渡しをするのが図表2－12にあるように部門業績評価である。

(5) 個人業績は、それを把握するのが得意とするツールで漏れなく把握する

成果主義のように目標管理（個人目標）だけで業績を把握するのは無理がある。図表2－13に示すように、定常業務・基本業務・必須業務は「正確度」「迅速度」「チームワーク」「人材育成」等の評価項目を設定し、その定義（意味）、評価段階を明確にして評価した方が的確な評価が出来る。部門業績については部門業績評価制度をキチンと構築して評価した方がよい。変化・前進・向上・改善・完成させるような特定業務や売上・利益等数値化で

【図表2－13】 仕事を特性に合わせて三つに分類し、その得意分野で業績を把握する

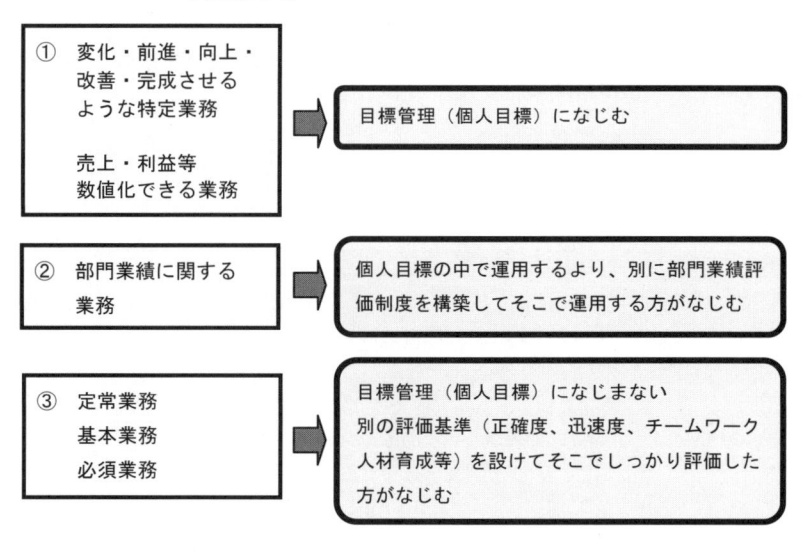

① 変化・前進・向上・改善・完成させるような特定業務 売上・利益等数値化できる業務	目標管理（個人目標）になじむ
② 部門業績に関する業務	個人目標の中で運用するより、別に部門業績評価制度を構築してそこで運用する方がなじむ
③ 定常業務 基本業務 必須業務	目標管理（個人目標）になじまない 別の評価基準（正確度、迅速度、チームワーク人材育成等）を設けてそこでしっかり評価した方がなじむ

きる業務は、目標管理（個人目標）が最も得意とする分野であるので、目標管理（個人目標）で把握するようにする。

　以上の業績把握の考え方を表現したのが、図表２－14の業績評価項目とウエイト表の例である。それぞれの等級のウエイトを横に加算すると100％になるようになっている。「定常業務、基本業務、必須業務」を評価するのに「正確度」「迅速度」「チームワーク」「人材育成」等が上げられているが、これをここでは「役割期待」と呼んでいる。個人目標・部門業績・よく吟味された役割期待の評価項目をバランスよく配置して、その者の行動・結果が漏れなく把握できる仕組みにする必要がある。

　図表２－14をよく見ると役割期待の評価項目には能力主義でいう「情意考課」の評価項目も「成績考課」の評価項目も混在し

【図表２－14】　業績評価項目とウエイト表の例

等級	職掌	個人目標	部門業績	計	役割期待												
					正確度	迅速度	顧客満足性	報告連絡相談	チームワーク	能力開発	達成志向性	知識伝達	課題形成	人材育成	人事管理	組織運営	計
Ⅴ Ⅵ	管理職	10	50	60									10	10	10	10	40
Ⅶ Ⅷ	専門職	40	20	60							10	20	10				40
Ⅳ	営業職	35	20	55		5	10			5	10	10	5				45
	事務職	30	20	50		5	10		5	5	10	10	5				50
	技術職	30	20	50		5	10		5	5	10	10	5				50
Ⅲ	営業職	30	15	45	5	10	10	5	5	5	5	10					55
	事務職	25	15	40	10	10	10	5	5	5	5	10					60
	技術職	25	15	40	10	10	10	5	5	5	5	10					60
Ⅱ	営業職	25	10	35	15	15	5	5	10	5	5						65
	事務職	20	10	30	20	15	5	5	10	5	5						70
	技術職	20	10	30	20	15	5	5	10	5	5						70
Ⅰ	営業職	15	5	20	30	20		10	10	10							80
	事務職	15	5	20	30	20		10	10	10							80
	技術職	15	5	20	30	20		10	10	10							80

ている。能力主義でいう「能力」は、これが発揮された「行動や結果」で評価するようになっている。これは「期待される役割」をいかに果たしたかを「成果」と考えているためである。「期待される役割」は「結果」もあれば、結果を出すプロセスでの「行動」もある。また「結果」ではなく「行動」のみを期待しているものもある。この種々雑多な「期待される役割」をここでは言っているので、評価項目も「成績考課項目」や「情意考課項目」に関するもの、「行動」といった雑多なものが混在することになる。

(6) 評価項目を設定する時の三つの留意事項

評価項目を設定する場合、留意することが三つある。
① 仕事を特性に合わせて三つに分類し、その得意分野で業績を把握すること
② 規範性を持っていること
③ 簡単で分かりやすいこと

次にこれら一つひとつを詳しく見ていくことにする。

① 仕事を特性に合わせて三つに分類し、その得意分野で業績を把握すること

a 筆者の主張

評価項目の設定でまず考えなければならないのは、「仕事を特性に合わせて三つに分類し、その得意分野で業績を把握すること」である。これは筆者が主張するところであり、前節で述べたことである。図示すれば図表2－15のようになる。これば図表2－13と同じである。

次に能力主義、役割主義、成果主義は、この図表2－15に沿って考えると、どのようになっているのであろうか。これは前章で問題点を指摘していることであるが、ここでもう一度見てみることにする。

【図表2-15】 筆者の主張

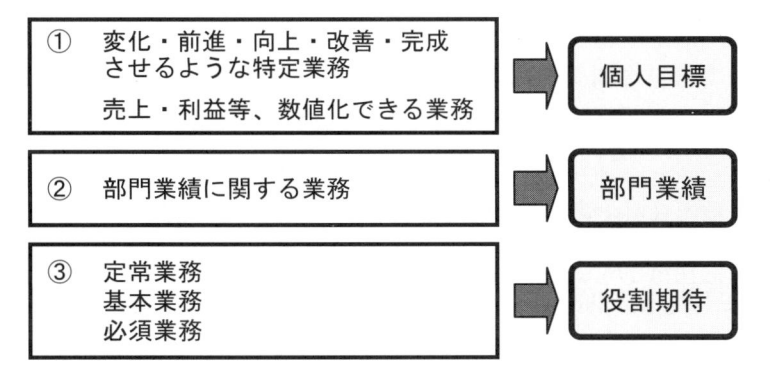

① 変化・前進・向上・改善・完成させるような特定業務 売上・利益等、数値化できる業務	➡ 個人目標
② 部門業績に関する業務	➡ 部門業績
③ 定常業務 基本業務 必須業務	➡ 役割期待

b 能力主義の場合

能力主義の場合は、個人目標に対する関心が低く、能力主義を採っている多くの企業・組織は個人目標制度を行っていないので「変化・前進・向上・改善・完成させるような特定業務や、売上・利益等数値化できる業務」を把握する力は弱い。個人目標制度を設けている企業・組織もあるが、成績考課の「仕事の質と量」の評価の参考にする程度である。また部門業績に対する関心は低いので、部門業績評価制度もない。営業部門では売上や利益の目標達成は把握されるが、営業部門管理職の成績考課の参考にされる程度である。管理部門等は部門業績という概念はない（図表2-16）。

c 役割主義の場合

役割主義の場合は、「定常業務、基本業務、必須業務」の行動面は「行動評価」で評価される。「行動評価」であるので結果は評価されない。例えば「ルーチンワークをミスなく行う」という仕事の結果は大変重要なことであるが「行動評価」では評価されない。これでは困るので結果を「個人目標」で評価する企業・組織もある。そうなると個人目標に「変化・前進・向上・改善・完成させるような特定業務や、売上・利益等数値化できる業務」の

目標と「ルーチンワークをミスなく行う」という維持目標が混在するようになる。これで個人目標がうまく機能するのかという問題が生じる。部門業績に関しては、部門業績評価制度をキチンと構築して把握する企業・組織は少ない。売上・利益が把握出来る営業部門は、営業部門管理職の個人目標で評価する。その他の部門は、部門目標を管理職の個人目標として評価する（図表２－17）。

d　成果主義の場合

　成果主義は、個人目標で仕事の成果を評価する。「定常業務・基本業務・必須業務」は評価されないで、漏れる。例えば管理職は「部下育成」は必須であるが、これが評価されないことになる。そうならないように個人目標に「部下育成」を目標として設定することも出来るが、「部下育成」を上げる者もいれば、上げない者もいて徹底しない。また目標の数には限りがあり、目標で全ての業務をカバーできないので漏れが生じる。

　評価を受ける側としては、自分のやったことを全て評価してもらいたいという心理もあり、「ルーチンワークをミスなく行う」というような維持目標も個人目標に設定するようになる。そうなると個人目標にはいろいろな目標が混在するようになる。役割主義で指摘した問題と同じようになる。部門業績に関しても役割主義と同じような問題が発生する（図表２－18）。

　このように考えると筆者の主張する「仕事を特性に合わせて三つに分類し、その得意分野で業績を把握する」ことが自然であり、業績を漏れなく的確に把握出来ることが分かる。

②　規範性を持っていること

　評価項目の設定で次に留意することは「規範性を持っていること」である。評価項目として上げるということは、社員にこういう行動をしてもらいたいと考えるからである。

　一つひとつの評価項目の定義（意味）には、会社が大切にしたい価値観や経営理念が込められていなければならない。

【図表2-16】 能力主義の場合

① 変化・前進・向上・改善・完成させるような特定業務

　　売上・利益等数値化できる業務

② 部門業績に関する業務

③ 定常業務
　　基本業務
　　必須業務

→ 成績考課　情意考課

個人目標に対する関心が低く、個人目標制度がない。個人目標制度があっても成績考課の「仕事の質と量」の参考にする程度

部門業績に対する関心が低い

【図表2-17】 役割主義の場合

① 変化・前進・向上・改善・完成させるような特定業務

　　売上・利益等数値化できる業務

② 部門業績に関する業務

③ 定常業務
　　基本業務
　　必須業務

→ 個人目標

→ 行動評価

部門業績に対する関心が低い

ルーチンワークをミスなく行うというような仕事の結果は行動評価で評価しないので個人目標に入れる

【図表2-18】 成果主義の場合

① 変化・前進・向上・改善・完成させるような特定業務

　　売上・利益等数値化できる業務

② 部門業績に関する業務

③ 定常業務
　　基本業務
　　必須業務

→ 個人目標

部門業績に対する関心が低い

定常業務、基本業務、必須業務が漏れる評価されない

評価項目の選定は、経営理念に沿っており、等級や職掌毎に期待するところに沿っていることが必要である。あれもこれもと総花的ではなく、重点を置いて選定され、方向性を持っていることが必要である。

③　簡単で分かりやすいこと

　評価項目の設定で三番目に留意することは「簡単で分かりやすいこと」である。評価するのは管理職である。その管理職が理解し使いこなせるものでなければならない。

　評価の正確性を上げるために評価項目の意味を詳しく書いたものを見ることがある。例えば「チームワーク」という評価項目でいうと、Ⅰ等級の「チームワーク」はコレコレ、Ⅱ等級の「チームワーク」はコレコレといった具合である。等級によって期待するところは違うので「チームワーク」の定義も違うようにしなければ正確な評価は出来ないと考えるのであろう。確かにそのとおりなのであるが、実際評価する場面で評価者はその微妙な違いを理解して評価しているだろうか。評価の正確性を期すために精緻に、精緻にしても、それを評価者が理解出来なかったら意味がないことである。むしろ多少アバウトなところがあっても、簡単で分かりやすく評価者が使える程度でよいのではなかろうか。

(7)　能力も忘れず評価する

　能力主義は能力を中心に評価することになっているが、役割主義や成果主義は能力を評価していないか、軽視している。昇格を考えた場合は、上の等級で仕事が出来るのかを判定するためには能力の評価は欠かせない。昇給についても、賃金は昇給で累積していくので、成果だけでなく、能力の要素も加えた方がよいと思われる。従って能力も忘れずに把握する仕組みを構築することが必要である。

　それではそもそも「能力」とはどういうものであろうか。「能

力評価」とはどういうものであろうか。ここで「能力」「能力評価」について少し掘り下げて考えてみよう。

① 役割・能力・成果の関係

まず「能力」とは何かを考えてみようと思うが、その前に、役割・能力・成果の関係を整理してみよう。役割・能力・成果の関係は**図表２－19**のようになると考えられる。

【図表２－19】 役割・能力・成果の関係－１

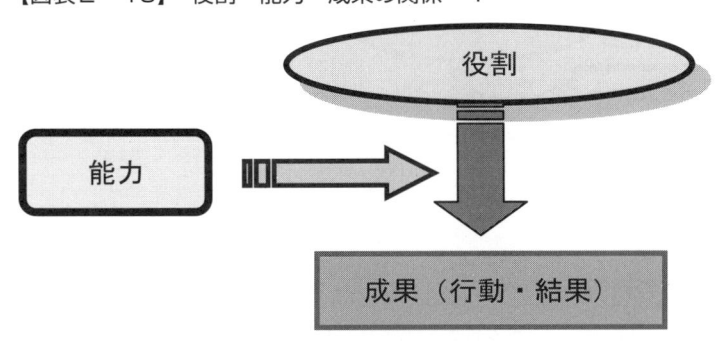

役割・能力・成果の関係は**図表２－20**に示すように演劇の関係に例えればよく理解できる。「役割」の英語は「role」であり、そもそも演劇の言葉である。役者が演じる「役」をいう。「役割」すなわち「role」は、演ずべき姿、あるべき姿をいう。例えば、ハムレットの「役」を与えられたとしよう。ハムレットには、原作があり、台本があり、また過去に演じられたハムレットの記憶が人々の頭の中にある。それらでハムレットの「役」のイメージが形成されている。これが役割である。その役割をどのように演じるかは俳優の力量（つまり能力）による。これの結果がパフォーマンスである。

経営学、その中でも「人事管理」において使う場合も、「役割」は、その語源に従って使えばよい。「役割」というのは、あるべき姿、期待像をいう。例えば「課長」であれば、あるべき「課長像」があり、その「課長像」が「課長の役割」ということにな

る。つまり「役割」というのは「期待される役割」をいう。役割能力要件表に「期待される役割」というのがあるが、これはそういう意味での「役割」である。

【図表2-20】 役割・能力・成果の関係-2

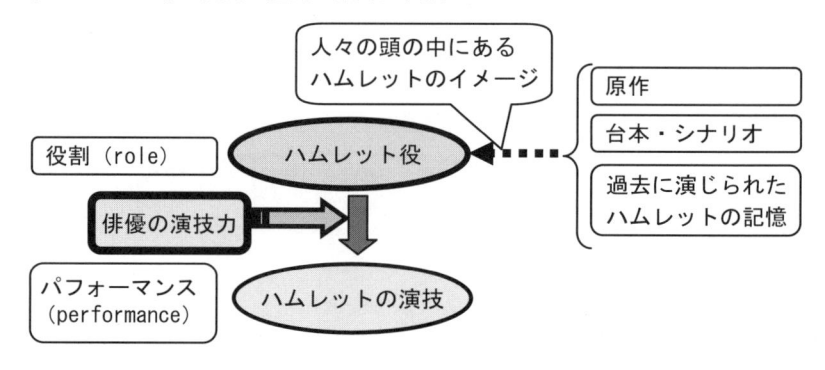

```
         人々の頭の中にある
         ハムレットのイメージ    原作
  役割(role)                      台本・シナリオ
           ハムレット役          過去に演じられた
    俳優の演技力                ハムレットの記憶

  パフォーマンス    ハムレットの演技
  (performance)
```

② 能力の特質

それでは、能力というのはどういうものであろうか。能力の特質を示すと図表2-21に示すとおり、「保有」と「再現性」である。

a 保有

能力はその人が保有しているもの、保持しているものである。従って能力を評価するのは、ある一定の時点の能力を評価するということになる。具体的には評価時点が3月末日であれば、3月末日の能力の保有を評価することになる。

b 再現性

能力には再現性があるということである。例えば「自動車の運転ができる」ことは、自動車で外訪する営業では必要な能力である。本人は自動車学校に通って運転免許を取得して自動車を運転できる能力を身につける。このようにして一旦身につけた能力は「自動車を運転してください」と言われれば、いつでも運転できるのである。つまり能力には再現性がある。

【図表2—21】能力の特質

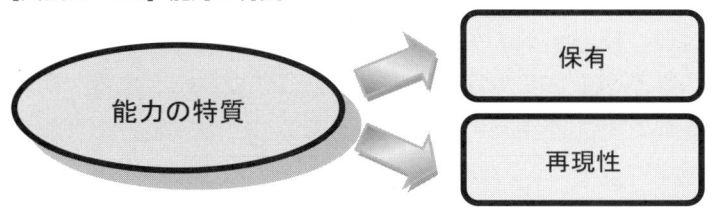

③ 能力の評価（成果の評価との比較）

　能力の特質は「保有」と「再現性」であることが分かった。能力の評価と成果の評価の比較を**図表2－22**で表したのでより明確に理解できると思う。

　能力は保有であるから、一定の時点での保有を評価することになる。一定の期間の行動や結果を評価する成果の評価とは、ここが異なる。この関係を例えれば、会計上の貸借対照表と損益計算書の関係とよく似ている。貸借対照表は、期末時点の資産、負債、資本の残高から利益を計算する。損益計算書は期初から期末までの期間の収益から費用を引いて利益を計算する。能力の評価が貸借対照表で、成果の評価が損益計算書に対応する。

【図表2－22】　能力の評価と成果の評価の違い

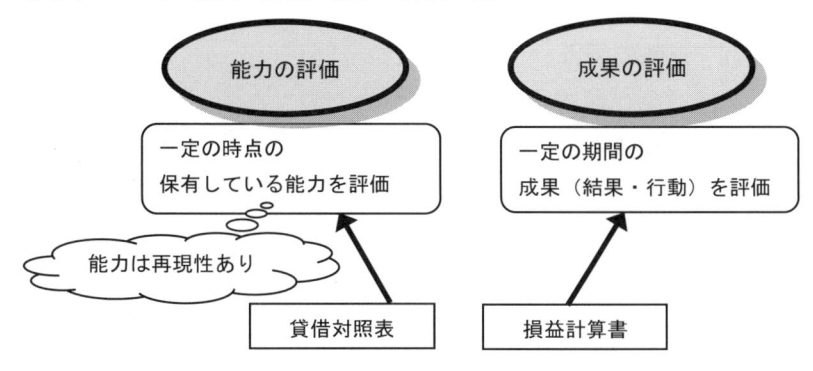

a　能力の評価

　能力の評価は**図表2－23**のようになる。例えば、パソコンで

文書作成出来ない人がいたとしよう。その人は期初に何とかパソコンで文書作成出来るようになりたいと思い、いろいろ努力を重ね期末にはパソコンで文書作成出来るようになったとする。期末に「パソコンで文書作成することが出来る」という能力を評価すると、期末時点では、パソコンで文書作成することが出来、また以後はいつでもパソコンで文書作成することが出来る（再現性がある）ので「出来る」「能力がある」と評価してよい。

【図表2-23】　能力の評価の構図

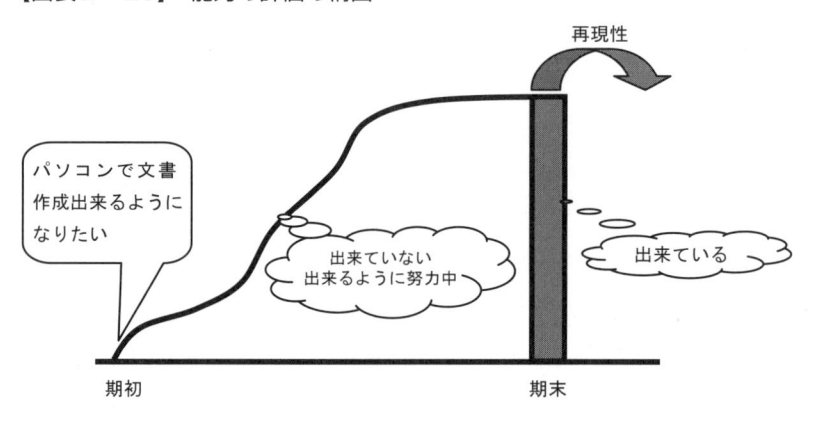

b　成果の評価

成果の評価は**図表2-24**に示すとおりである。成果の評価で「パソコンで文書を正確・迅速に作成する」という評価項目があったとする。期初は、ほとんど出来ておらず、期中ではスピードも遅く、間違いが多い。期末頃になってスピードも上がり、正確に作成出来るようになった。このような場合は「成果の評価」では、その期間内の結果・行動で評価するので、「期待どおり」という評価にはならない。「能力の評価」と「成果の評価」の関係はこのようなものと考えられる。

【図表2-24】 成果の評価の構図

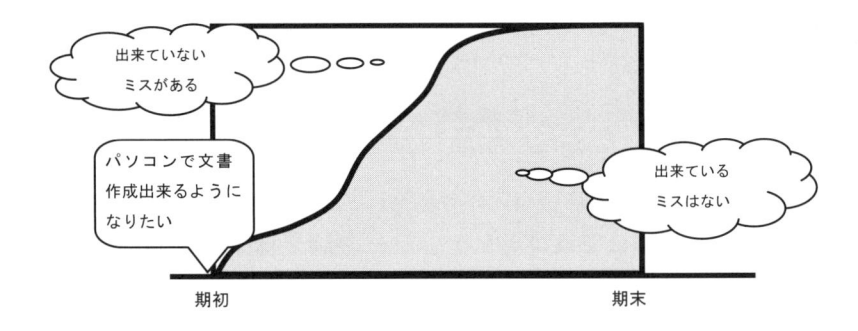

```
出来ていない
ミスがある

パソコンで文書
作成出来るように
なりたい

                                      出来ている
                                      ミスはない

期初                                    期末
```

④ 能力の評価は難しい

　ゴルフのハンデや囲碁、将棋の段、相撲の番付などは能力を表していると言える。例えばゴルフのハンデは何回かやっていると大体ハンデに見合ったスコアで上がってくるが、一回一回のプレイでは、その時の体調、天気、同伴者、コースの向き不向き等によっていろいろ変わってくる。それでもハンデを決めるのは、実際プレイしたスコアが基礎になっている。事実ということになれば実際のプレイのスコアである。

　指導力、判断力、企画力、折衝力などは能力であるが、これを評価するとしたら、それが表れている行動を評価するしかない。行動を評価するとしたら、いつからいつまでという期間で行う必要がある。そしてこの事実をいろいろ勘案して再現性があるかを判断するということなる。このように考えると、能力の評価は難しいなと感じられると思う。筆者が実際に行っても難しいと思う。そうであるなら、行動を評価するのであるから、能力評価とせず、行動を評価すればよいのではないかというのが、筆者の主張である。

　ただ知識技能力については、行動ではなくそれを保有しているかは評価することが可能である。例えば「パソコンで文書作成す

ることが出来る」を評価する例のように、なんとか可能である。

❓ 河合コンサルのQ&A その1

Q 本書ではコンピテンシーについて触れられていません。弊社ではコンピテンシー評価を行っています。コンピテンシーについてどのように考えたらよいのでしょうか。

A コンピテンシーは高業績者の行動特性と言われています。コンピテンシーを評価項目にしている企業・組織もありますが、筆者は評価項目にしていません。もともと評価項目は「こういう行動を期待していますよ」「こういう結果を期待していますよ」を示しているものです。これに対し、コンピテンシーは「こういう行動をすれば高い業績を上げることが出来ますよ」と示しているものです。富士山に登るという例を取ると、登るには吉田ルート、富士宮ルート、須走ルートなどいろいろなルートがあります。コンピテンシーはそのルートの一つを示していると考えられます。まだ他にも登るルートはあるわけです。コンピテンシーを評価項目にすると、コンピテンシーで示したルートで登った人は高く評価されますが、それ以外のルートで登った人は評価されません。富士山に登るという同じ目標を達成しながら、取るルートが違ったために評価されたり、評価されなかったりするのはおかしいではないかというのが、筆者の考えです。コンピテンシーは「高い成果を上げるにはこのように行動しなさい」を示す研修では効果があると思いますが、評価項目にはしない方がよいと思います。

3　評価の物差しを明確にすること

　個人目標の評価は目標を達成出来たとか、どのくらい達成したで評価するので、絶対評価である。相対評価はあり得ない。個人目標以外の「図表2－14（45ページ）業績評価項目とウエイト表」の役割期待の評価項目についても絶対評価で行うことが必要である。個人目標を絶対評価で行い、役割期待評価を相対評価で行うのは一貫性がない。絶対評価で行うとなれば、**図表2－25**に示すように評価の物差しを明確にすることが必要である。評価の物差しは評価基準と呼ばれる。評価基準は「評価項目の定義（意味）」と「評価の段階」で構成される。

　役割主義の評価項目の例（図表1－13（20ページ））で問題点として「評価項目は項目名が示されているだけで評価項目の定義（意味）は示されていない」と指摘したが、そのように評価項目の定義（意味）が明確に示されていないものもよく見かける。

　また一つの評価項目にいろいろな意味が込められていたり、評価項目間に意味の重複があるような設計も見かける。評価項目が長い行動の文章で表されており、一言で言えないものもある。フィードバックの時に困ってしまう。評価項目の定義（意味）を明確にすることが必要である。

　評価の段階は5段階とし、数字の「５４３２１」か、アルファベットの「ＳＡＢＣＤ」とする企業・組織が多い。

　5段階の場合「期待通り」を「5」または「S」とする企業・組織もあれば、「3」または「B」とする企業・組織もある。筆者は「期待通り」を「5」とすることを勧めている。その理由は、個人目標で目標を達成したら「期待通り」であり「5」と評価するので、役割期待の評価項目においても個人目標の評価基準と同じである方が一貫性があり、評価に迷わないからである。また、評価することで能力の開発を目的としている。その場合「5」

【図表2-25】 評価基準の例 「チームワーク」・評価項目（定義・段階）

チームワーク	円滑な人間関係をベースに、上司・同僚と協調・協働し、仕事の隙間を埋めたり、他のメンバーを助けたり、カバーしたりして、組織の構成員として組織業績達成に積極的に貢献していたかを評価する項目
5	期待通りで、申し分なかった
4	ほぼ期待通りであった
3	期待通りとはいえないが、業務に支障を来すことはなかった
2	期待通りでないことが、時々あり、業務に支障を来すことがあった
1	期待からはほど遠く、しばしば業務に支障を来した

（上段：評価項目の定義（意味）／下段：評価の段階）

が「期待水準」なのだから「5」を目指せ、企業・組織は「5」になることを期待しているとした方が、能力開発に結びつきやすいからである。

【図表2-26】 評価を通じての能力開発

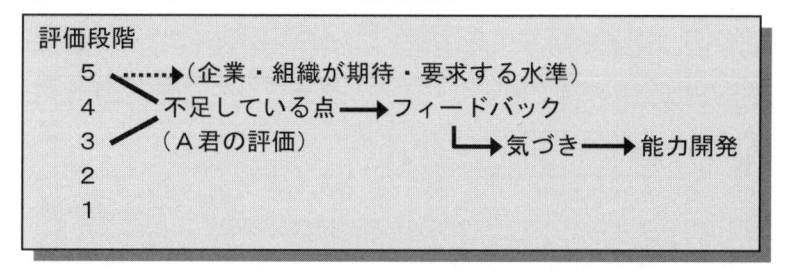

```
評価段階
  5 ┄┄▶（企業・組織が期待・要求する水準）
  4    不足している点 ━▶ フィードバック
  3   （A君の評価）         ┗▶ 気づき ━▶ 能力開発
  2
  1
```

図表2-26に示す通り、評価を通じて能力開発を図ることが出来る。今、A君はある評価項目で「3」と評価された。「3」と評価されたのは「5」の段階に較べると何か不足しているから「3」と評価されたわけである。そのような時、上司は不足している点を明確にA君に伝える（フィードバックする）必要がある。A君はその不足している点を次の期に頑張ればよいのである

から頑張る目標も明確になる。そして不足している点を克服し、能力を開発すれば「5」の評価になる。

4　評価の論理と処遇の論理を区分すること

図表2-27に示すように、賞与評価・昇給評価・昇格評価と処遇に直結する評価制度をとっている企業・組織もある。このような評価制度をとる背景には「評価は処遇を決めるため」としている考えがある。後で述べるが、筆者は、評価は「処遇を決めるため」だけにあるのではない、評価にはそれ自体にパワーを持っている、評価のパワーを活用すべきだと考えている。そのように考えると、賞与評価・昇給評価・昇格評価と処遇に直結する評価制度には賛同しない。また処遇に直結すると、処遇を考えて評価するようになり、評価をゆがめることになる。

図表1-19（28ページ）に示すように、昇給を洗い替え方式で行い、評価結果を処遇に直結させている企業・組織もある。この方式では「前期はB＋評価であった。今期B評価になると賃金が減るな――」と考え、本来あるべき評価をゆがめることも起こり得る。

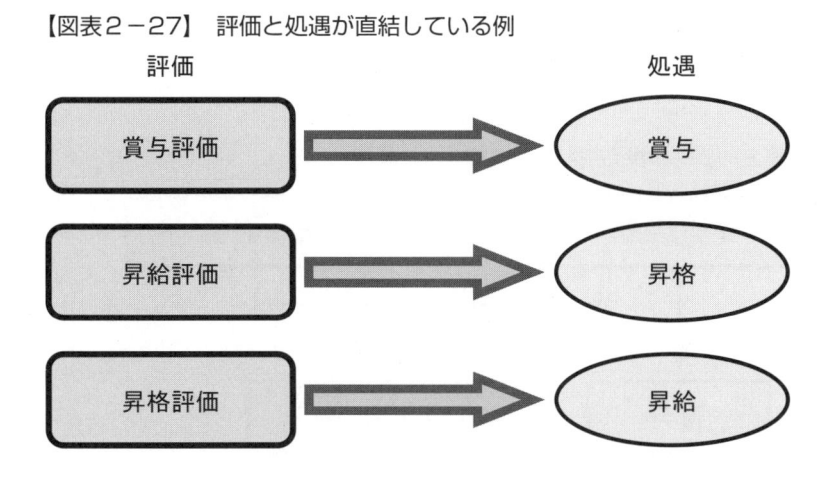

【図表2-27】　評価と処遇が直結している例

評価	処遇
賞与評価 →	賞与
昇給評価 →	昇格
昇格評価 →	昇給

図表2-28に示すように、評価の論理と処遇の論理は区分することが必要である。評価の論理としては、「事実に基づいた評価」「評価基準に基づいた公正な評価」「評価の納得性を高める」「能力開発につなげる」が挙げられる。処遇の論理としては、「昇給や賞与原資に収めなければならない」「ポストの数は限度がある」「メリハリをつけて昇給や賞与に差をつけたい」が挙げられる。評価は評価の論理で行い、評価に処遇の論理を持ち込まないことが重要である。

【図表2-28】　評価の論理と処遇の論理を区分すること

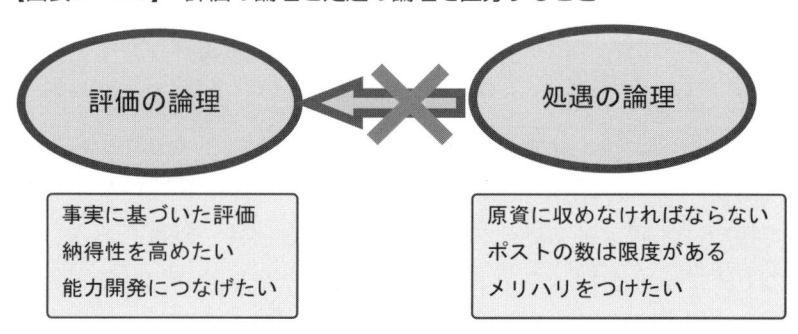

評価の論理	⇐✕	処遇の論理
事実に基づいた評価 納得性を高めたい 能力開発につなげたい		原資に収めなければならない ポストの数は限度がある メリハリをつけたい

　評価は業績評価と能力評価で行う。そして評価の特性に従って「賞与」「昇給・昇格」の処遇に反映させればよい。「賞与」は成果性を重視して業績評価を反映させる。昇給・昇格は能力の要素も加味して「業績評価」と「能力評価」を反映させる（図表2-29）。

【図表2-29】　評価制度と処遇制度との関係

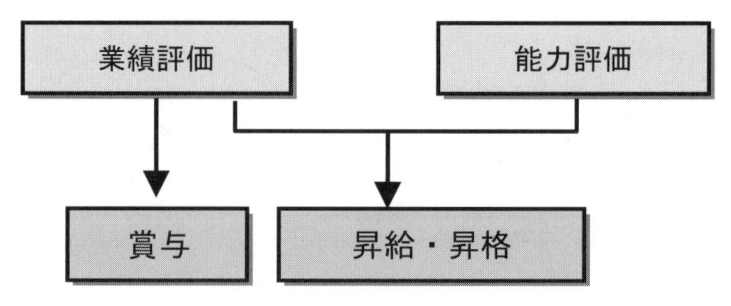

業績評価 → 賞与、昇給・昇格
能力評価 → 昇給・昇格

5　評価は納得性が重要

　評価の目的はモチベーションを高めることにある。成果を上げた者に賞与や昇給を多くするというのも「企業・組織は自分の上げた成果を正当に評価してくれた。さあ次もやるぞ！」とやる気を鼓舞し、企業・組織業績アップにつなげたいためである。モチベーションは評価に納得して初めて高まる。その評価に納得するかどうかは評価を受ける者（被評価者）である。評価の納得性が高まる評価制度の構築、および運用が要請される。ここでは「評価の納得性」について少し掘り下げて考えてみたい。

(1)　「評価に納得する」とは

　「評価に納得する」ということはどういうことであろうか。被評価者は、評価制度に自己評価の制度があるなしにかかわらず、自己評価をしているものである。その被評価者の自己評価と企業・組織から受けた評価が同じか、ほぼ同じであれば納得する。例えば図表2－30にあるように評価者が行った評価（企業・組織の評価）が、5段階評価の「4」評価であったとする。一方、被評価者は自己評価をして「4」評価と考えたとする。その場合被評価者は「ああ、上司はしっかり自分の仕事を見てくれている。自分が考えた評価と同じだ。」「納得！」と感じるのではないかと思う。被評価者の自己評価と評価者が行った評価（企業・組織の評価）が同じか近いと評価の納得性は高まる。

　その場合、被評価者が自己評価するとき、評価に関する知識を持っており、それに基づいてキチンと自己評価出来ることが求められる。評価というものは同じモノサシ、判断基準に基づいて行わなければ、評価結果は異なるからである。

【図表2−30】 企業・組織の評価と自分の評価が同じか、ほぼ同じであれば納得する

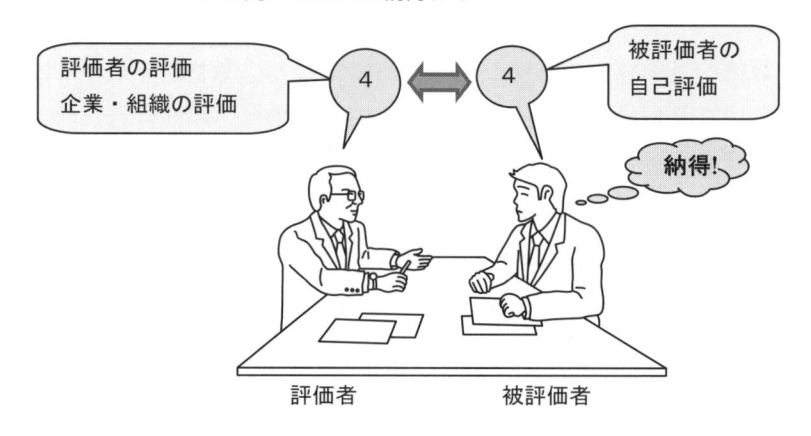

評価者の評価
企業・組織の評価 　4　　⇔　　4　　被評価者の自己評価

納得！

評価者　　　被評価者

　「評価に納得しない」ということは、被評価者の自己評価と企業・組織から受けた評価にギャップがある時である。多くは、被評価者は自分に甘いところがあるので、被評価者の自己評価が高く、企業・組織からの評価が低い場合である。例えば**図表2−31**のように、被評価者が人事評価の知識が十分でなく、評価項目の意味も自分勝手に理解し、評価期間の前の期の素晴らしい業績を上げたことを含めて「5」と評価した場合はどうであろうか。ここでは、評価者の評価（企業・組織の評価）は信頼性の高い評価であるとする。被評価者は評価者の評価（企業・組織の評価）が辛いと感じ、納得しないかもしれない。

　この場合の問題は、被評価者の人事評価の知識が十分でなく、自分勝手な評価をしているところにある。人事評価の知識が十分あり、評価基準どおり評価していれば、「4」と評価して、評価者の評価（企業・組織の評価）を納得しているかもしれない。つまり被評価者が人事評価の知識を持つと、評価者の評価（企業・組織の評価）に近くなり、評価の納得性は高まるのである。但しこの場合、評価者の評価（企業・組織の評価）が信頼性の高い評価であることが前提であるが――

【図表2−31】 被評価者が納得しないケース

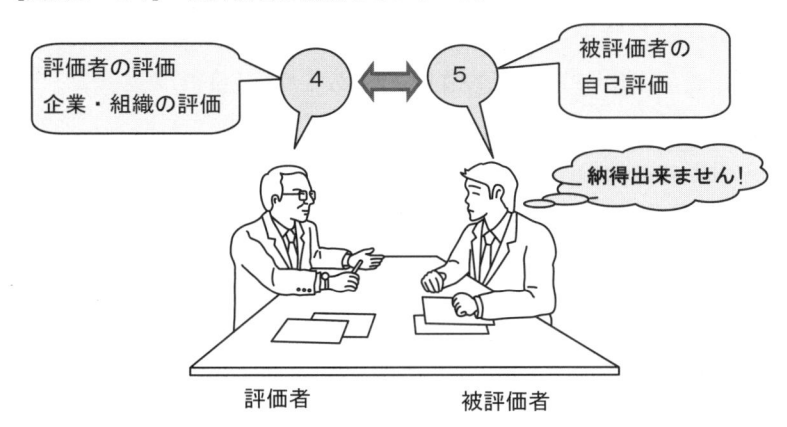

評価者の評価　4　⇔　5　被評価者の自己評価
企業・組織の評価　　　　　　納得出来ません！

評価者　　　被評価者

「評価に納得できない」ことの構造は図表2−32に示すようなものと考えられる。評価に納得できないことは、自己評価と企業・組織から受けた評価にギャップがあるからであり、この原因の一端は、自己評価にあると思われる。これまで企業・組織は被評価者に評価制度の内容、評価項目の意味、評価段階について何も教えて来なかったので、被評価者は評価についてほとんど何も知らない状態で自己評価を行ってきているのである。自分流で行った自己評価であれば、ギャップが生じるのは当然で、これを解決するためには、被評価者にも評価についての知識を教えることが必要である。

【図表2−32】「評価に納得できない」ことの構造・評価の納得性を高めるには

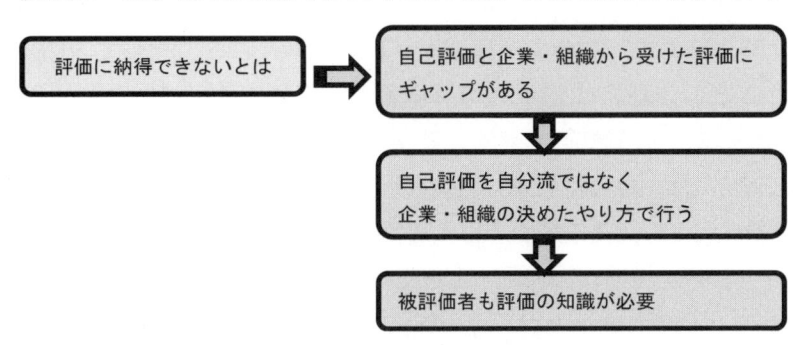

評価に納得できないとは　⇒　自己評価と企業・組織から受けた評価にギャップがある
↓
自己評価を自分流ではなく企業・組織の決めたやり方で行う
↓
被評価者も評価の知識が必要

Ⅱ　能力主義・役割主義・成果主義を超えて、これからの人事に求められること

(2) 「評価のプロセス」「評価者と被評価者の協働」

評価の納得性を高めるときに必要なことは「評価のプロセス」での「評価者と被評価者の協働」である。「評価のプロセス」と「評価者と被評価者の協働」について少し説明しておく。

一般的に「評価」と言えば、図表２－33に示すように評価者が行う評価を指す（これをここでは「狭義の評価」と呼ぶ）。

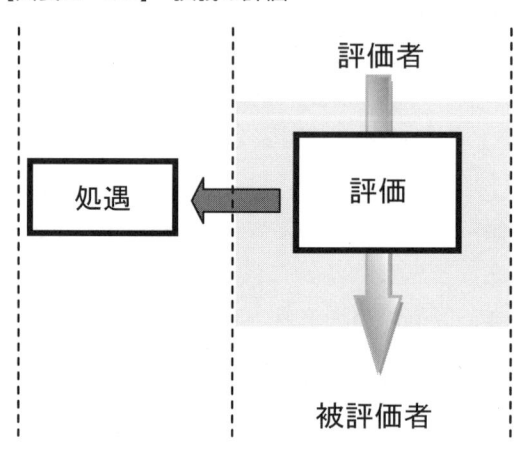

【図表２－33】 狭義の評価

しかし評価は、もっと広く捉えることが必要である。評価を広く捉えた時の評価の構造は図表２－34のようになる。

「評価」には「やることの確認」「やっていることの確認」「やったことの確認」「フィードバック」というPDCAのサイクルを回す部分がある。これを「評価のプロセス」という。そして「やったことの確認」に基づいて評価者が「評価」を行う。この「評価」に基づいて処遇（昇給、賞与、昇格等）を決める。このように考えると「評価」というものは「広義」と「狭義」があることが分かる。「広義の評価」は「評価のプロセス」と「狭義の評価」から成る。「狭義の評価」は評価者が行う「評価」である。一般的に「評価」というと評価者が行う「狭義の評価」を指す。しか

【図表２−34】 評価の構造

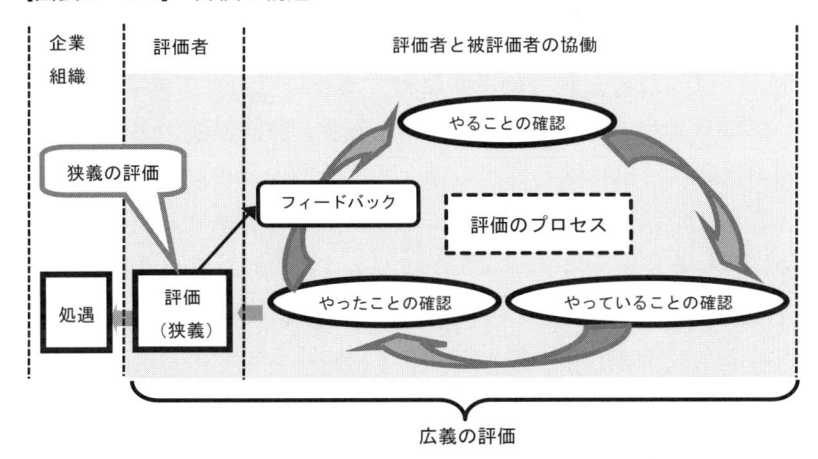

し評価は「評価のプロセス」を含めた「広義の評価」で捉えることが重要である。「評価のプロセス」では被評価者が評価の当事者になる。「評価のプロセス」では評価者と被評価者の「協働」が必要である。

「評価のプロセス」は図表２−35に示す通り目標管理（個人目標）では既に行っている。これを役割期待（図表２−14（45ページ））の評価項目でも行うべきだということである。

「協働」というのは、図表２−36に示すように「共通の目的を

【図表２−35】 目標管理（個人目標）の「評価のプロセス」

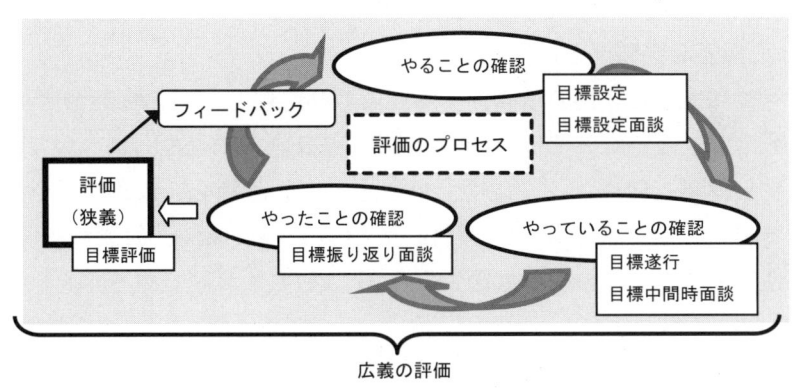

達成しようと協力して働く」ということである。「共通の目的」とは「評価の信頼性・納得性を高めること」である。「協力」というのは評価者と被評価者が協力するということである。「評価のプロセス」での「協働」とは「評価者と被評価者が協力して評価の信頼性・納得性を高める働き」ということになる。

　これまでは被評価者は評価に対して受け身であり、積極的に評価に関わるという考えが少なかったように思う。これからは「被評価者が協働する」という発想に転換が必要である。そうすることによって評価の信頼性・納得性を高めることが出来る。被評価者には、評価者に協力しながら、評価の信頼性・納得性を共につくり上げていくという意識と行動が求められている。

【図表２−36】「評価のプロセス」での「協働」とは

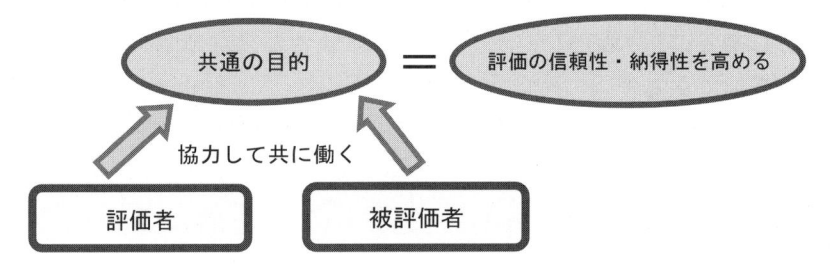

共通の目的 ＝ 評価の信頼性・納得性を高める

協力して共に働く

評価者　　被評価者

（3）「評価の信頼性」「評価結果の信頼性」「評価の納得性」「評価の品質」とは

　これまで「評価の信頼性」、「評価の納得性」という言葉が何回も出てきた。ここで「評価の信頼性」「評価の納得性」について、少し理屈っぽくなるが説明しておきたい。評価を「広義の評価」で捉えた場合、評価の信頼性、評価結果の信頼性、評価の納得性、評価の品質の関係は**図表２−37**に示すとおりである。

【図表2-37】 評価の品質、評価の信頼性、評価結果の信頼性、評価の納得性

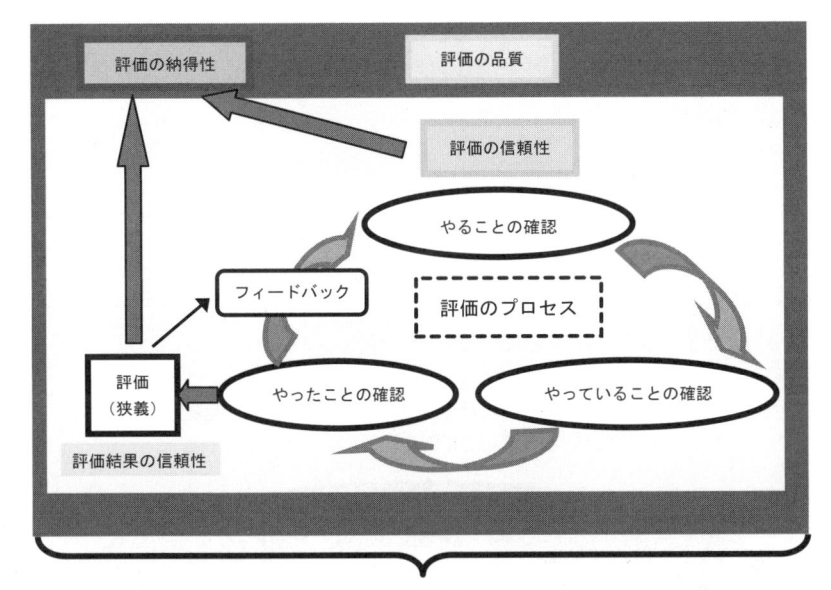

```
評価の納得性                  評価の品質

                    評価の信頼性

              やることの確認

    フィードバック      評価のプロセス

    評価
   （狭義）  やったことの確認   やっていることの確認

評価結果の信頼性
```

広義の評価

　「評価の信頼性」は「広義の評価」に対応した「信頼性」である。「信頼性」とは絶対的に正しいとまでは求めないが、決められた手続きに則って評価が行われ、信頼するに足る評価がなされているという意味である。

　「評価結果の信頼性」は「狭義の評価」に対応したものである。「評価結果の信頼性」は「評価の信頼性」に含まれる。

　「評価の納得性」は、「広義の評価」に対応したもので、被評価者の納得である。

　「評価の品質」とは「評価の信頼性」と「評価の納得性」を総合したものである。

　「評価の信頼性」が高ければ「評価の納得性」も高くなる関係にあるが、必ずしも一致するわけでない。「評価の信頼性」が高くても、被評価者が納得しなければ「評価の納得性」は高くなら

ないことがあるからである。「評価の納得性」は被評価者の主観の面があるからである。

「評価の品質」は「評価の信頼性」と「評価の納得性」を総合したものであるので、「評価の信頼性」が高く、かつ「評価の納得性」が高いことが「評価の品質」が高いということになる。「評価の品質」が高くなれば、人事評価の目的である「公正な処遇」、「評価のパワー」、「人材育成・人材の戦力化」の実現につながる。

評価の信頼性、評価結果の信頼性、評価の納得性、評価の品質の関係を構成図で示せば図表２－38のとおりになる。

【図表２－38】 評価の品質、評価の信頼性、評価結果の信頼性、評価の納得性の構成

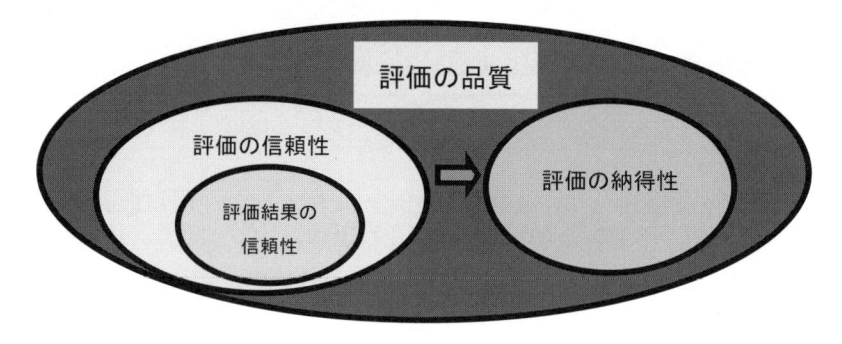

評価結果の信頼性、評価の信頼性、評価の納得性の具体的要件は図表２－39、図表２－40、図表２－41のとおりである。

まず「評価結果の信頼性」であるが、評価の絶対的正しさまでは求めない。次のようなことが行われていることが「評価結果の信頼性」の要件となる。

① 漏れなく、的確に評価できる評価制度になっている。
② 評価の進め方（職務行動の選択　評価項目の選択　評価段階の選択）に沿って評価が行われている（河合コンサルのＱ＆Ａその２　71ページ参照）。

【図表2－39】 評価結果の信頼性の要件

- 評価結果の信頼性とは　　評価の絶対的正しさまでは求めない
  - (1) 漏れなく、的確に評価できる評価制度になっている
  - (2) 評価の進め方に沿って評価が行われている
    - ①職務行動の選択　②評価項目の選択　③評価段階の選択
  - (3) 評価で陥りやすいエラーに陥っていない
    - ①ハロー効果　②対比誤差　③寛大化傾向　④逆算誤差
    - ⑤中心化傾向　⑥期末誤差　⑦論理誤差
  - (4) 評価は事実に基づいて、評価基準をよく理解して行われている
  - (5) 評価結果を的確に説明できる（フィードバックできる）

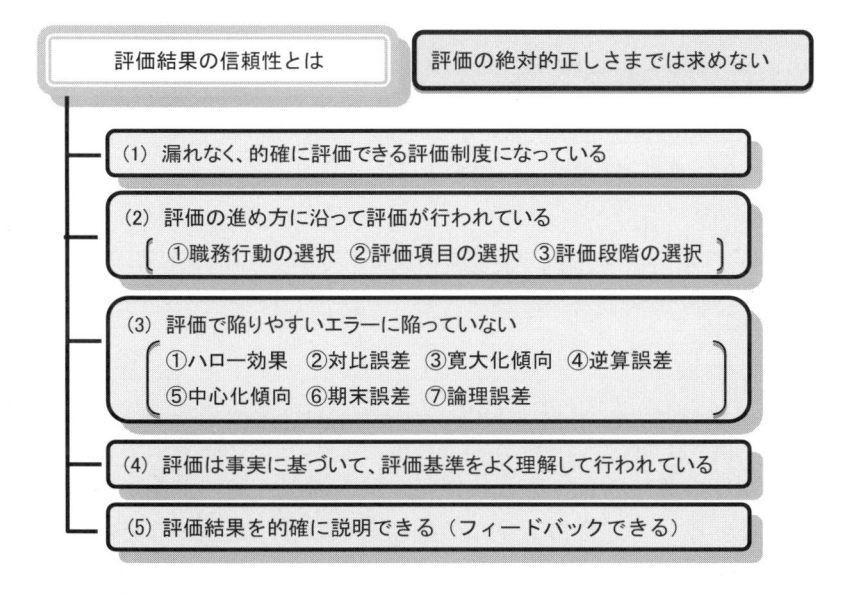

【図表2－40】 評価の信頼性の要件

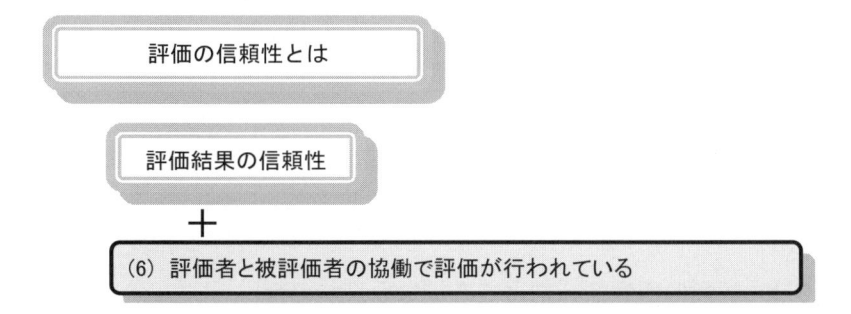

- 評価の信頼性とは
  - 評価結果の信頼性
  - ＋
  - (6) 評価者と被評価者の協働で評価が行われている

Ⅱ　能力主義・役割主義・成果主義を超えて、これからの人事に求められること

【図表２－41】 評価の納得性の要件

```
┌─────────────────────────────┐
│      評価の納得性とは          │
└─────────────────────────────┘
    ┌─────────────────┐
    │   評価の信頼性    │
    └─────────────────┘
         ＋
┌─────────────────────────────────────┐
│ (7) 被評価者が評価に納得している      │
└─────────────────────────────────────┘
```

③ 評価で陥りやすいエラー（ハロー効果　対比誤差　寛大化傾向　逆算誤差、中心化傾向　期末誤差　論理誤差）に陥っていない（河合コンサルのＱ＆Ａその３　72ページ参照）。
④ 評価は事実に基づいて、評価基準をよく理解して行われている。
⑤ 評価結果を的確に説明できる（フィードバックできる）。
⑥ 「評価の信頼性」は「評価結果の信頼性」に加えて、評価者と被評価者の協働で評価が行われていることが要件になる。
⑦ 「評価の納得性」は「評価の信頼性」に加えて、被評価者が評価に納得していることが要件になる。

(4) 評価の信頼性・納得性を損なう三つの壁

このように評価の信頼性・納得性を高めるメリットは大きいのであるが、実は評価の信頼性・納得性を損なっている三つの壁があるのである。図表２－44（73ページ）に示すような「制度の壁」「評価者の壁」「被評価者の壁」である。評価の信頼性・納得性を高めるためには、この三つの壁を乗り越えることが必要である。

河合コンサルのQ&Aその2

Q 「評価の進め方」について、もう少し詳しく説明していただけないでしょうか

A 評価は、まず評価の対象となるものを特定する必要があります。評価の対象とならないものまで含めると、評価結果は全く違ったものになってしまうからです。評価の対象となるものは、評価対象期間中の職務行動や仕事の遂行結果です（職務行動の選択）。次に、評価の対象となるものが特定出来たら、これをどの評価項目で評価するかを決めることです（評価項目の選択）。そして、評価項目が決まったら、その評価項目の評価基準に照らしてどの段階に相当するかを測定することです（評価段階の選択）。つまり大きいところから、段々絞り込むというような思考パターンで行います。

【図表2-42】 評価の進め方

職務行動の選択	職務行動の選択とは評価の対象となる行動や結果を特定することをいう。評価の対象となる行動や結果は評価対象期間中の職務行動と仕事の遂行結果である。
評価項目の選択	評価項目の選択とは、どの評価項目で評価するかを決めることをいう。
評価段階の選択	評価段階の選択とは評価項目の評価基準に照らして、どの段階に相当するかを測定することをいう。

河合コンサルのQ&A その3

Q 評価で陥りやすいエラーとはどのようなものでしょうか。

A 評価者が評価をする場合、知らず知らず嵌まってしまう間違いがあります。人間の性（さが）ともいえるもので、どんなに優秀な評価者でも心しないと嵌まってしまうものです。人間にはこのような傾向があることを自覚して、評価に取り組む必要があります。

【図表2-43】 評価の進め方

エラー	陥りやすいエラーの説明
ハロー効果	何か一つ良いと実態以上に良く評価してしまう、何か一つ悪いと実態以上に悪く評価してしまうこと。
対比誤差	被評価者の行動や結果は評価基準にあてて評価すればよいのであるが、評価者自身と比較して評価してしまうこと。
寛大化傾向	実態より良いほうに評価すること。
逆算誤差	最初に総合評価を行って得点を出し、その得点になるように各評価項目の評価の調整を行うこと。
中心化傾向	5段階評価の54321では「3」、SABCDの評価では「B」をつける傾向があること。
期末効果	評価をする直前の行動や結果は強く印象に残っており、直前の行動や結果だけで評価してしまうこと。
論理誤差	各評価項目の関係を論理的に考えて評価すること。

【図表2-44】 評価の信頼性・納得性を損なう3つの壁

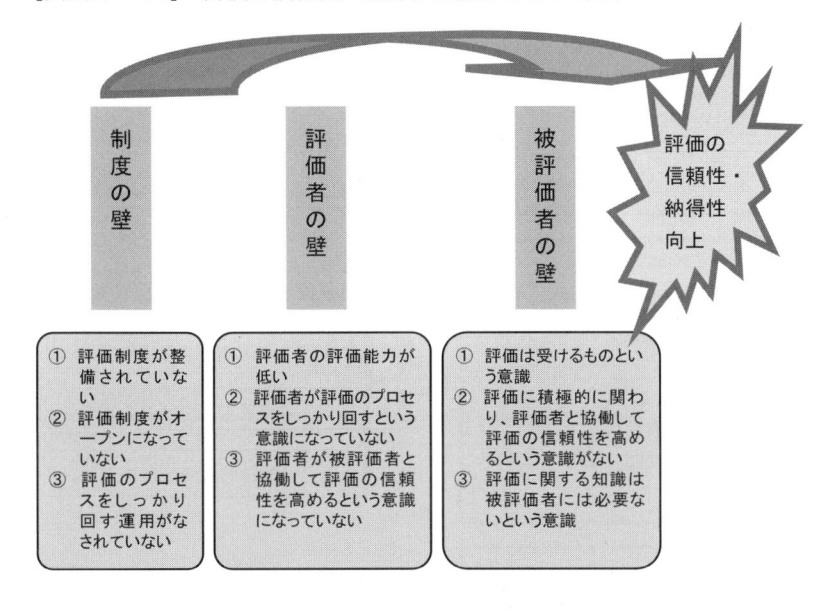

制度の壁
① 評価制度が整備されていない
② 評価制度がオープンになっていない
③ 評価のプロセスをしっかり回す運用がなされていない

評価者の壁
① 評価者の評価能力が低い
② 評価者が評価のプロセスをしっかり回すという意識になっていない
③ 評価者が被評価者と協働して評価の信頼性を高めるという意識になっていない

被評価者の壁
① 評価は受けるものという意識
② 評価に積極的に関わり、評価者と協働して評価の信頼性を高めるという意識がない
③ 評価に関する知識は被評価者には必要ないという意識

→ 評価の信頼性・納得性向上

(5) 三つの壁を乗り越える方策

これまでは、評価の信頼性・納得性を高めるためには「制度の壁」を乗り越えることが必要であるとして、評価制度の整備・再構築を行ったり、人事制度諸規程を職場に配置して何時でも見ることができるようにしたり、人事制度の解説書を作成して説明会を開くなど評価制度のオープン化を行ったりしてきた。

また「評価者の壁」を乗り越えることが必要であるとして、評価者の評価能力を引き上げるための評価者研修、部門目標設定研修、個人目標設定指導研修さらに管理職研修などを行ったりしてきた。

「被評価者の壁」は、あまり意識されないか、一部の人が意識する程度であった。またこれを乗り越える施策を実施することは人事評価をめぐる他の課題との優先順位から「後回し」にされていた（図表2-45）。

【図表2-45】 三つの壁を乗り越える方策

制度の壁
① 評価制度が整備されていない
② 評価制度がオープンになっていない
③ 評価のプロセスをしっかり回す運用がなされていない

⇒
- 評価制度の整備・再構築
- 評価制度のオープン化
  - 人事制度諸規程を職場に配置
  - 人事制度解説書による説明会

評価者の壁
① 評価者の評価能力が低い
② 評価者が評価のプロセスをしっかり回すという意識になっていない
③ 評価者が被評価者と協働して評価の信頼性を上げるという意識になっていない

⇒
- 評価者研修の実施
- 部門目標設定研修の実施
- 個人目標設定指導研修の実施
- 管理職研修の実施

被評価者の壁
① 評価は受けるものという意識
② 評価に積極的に関わり、評価者と協働して評価の信頼性を高めるという意識がない
③ 評価に関する知識は被評価者には必要ないという意識

⇒
被評価者の壁は、
ほとんど認識されていない
被評価者の壁を乗り越えることは
後回しまたは放置されたまま

① 被評価者の壁を乗り越えることに取り組むことで、評価の信頼性・納得性はより促進される

いくら「制度の壁」「評価者の壁」を乗り越えることをやっても評価の信頼性・納得性を根本的に高めることは難しい。「被評価者の壁」がある。「被評価者の壁」を乗り越えることで評価の信頼性・納得性はより促進される。これまでは「被評価者の壁」はあまり意識されなかったし、一部の人には意識されることはあったが、これを乗り越えることは他の課題との優先順位から後回しにされていた。しかしこれからは「被評価者の壁」を明確に意識し、乗り越える施策を行うことが求められる（図表2-46）。

【図表２-46】 「制度の壁」「評価者の壁」に加えて「被評価者の壁」を
乗り越えて始めて、評価の信頼性・納得性は高まる

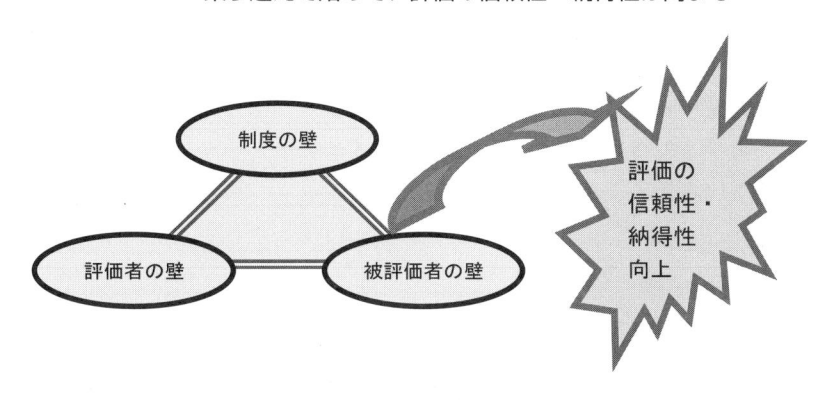

制度の壁
評価者の壁
被評価者の壁
評価の信頼性・納得性向上

② 被評価者の壁を乗り越えるためには

それでは被評価者の壁を乗り越えるためにはどのようなことを行ったらよいのであろうか。図表２-47に概要を示すが、大体次のとおりである。

被評価者には「評価は受ければよい」「評価の知識は必要ない」「評価は処遇を決めるために行うものである」という意識の者が多いのではないかと思う。こういう評価に対する意識は能力開発や評価の納得性を高める観点から、変える必要がある。評価に対する意識を変えるとは「被評価者は"評価は受けるもの"という考えを払拭し、評価に積極的に関わるようにすること」と「被評価者は"評価のパワー"に気づき、"評価のパワー"を活かすことが必要であること」の二つである。評価に積極的に関わるとは「積極的な"評価のプロセス"への協働」と「人事評価の知識を持つ」ことである。評価のパワーとは評価にもともと備わっているパワー（力）ということで、「能力開発」「コミュニケーションの促進」「モチベーションアップ」「企業・組織の価値観を共有」である。このように評価に対して意識を変え、評価に積極的に関わるようにすれば新しい風景が開ける。つまり「能力開発・キャリア開発が進む」「上司とのコミュニケーションが円滑になる」

Ⅱ　能力主義・役割主義・成果主義を超えて、これからの人事に求められること

【図表2-47】 被評価者の壁を乗り越えるためには

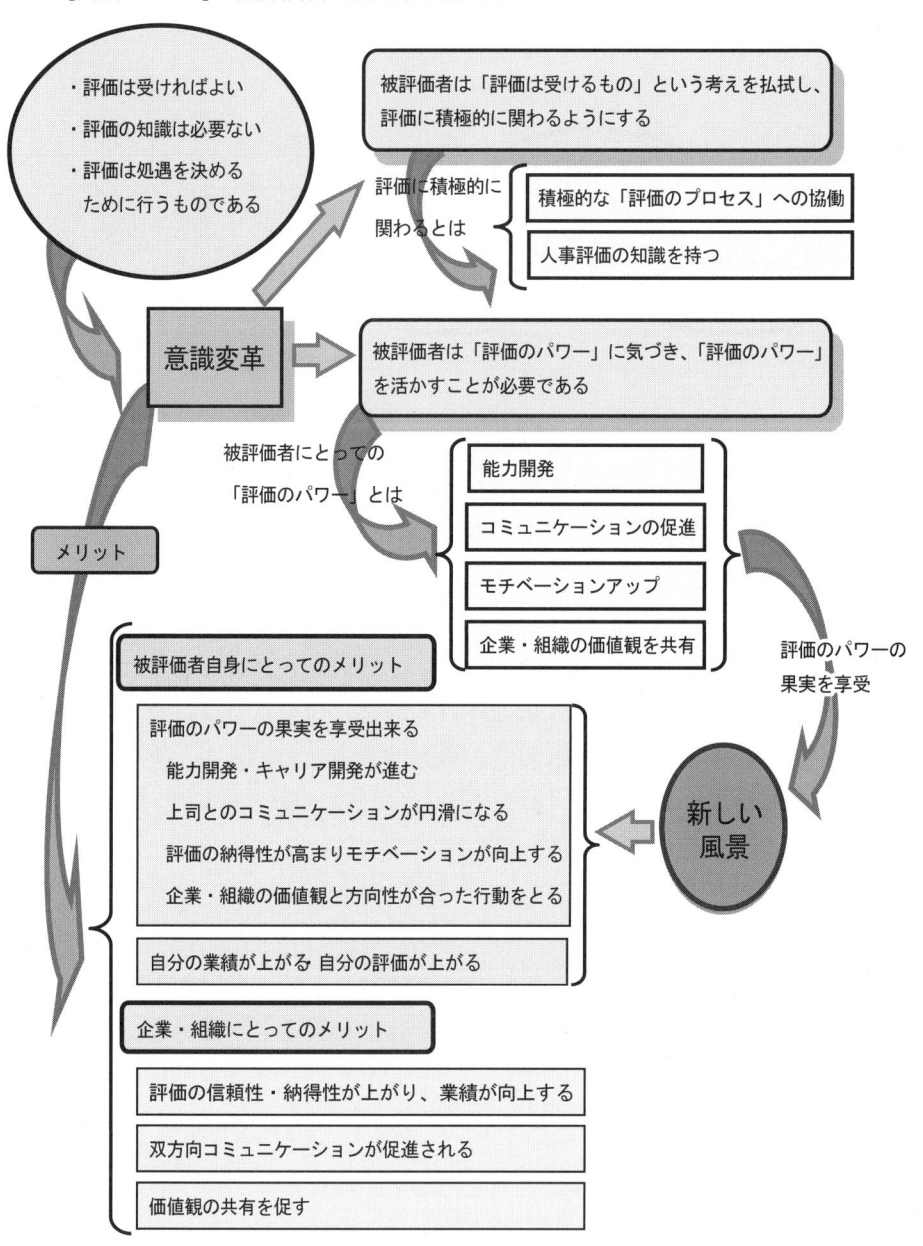

- 評価は受ければよい
- 評価の知識は必要ない
- 評価は処遇を決めるために行うものである

意識変革

被評価者は「評価は受けるもの」という考えを払拭し、評価に積極的に関わるようにする

評価に積極的に関わるとは
- 積極的な「評価のプロセス」への協働
- 人事評価の知識を持つ

被評価者は「評価のパワー」に気づき、「評価のパワー」を活かすことが必要である

被評価者にとっての「評価のパワー」とは
- 能力開発
- コミュニケーションの促進
- モチベーションアップ
- 企業・組織の価値観を共有

評価のパワーの果実を享受

新しい風景

メリット

被評価者自身にとってのメリット

評価のパワーの果実を享受出来る
- 能力開発・キャリア開発が進む
- 上司とのコミュニケーションが円滑になる
- 評価の納得性が高まりモチベーションが向上する
- 企業・組織の価値観と方向性が合った行動をとる

自分の業績が上がる 自分の評価が上がる

企業・組織にとってのメリット

- 評価の信頼性・納得性が上がり、業績が向上する
- 双方向コミュニケーションが促進される
- 価値観の共有を促す

「評価の納得性が高まりモチベーションが高まる」「企業・組織の価値観と方向性が合った行動をとる」など評価のパワーの果実を享受出来るとともに「自分の業績が上がる」「自分の評価が上がる」というメリットも享受出来る。もちろん企業・組織も「評価の信頼性・納得性が上がり、業績が向上する」「双方向コミュニケーションが促進される」「価値観の共有を促す」というメリットが享受出来る。

※詳しくは拙著『被評価者のための評価の基礎知識（日本生産性本部　生産性労働情報センター刊)』を参照願いたい。

③　制度の壁、評価者の壁を乗り越えた後でなければならないか

制度の壁、評価者の壁を乗り越えてから、被評価者の壁に取り掛かるべきであろうか。確かに順序としてはそのとおりなのであるが、それにこだわることはないと思う。制度の壁、評価者の壁を乗り越え、満足できるレベルに到達するには相当のエネルギーが必要である。それを待ってからということであれば、いつまで経っても被評価者の壁には取り掛かれない。むしろ制度の壁、評価者の壁を乗り越える施策と並行して、被評価者の壁に取り組む方が、評価の信頼性・納得性を高める近道ではないかと思う。つまり被評価者の壁に取り組むことによって、被評価者の評価に対する理解が進み、評価のプロセスへの協働が進むので、制度の壁、評価者の壁を引き下げる効果が出る（図表２－48）。

6　評価のパワーに気づきこれを活用する

評価はもともと「昇給」「賞与」「昇格」といった処遇を決めるために行われてきた。今でも「昇給評価」「賞与評価」という言葉を使って評価を行っている企業・組織もある。しかし評価を昇給・賞与・昇格といった処遇を決めるために行うと限定して考えるのでなく、もっと広くその効用を考えることが必要である。評価に対する意識を変える必要がある。評価にパワーがあることに

【図表２−48】 制度の壁、評価者の壁と並行して被評価者の壁を乗り越えることが評価の信頼性・納得性を高める近道

制度の壁
評価者の壁
被評価者の壁

制度の壁、評価者の壁と並行して被評価者の壁に取り組めば、制度の壁と評価者の壁は下がる

評価の信頼性・納得性向上

【図表２−49】 評価に対する発想の転換が必要

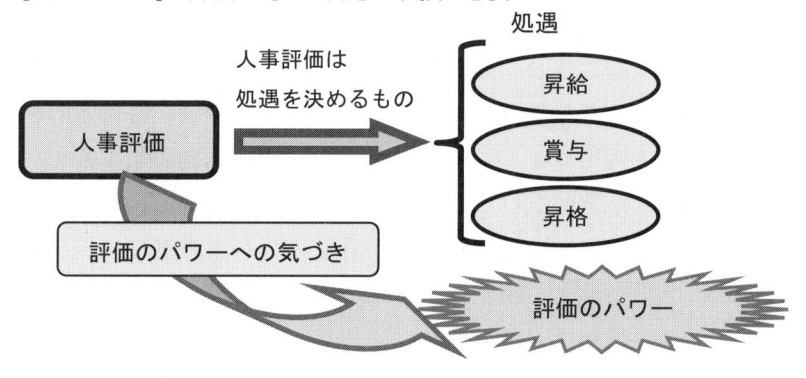

人事評価は処遇を決めるもの

人事評価 → 処遇
- 昇給
- 賞与
- 昇格

評価のパワーへの気づき

評価のパワー

気づき、その評価のパワーを活かすことが求められている（図表２−49）。

　もし「評価」というものがその企業・組織になかったらどうであろう。処遇を決めるときに不便を感じるのはもちろんであるが、その他にもいろいろと不便や物足りなさを感じるところがあるはずである。例えばリーダーシップについて考えてみよう。リーダーシップは「対人影響力」「人を引っ張っていく力」である。そのリーダーシップは、人間的な魅力で発揮されるのが理想的と言われ、例えば西郷隆盛のような人である。その人がいるだけで人が集まり、集まった人々はその人に従う気持ちになる。しかし

凡人が人間的な魅力で人を引っ張っていくのはなかなか難しい。

ただそこに「評価」というものがあればどうであろうか。「評価権」をことさら言わなくても、部下が、あの上司に自分は評価されているということを感じておれば、その上司のリーダーシップの後ろ盾になる。

このように「評価」というものは、単に処遇を決めるというだけでなく、それ自体にパワーを持っていると考えられる。

「評価のパワー」には、図表2－50に示すように「能力開発」「モチベーションアップ」「コミュニケーションの促進」「価値観の浸透」「リーダーシップ」を挙げることが出来る。この「評価のパワー」の基盤をなすものは上司・部下の信頼関係である。

(1) 評価のパワー：「能力開発」

経営理念は「企業・組織が目指すところ」や「従業員に期待する行動」がその内容になっている。それを具体的に各等級、各職掌ごとに細かく展開したのが役割能力要件表（図表2－3（35ページ）、別表―1～別表－6（巻末資料））である。そして役割

【図表2－50】 評価のパワー

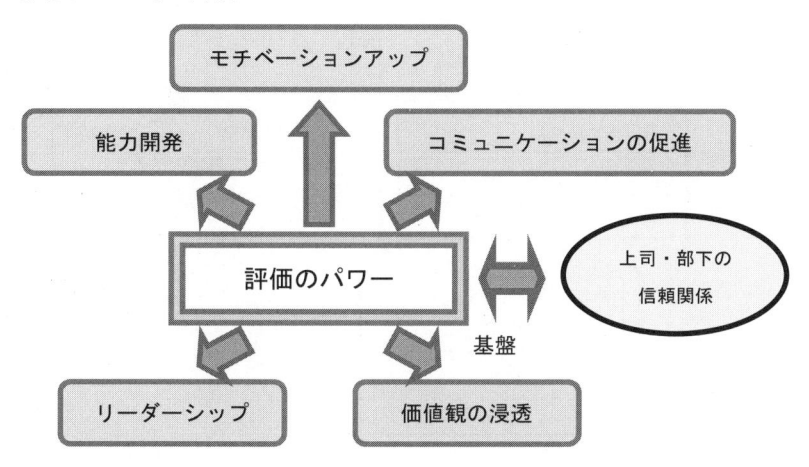

II　能力主義・役割主義・成果主義を超えて、これからの人事に求められること

能力要件表に示されている「期待される役割」をしっかりやっているか、「必要とされる知識技能」キチンと保有しているかを評価する必要があり、「評価項目（定義・段階）（図表２－25（58ページ）」や「評価項目とウエイト表（図表２－14（45ページ））」が作成される。

　この「役割能力要件表」「評価項目（定義・段階）」「評価項目とウエイト表」は、企業・組織のノウハウ・知識の蓄積であり、エッセンスが詰まっている「宝の山」である。

　この「役割能力要件表」「評価項目（定義・段階）」「評価項目とウエイト表」に書かれていることをよく読み込み、出来ていないところ、足りないところを一つひとつチェックして確認することが必要である。そして出来ていない、足りないところを出来るようにすることが必要である。出来るようにするためには個人目標シートに能力開発目標を設定して行うこともあるし、個人目標に設定しなくても能力開発することもある（図表２－51）。

　役割能力要件表の「期待される役割」にはキャリア開発の道筋が示されている。被評価者は「期待される役割」をよく読み込ん

【図表２－51】　役割能力要件表・評価項目（定義・段階）・評価項目とウエイト表は宝の山

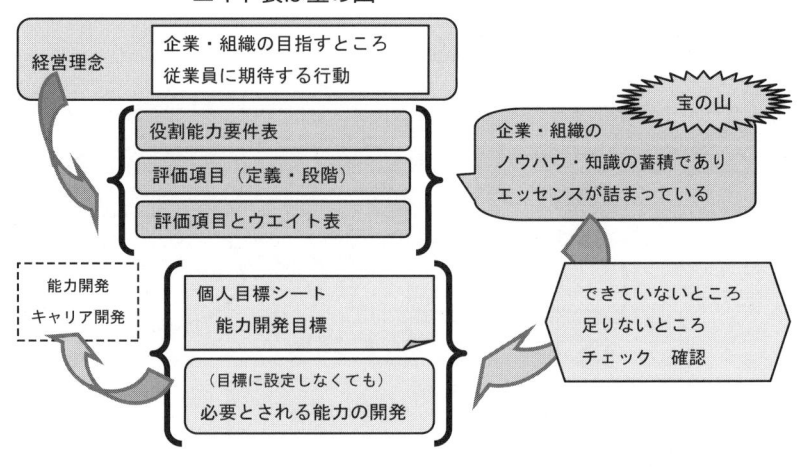

80　Ⅱ　能力主義・役割主義・成果主義を超えて、これからの人事に求められること

で自分のキャリア開発をどのように進めていくかを考えることが求められる。

　役割能力要件表の「必要とされる知識技能」に基づいて教育研修体系が策定されている。被評価者は教育研修体系に示されたカリキュラムに従って能力開発を進めると効率よく能力開発が出来る。

　このように評価者と被評価者が協働して、評価に積極的に関わると「役割能力要件表」「評価項目（定義・段階）」「評価項目とウエイト表」に示されていることで、出来ていないことや保有していない知識技能を容易に見つけ出すことが出来、能力開発の目標を容易に設定することが出来る。つまり効率的に能力開発、キャリア開発を行うことが出来る。

　図表2－52にみるとおり「やることの確認」から「フィードバック」に至る「評価のプロセス」が能力開発のプロセスであることが分かる。

　「やることの確認」の目標設定では、被評価者の問題発見能力、課題形成能力、情報収集能力を育てる。またこれをうまく指導することが評価者の目標設定指導力を育てる。目標以外の仕事では、特に期待する点を伝えること、被評価者の出来ていない点を見つけることが評価者の能力開発になる。評価項目の定義（意味）をよく理解し、それに向かって努力すること、特に期待する点をしっかり行うことが被評価者の能力開発になる。

　「やっていることの確認」では、目標については、被評価者のセルフコントロールに任せ、評価者は情報の提供と必要なアドバイスを行う。被評価者は自己統制能力、自律力が開発される。

　「やったことの確認・フィードバック」では、評価者は、被評価者の出来ていない点を指摘し、出来るようにするにはどうすべきかをフィードバックする。被評価者はフィードバックによって、能力開発のための気づきが得られる。そして、これを来期行い、出来るようになることが被評価者の能力開発になる。

【図表2-52】 評価のプロセスが被評価者および評価者の
能力開発のプロセス

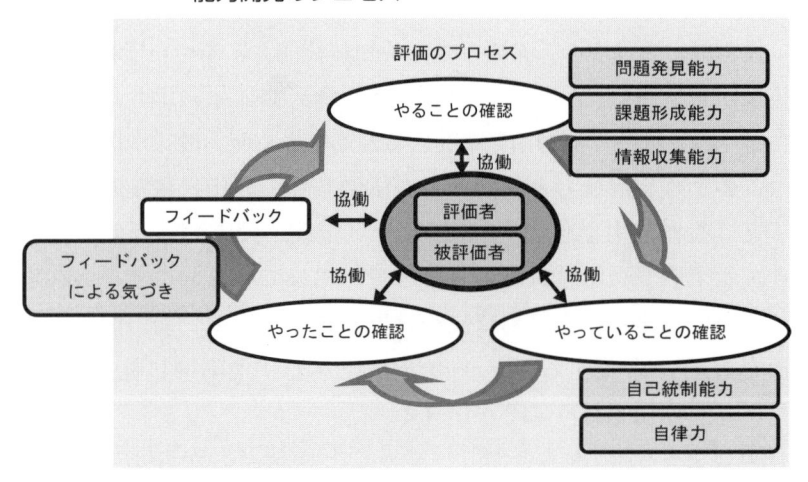

(2) 評価のパワー:「コミュニケーションの促進」

「評価のプロセス」は即「コミュニケーション」と言ってよいほどコミュニケーションの機会がいろいろある（図表2-53）。

① **やることの確認**
- 部門目標設定ミーティング
- 部門目標分担ミーティング
- やることの確認面談（個人目標設定面談）

② **やっていることの確認**
- 評価者からの情報提供
- 報告・連絡・相談
- 部門目標中間時ミーティング
- やっていることの確認面談（個人目標中間時面談）

③ **やったことの確認**
- 部門目標達成度確認ミーティング
- やったことの確認面談（個人目標振り返り面談）

【図表2-53】「評価のプロセス」にはコミュニケーションの機会が数多く設定されている

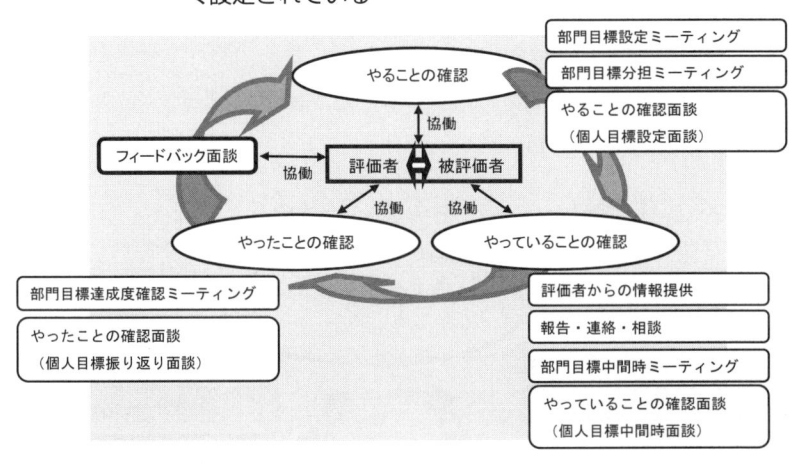

図中ラベル：
- やることの確認
- 部門目標設定ミーティング
- 部門目標分担ミーティング
- やることの確認面談（個人目標設定面談）
- フィードバック面談
- 評価者／被評価者（協働）
- やったことの確認
- やっていることの確認
- 部門目標達成度確認ミーティング
- やったことの確認面談（個人目標振り返り面談）
- 評価者からの情報提供
- 報告・連絡・相談
- 部門目標中間時ミーティング
- やっていることの確認面談（個人目標中間時面談）

④ フィードバック

「評価のプロセス」のコミュニケーションの機会を積極的に活用する。「評価のプロセス」での「協働」は被評価者との活発なコミュニケーションから生まれる。その場合、次のようなことに留意する。

① 「評価のプロセス」のコミュニケーションの機会を「面倒だな」と思わないで積極的に捉える。
② 被評価者には積極的な発言を求める。
③ 「評価のプロセス」の面談を報告・連絡・相談のまとまった時間と捉え、特に相談ごとがあれば気楽に相談を受ける。
④ フィードバックでは能力開発の気づきを与えるよい機会と捉える。

(3) 評価のパワー：「モチベーションアップ」

モチベーションとは動機づけ、やる気である。ハーズバーグは動機づけ要因（河合コンサルの豆知識その1　87ページ参照）として仕事の達成、達成の承認、やりがいのある仕事、責任の増大、

成長と進歩を挙げている。

評価は「被評価者が評価に積極的に関わる」ことにより「やることの明確化」「評価のプロセスでの協働」「能力開発」「評価の納得性が高まる」ことが促進され、被評価者のモチベーションを高める（図表２－54）。

【図表２-54】　評価のパワー：モチベーションアップ

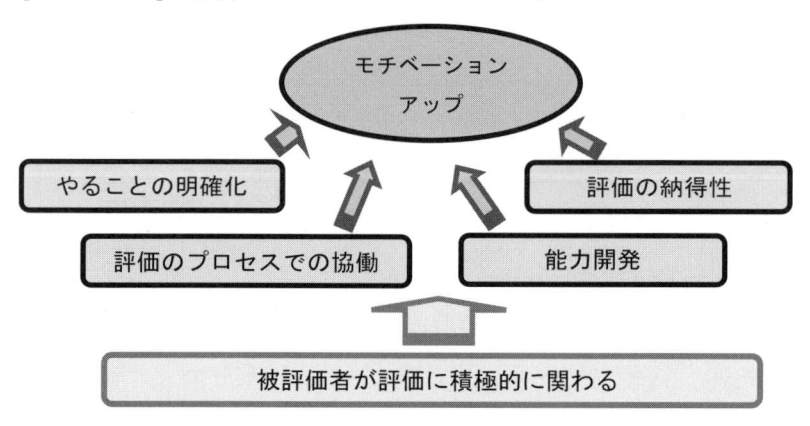

①　やることの明確化がモチベーションを高める

やることが明確になりゴールが明確になれば、やり遂げようという意欲は増大する。やる気が出てくる。仕事の見通しが分かり、仕事の道筋が分かれば、どうすれば効率的に仕事を進められ、高い評価になるか分かる。これがやる気を高める。

目標設定はやることを明確にすることであるが、目標以外の仕事も、企業・組織が何を期待しているかが、役割能力要件表、評価項目（定義・段階）、評価項目とウエイト表をよく理解すれば明確になる。何を期待され、どうすればよいかが分かることはやる気につながる。

逆の場合を考えてみよう。企業・組織から何を期待されているのかサッパリ分からない、何に向かって努力すればよいのか分か

らないということが感じられれば、やる気は出て来ない。

　評価で重要なものは「やることの確認」である。目標設定、その他についてどのようにやるのか、上司・部下で話し合い、確認する。これに積極的に関わることにより、自己決定、目標の所有感により、「内発的動機づけ」が作動し、やる気が高まる。

②　評価のプロセスでの協働がモチベーションを高める

　評価のプロセスでは、評価者、被評価者は協働して評価の信頼性を高めることが必要である。評価のプロセスでの協働を通して見える化が進み、被評価者の参画意識が高まり、情報の共有化が進み、仕事・目標への所有感も高まる。これらが被評価者のモチベーションを高める。

③　能力開発がモチベーションを高める

　評価は能力開発にパワーを持っていることは前に述べた。能力開発は自身の有能感を確認させ、自己実現に結びつき、これがモチベーションを高める。

④　評価の納得性が高まることがモチベーションを高める

　被評価者が評価に積極的に関わることにより評価の信頼性が高まる。評価の信頼性が高まれば、評価の納得性が高まる。納得性の高い評価はモチベーションを高める。

(4)　評価のパワー：「価値観の浸透」

　評価に関わるツールは、役割能力要件表、評価項目（定義・段階）、評価項目とウエイトがあり、これらが有効に機能することによって、企業・組織の経営理念・価値観を従業員に浸透させ、企業・組織との一体感・所属感を醸成し、企業・組織の目指すところの達成を促進する。

　評価のパワーを活用して価値観の浸透を図った例が、**河合コンサルのコラムその１（88ページ）**に示す織田信長の桶狭間の戦いである。織田信長は「情報重視」の価値観を示すために今川義

元の居場所の情報をもたらした梁田政綱を戦功第一とした。

次に**図表２－55**により、価値観の浸透を促す仕組みについてみてみよう。

【図表２－55】　価値観の浸透を促す仕組み

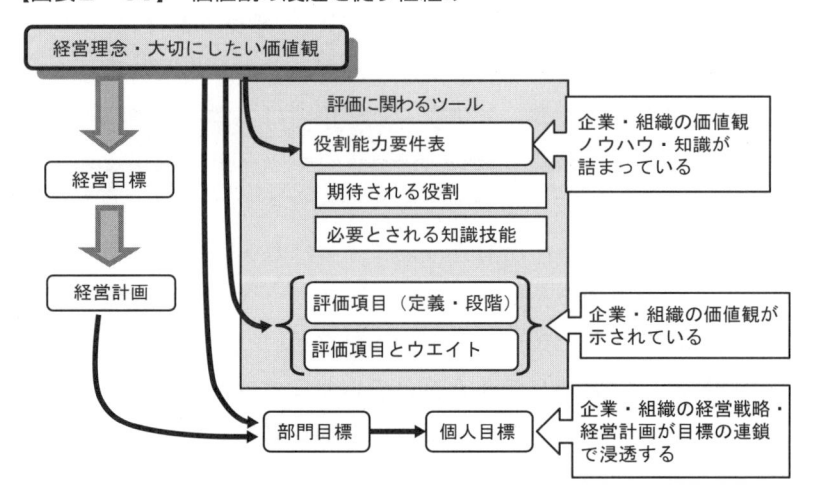

```
経営理念・大切にしたい価値観
    ↓
経営目標　　　評価に関わるツール
    ↓        ├─ 役割能力要件表 ──── 企業・組織の価値観
経営計画      │   期待される役割      ノウハウ・知識が
    │        │   必要とされる知識技能  詰まっている
    │        │
    │        ├─ 評価項目（定義・段階） ── 企業・組織の価値観が
    │        │   評価項目とウエイト        示されている
    │        │
    ↓        ↓
   部門目標 → 個人目標 ──── 企業・組織の経営戦略・
                              経営計画が目標の連鎖
                              で浸透する
```

① 役割能力要件表

企業・組織の経営理念・大切にしたい価値観は役割能力要件表（別表－１～別表－６（巻末資料））に展開される。この役割能力要件表は「期待される役割」と「必要とされる知識技能」からなる。「期待される役割」「必要とされる知識技能」には企業・組織の価値観・ノウハウ・知識が詰まっている。

② 評価項目（定義・段階）、評価項目とウエイト

企業・組織の経営理念・大切にしたい価値観は役割能力要件表を通じて評価項目（定義・段階）、評価項目とウエイトに展開される。これらは企業・組織の価値観が示されている。

どのような評価項目を設定するかは、企業・組織の業種特性、価値観に基づく。評価項目は定義・段階からなるが、これも企業・組織の価値観に基づいて作成される。各等級・職掌の評価をどのように行うかは「評価項目とウエイト表」に表現される。

「評価項目とウエイト表」も企業・組織の価値観に基づいて作成される。

③　部門目標・個人目標

企業・組織の経営理念・大切にしたい価値観を受けて「経営目標」が策定される。また各年度、各期に何をするかは「経営計画」に展開され、それを受けて「部門目標」、さらにそれを受けて「個人目標」に展開される。いわゆる目標の連鎖である。企業・組織の経営戦略・経営計画が目標の連鎖で末端まで浸透する。

河合コンサルの豆知識 その1

動機づけ要因 ＝ 衛生要因…ハーズバーグの研究

　ハーズバーグは、組織が与えることのできるインセンティブには二種類のものがあることを主張した。第一は、それを与えても、人々は満足を高めないが、それが与えられなければ不満を感じるというインセンティブである。会社の方針と管理様式、監督者や同僚との関係、給与や物的な作業条件などがそれである。このようなインセンティブは「衛生要因」と呼ばれる。この衛生要因をいくら改善しても、人々の満足は向上しない。

　第二は、それを与えられることによって、人々の満足が高まるようなインセンティブである。職務の内容、職務の達成、達成の評価などがこれにあたる。これらは動機づけ要因（モチベーター）と呼ばれる。人々の満足を高めるには、動機づけ要因を与えなければならないのである。この理論は、人々の欲求に質的な違いがあり、現在の社会では人々は低次の欲求を充足するインセンティブによっては満足しないということを主張したものであると解することもできる。

（F．B．ハーズバーグ『仕事と人間性』　東洋経済新報社）

河合コンサルの コラム その1

価値観の浸透…桶狭間の戦いの例
何を評価するかは、組織の価値観を表わす

　戦国時代、織田信長と今川義元の桶狭間の戦いでは、織田軍は寡兵をもって、今川の大軍を破り、今川義元の首級を挙げた。信長が戦後の論功行賞において戦功第一を梁田政綱としたことは当時の常識を破るものであった。梁田政綱は今川義元が桶狭間で休憩しているという情報をもたらした土着の武士であった。当時の論功行賞では義元の首級をあげた毛利新助、義元に一番槍をつけた服部小平太を戦功第一に挙げることが常識であった。

　桶狭間の戦いでは戦力差は歴然であり、通常の戦法では勝てない。勝つには限定した戦場を作り出し、限定した戦場での戦力差で優位に立ち、義元の首をあげることだけを目標とすることであった。それに加えて敵が油断しておれば尚よい。気象条件が雨か霧であれば尚よいというものであった。

　この戦いで一番重要であるのは義元の居場所がどこであるかという「情報」であった。この「情報」をもたらしたのが梁田政綱であった。信長が梁田政綱を戦功第一としたことは「情報重視」の価値観を明示したことになる。

　会社にも経営理念、大切にすべき価値観がある。これの社員への浸透を図るためには、会社の価値観を具体的に評価基準で明示し、価値観に沿った行動をした者や結果を出した者を高く評価すればよいということになる。このように考えると評価というものは、企業経営において大変大きなパワーを持っているといえる。

(5) 評価のパワー：「リーダーシップ」

　評価というものがなければ、管理職は自分の意図した方向に部門を向かわせることは難しいのではなかろうか。部下に仕事をさせるのも評価という力があれば比較的容易になる。部下に期待していることを示し、統率できるからである。

　リーダーシップというのは、評価という力を借りなくても、人間的な魅力とか、卓越した能力があれば、それに基づいて発揮できるものである。それでも評価の持つパワーが加えられれば、その力が増すことは確実である（図表２－56）。

7　評価は個人目標の評価と同じ基準、方式がよい

　個人目標は、評価のシステムとして考えれば大変優れたものを持っている。役割期待の評価項目も個人目標の評価システムと同じやり方で行うのがよいと思う。

(1) 個人目標の評価システムで優れているところ

　個人目標の評価システムでよいところは次のとおりである。

① PDCAサイクルを回す仕組みになっている

　個人目標は「目標設定」「目標遂行」「目標評価」「フィードバック」とPDCAサイクルを回す仕組みになっている。

② 評価者と被評価者の協働がうまく出来る仕組みになっている

　「評価のプロセス」は「やることの確認」「やっていることの確認」「やったことの確認」「フィードバック」であるが、これが個人目標の「目標設定」「目標遂行」「目標評価」「フィードバック」のプロセスと同じであり、評価者と被評価者が協働する仕組みが組み込まれている。

③ 「見える化」が出来る仕組みになっている

　個人目標は、個人目標シートを介して上司・部下の間で「見える化」が自然に出来る仕組みになっている（図表２－57）。

【図表2-56】 評価のパワー：リーダーシップ

リーダーシップ
評価権
評価者　　　　　　　　　被評価者

【図表2-57】 目標管理の仕組み自体が「見える化」になっている

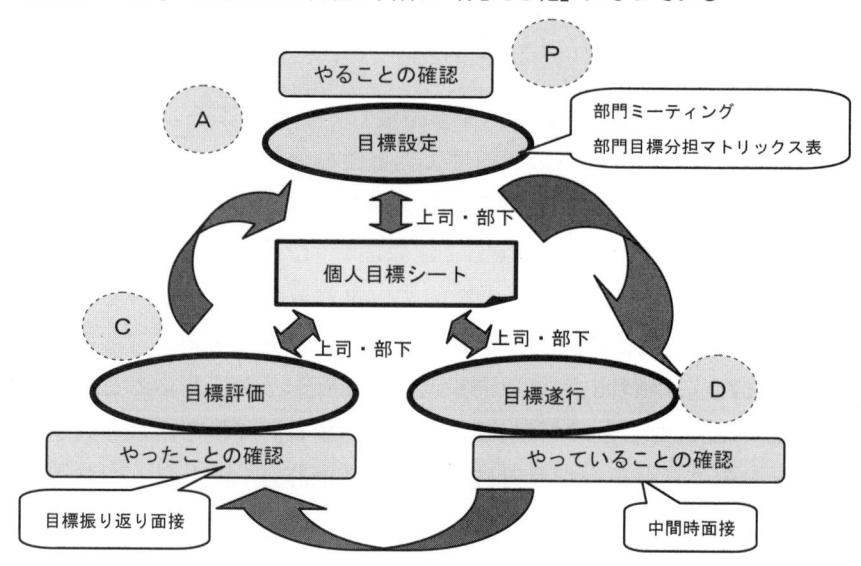

やることの確認
目標設定　　P
A
部門ミーティング
部門目標分担マトリックス表
↕ 上司・部下
個人目標シート
上司・部下　　　上司・部下
C
目標評価　　　目標遂行　　D
やったことの確認　　やっていることの確認
目標振り返り面接　　中間時面接

④ 自己評価が組み込まれている

　個人目標にはセルフコントロールの考えがある。自分の意思で目標設定し、セルフコントロールで目標を遂行し、目標の達成度

評価も自分で行うという仕組みである。自己評価がその中に組み込まれている。

⑤ **絶対評価である**

個人目標の目標は期待水準を示している。図表２－58に示す通り達成すれば期待どおりということで、５段階評価ならば「５」と評価すればよい。絶対評価である。個人目標の評価は相対評価はあり得ない。「マニュアルを作成する」というような一般的な目標は達成すればよいのであって、上回って達成ということはない。ただ売上高や利益といった目標の場合は、目標を上回ることもある。その場合は、目標を達成すれば「５」とし、超える割合に応じて「６」とか「７」と評価すればよい。

【図表２－58】 個人目標　評価基準

評価	評　価　基　準
5	達成基準どおりに達成された
4	ほぼ達成基準近く達成された
3	達成基準を少し下回る達成度合であった
2	達成基準を下回るやや残念な達成度合であった
1	達成基準を大幅に下回る全く不十分な達成度合であった

(2) 役割期待の評価は、個人目標の評価システムと同じにする

個人目標の評価システムには優れた点があり、役割期待の評価もこれと歩調を合わせて行うことが必要である。具体的には次のとおりである。

① **評価を広く捉え、評価者と被評価者の協働を重視する**

個人目標で行っているように、「やることの確認」「やっていることの確認」「やったことの確認」「フィードバック」を評価と、評価を広く捉え、評価者と被評価者の協働を重視する（図表２－59）。

【図表2-59】 評価を広く捉え、評価者と被評価者の協働を重視する

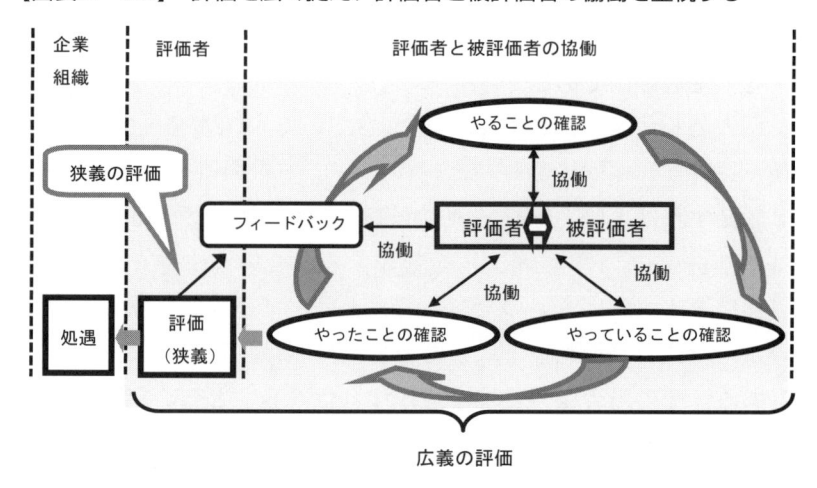

企業組織 / 評価者 / 評価者と被評価者の協働

狭義の評価

フィードバック ↔ 評価者⇔被評価者
協働

やることの確認
協働
やったことの確認
やっていることの確認
協働

処遇 ← 評価（狭義）

広義の評価

② 役割期待シートを介して「見える化」を図る

個人目標は、個人目標シートを介して「見える化」が図られているが、役割期待の評価項目も「役割期待シート（別紙－3（巻末資料））」を介して「見える化」を図る。すなわち「やることの確認」においては、「役割期待シート」で評価項目毎に期待する点を、評価者と被評価者が確認する。「やっていることの確認」では、「役割期待シート」を介して、その遂行状況を確認する。「やったことの確認」では「役割期待シート」を介して、遂行結果を確認する（図表2-60）。

③ 自己評価を組み込む

個人目標と同じく役割期待の評価項目も自己評価を組み込んだ方がよい。なぜ個人目標だけ自己評価があるのか、役割期待には自己評価はないのかという指摘に十分こたえられない。自己評価を設ければ、評価者が被評価者の自己評価を意識して評価するということも起こり得る。自己評価が「5」となっているとき本当は「3」であるべきと思うが、自己評価に影響されて「4」と評価してしまうというのである。これは評価者の評価能力に問題が

【図表２－60】 役割期待シートを介して「見える化」を図る

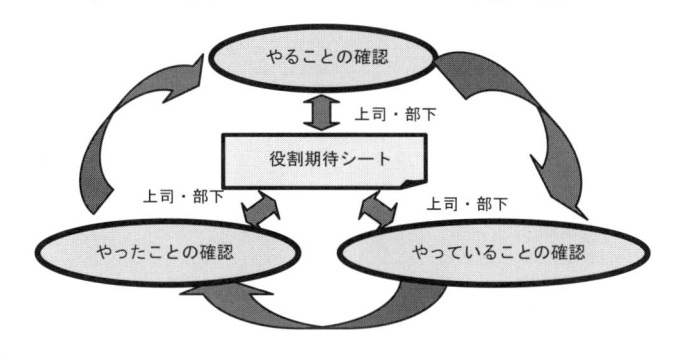

あるのであって、評価者研修を行うなどして評価能力を高めることを行えばよいのである。

④ 評価基準を個人目標と同じ基準にする

「正確度」「チームワーク」「仕事の質と量」といった役割期待の評価項目も、個人目標と同じ基準で評価することが望ましい。その場合「5」が期待レベルになる。

しかし「3」を期待レベルとし、「4」を期待をやや上回る、「5」を期待を大幅に上回るとする企業・組織もある。個人目標の評価基準と異なるのはいかがなものか。やはり個人目標と同じ基準で評価する方が整合性が取れてよいのでないか。

8 新しい評価観に立つことが大切

以上、評価について筆者が思っているところを綿々と述べてきたが、評価に対するこれまでの考え方を変える必要があると思っている。

筆者が主張したいのは、「評価のプロセスでの協働」と「評価のパワー」を内容とした新しい評価観である。被評価者は「評価は受けるもの」という意識を払拭し、評価者と協働して評価をつくりあげるという意識と行動が求められている。被評価者がこう

いう行動をすれば、評価の納得性が高まり、モチベーションが上がり、被評価者自身の業績向上と評価アップにつながっていく。「評価のプロセスでの協働」と「評価のパワー」は、新しい評価観に基づく新しい概念である。ちなみに旧評価観（現在、ほとんどの人の評価観）と新評価観を対比させると図表２－61のとおりである。

【図表２－61】 評価観の新旧対比

項目	旧評価観	新評価観
評価は何のために行うのか	処遇を決めるため (77ページ)	処遇を決めるために加え、評価にはパワーがあることを認識し、これを活かす (77～89ページ)
被評価者の意識	被評価者は「評価は受けるもの」という意識 (73～77ページ)	被評価者は評価のプロセスを評価者と協働して評価をつくりあげる (66ページ)
評価の定義	狭義の評価 評価者の行う評価に限定 (64ページ)	広義の評価 評価のプロセスを含める (65ページ)
被評価者に評価の知識は必要か	被評価者には人事評価の知識は必要ない (73～77ページ)	被評価者にも人事評価の知識は必要である (63ページ、75～77ページ)

9　賃金は安心を尊重

　賃金はそれで生活するものであり、生活が安定するような賃金の仕組みにする必要がある。評価を賃金に反映させることは必要であるが、これが評価によって極端に賃金が変わるということになれば、安心して働けない。

(1)　能力主義のマイルドな賃金管理は優れている

　役割主義のように役割が変われば等級も変わる、賃金も変わるというのでは、安心して仕事が出来ない。また図表２－62に示

すように等級に対応して賃金があり、等級毎に賃金の重なりがない設計にすれば、すぐ上限に達してしまう。理論的ではあるが運用に苦労する。

図表２−63は、評価によって洗い替えする方式の昇給の例である。これは28ページの図表１−19で説明したが、評価即処遇になっており、処遇を意識した評価になる。評価をゆがめることになる。このやり方もあまり感心しない。

図表２−64に示す能力主義のような等級間に賃金の重なりを

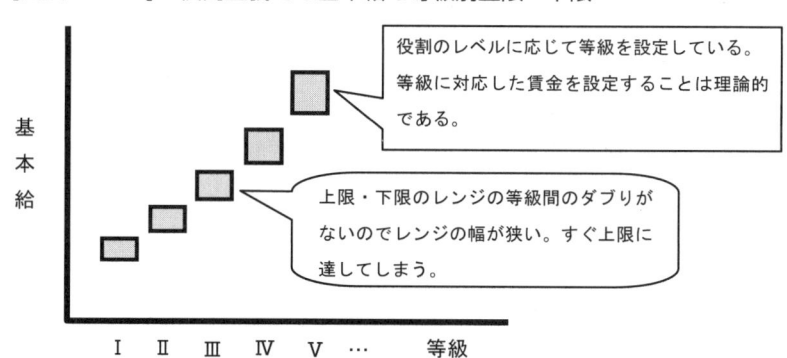

【図表２−62】 役割主義での基本給の等級別上限・下限

役割のレベルに応じて等級を設定している。等級に対応した賃金を設定することは理論的である。

上限・下限のレンジの等級間のダブリがないのでレンジの幅が狭い。すぐ上限に達してしまう。

【図表２−63】 洗い替え方式の昇給の例

等級	基本給（単位 千円）						
	S	A	B＋	B	B−	C	D
8等級	665	653	641	630	619	608	595
7等級	595	583	571	560	549	537	525
6等級	525	513	501	490	479	467	455
5等級	455	443	431	420	409	397	385
4等級	385	373	361	350	339	327	315
3等級	315	303	291	280	269	257	245
2等級	245	233	221	210	200	190	180
1等級	180	176	173	170	166	163	160

Ⅱ　能力主義・役割主義・成果主義を超えて、これからの人事に求められること

設けて、その中で昇給させていくというのは少々もどかしいが運用上は優れた賃金管理方式である。ただ賃金表で基本給を管理すると昇給原資との調整が面倒である。賃金表を無くして**図表2－64**の右側に表示しているような上限・下限を設けたレンジで管理するようにすればよい。昇給原資との調整は簡単に出来る（この方式の昇給のやり方は261～269ページで詳述）。賃金表がないとどうも不安だと感じられる方は、1円単位のピッチで賃金表を作成してこれで運用すればよい。

【図表2－64】 賃金表の構造

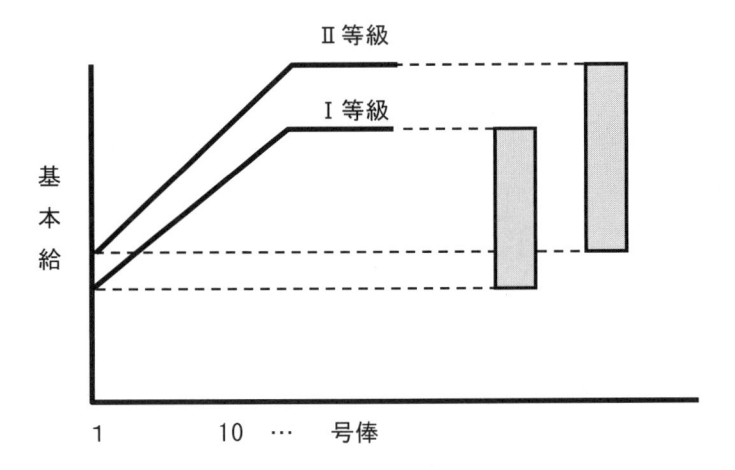

(2) 「年俸制」より「月給＋賞与」方式の方が優れている

年俸制を導入する企業・組織が増えているが、筆者は「年俸制」より「月給＋賞与制」の方が優れていると考えている。特に一般社員は「月給＋賞与制」で行うべきである。管理職には「年俸制」を行う企業・組織が増えているが、これも「月給＋賞与制」の方がよいと思われる。

「月給＋賞与制」は**図表2－65**に示すように安定と評価による増減のバランスがうまく取れている。つまり月給は生活費に対応させ、安定している方が望ましい。月給は基本的には昇給させ、

【図表2−65】 月給＋賞与と年俸制

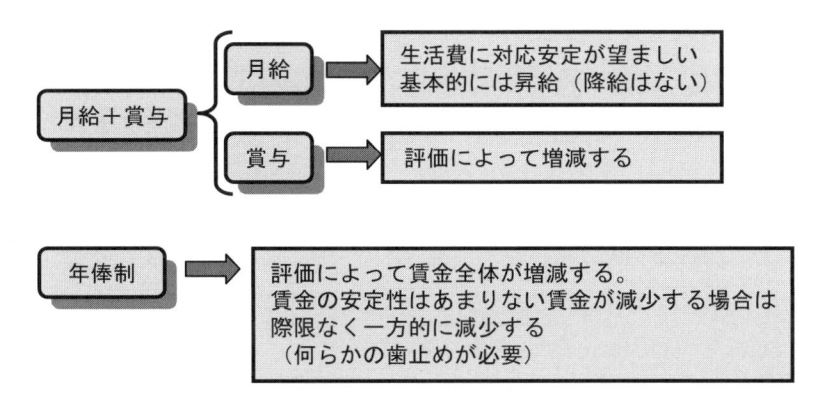

月給＋賞与
- 月給 → 生活費に対応安定が望ましい 基本的には昇給（降給はない）
- 賞与 → 評価によって増減する

年俸制 → 評価によって賃金全体が増減する。賃金の安定性はあまりない賃金が減少する場合は際限なく一方的に減少する（何らかの歯止めが必要）

降給はないことにする。役職が変更になった時の役職手当の変更、高齢者の賃金減額があった時は賃金の減額があるが、基本的には昇給であり、安定しているのがよい。これで安心・安定が確保される。賞与は成果性で運用し、企業・組織の業績、個人の評価によって増減させればよい。月給で生活の安定が確保されているので、賞与での思い切った増減はそれほど生活に響かない。

一方、年俸制は評価によって賃金全体が増減するので、悪い評価が続くと際限なく一方的に賃金が減少する。気づいてみると年俸制の管理職の方が年収で一般社員より相当低くなっていたということも起こり得る。そうならないように、年俸には一定の歯止め（下限）を設けて運用しているところが多い。また、一般社員を年俸制にすると時間外手当の算定基礎額に賞与も含まれるという問題が生じることがある（賞与額を年俸の2／16などと固定して支払っている場合）。

(3) 賃金は社会性、賞与は成果性

「賃金＋賞与」方式の場合、賃金は社会性があることに留意する必要がある。図表2−66に示すように大卒200千円、短大・高

専180千円、高卒160千円という初任給の相場は社会的に形成されており、大企業も零細企業もこれは受け入れなければならない。「当社は零細企業で業績も悪いので大卒を160千円で募集する」と言っても、応募する大卒者はいるかもしれないが、期待する質の大卒が採用できるかどうかは定かでない。

　図表２－67はモデル所定内賃金である（平成26年度賃金事情等総合調査より作成）。これを見ると分かるが、入社後も大体年齢毎に相場が形成されている。

　図表２－68は賃金改定額の推移である。ここ数年は1.8％～1.9％の賃金改定が行われている。

　賃金は社会性があるので、企業・組織としては、世間の賃金改定は意識する必要がある。「当社は業績が悪いので今年の昇給はゼロだ」として昇給を行わない経営者がいるが、これは考え直した方がよい。昇給を行わなければ当面は人件費の上昇を抑えられ経営的には助かるが、業績が回復し、中途採用を行うということになれば、問題が表面化する。中途採用の場合、世間と同じくらいの賃金を提示しなければ、相応の人材は採用できない。その場合中途採用者の賃金が、社内の同等の者の賃金より高ければ、これまで社内で頑張ってきた社員の不満は高まることは必定である。従って、賃金は社会相場があるので、社会相場を見ながら昇給は考えていかなければならないのである。

　すると今度は昇給を社会と同じようにやれば、人件費が膨らんで赤字になってしまうという懸念が生じる。もちろん赤字では企業・組織は存続できないので、赤字にならないように人件費を抑えることが必要になる。人件費の調節弁になるのが賞与である。賞与をこのように位置付け、「儲かったら出す」というようにすればよい。賞与は成果性で運用するのである（図表２－69）。

【図表2-66】 初任給推移

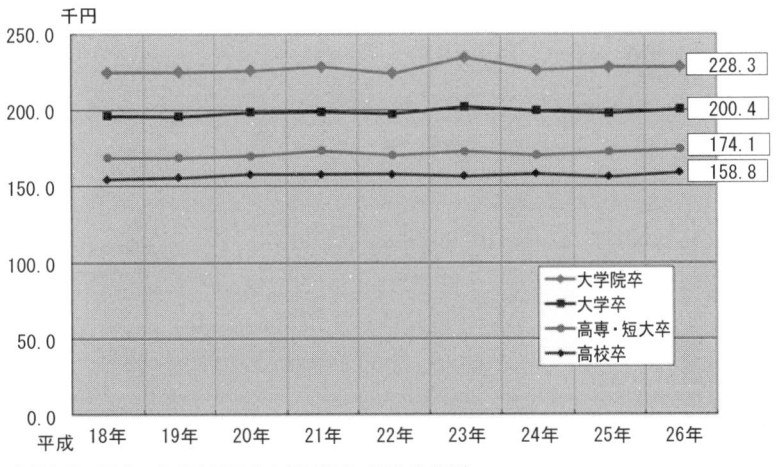

千円

	平成26年
大学院卒	228.3
大学卒	200.4
高専・短大卒	174.1
高校卒	158.8

資料出所：平成26年賃金構造基本統計調査（厚生労働省）

【図表2-67】 モデル所定内賃金

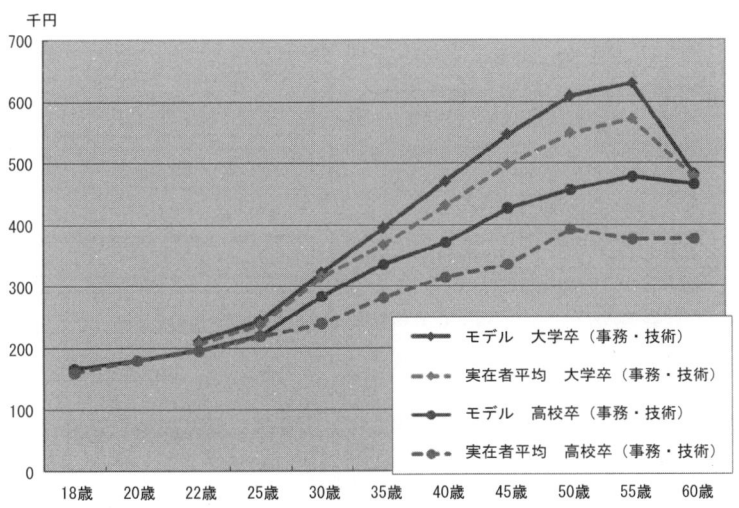

凡例：
- モデル 大学卒（事務・技術）
- 実在者平均 大学卒（事務・技術）
- モデル 高校卒（事務・技術）
- 実在者平均 高校卒（事務・技術）

資料出所：平成26年度賃金事情等総合調査（厚生労働省）

Ⅱ 能力主義・役割主義・成果主義を超えて、これからの人事に求められること

【図表2-68】 賃金改訂額の推移

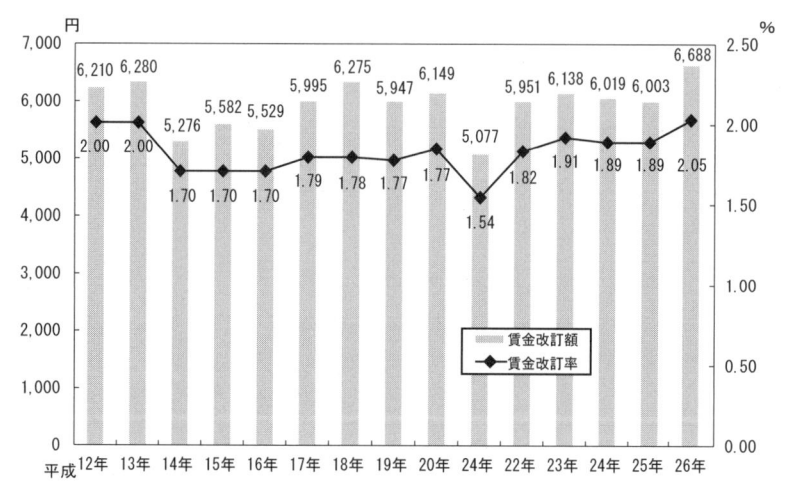

	平成12年	13年	14年	15年	16年	17年	18年	19年	20年	24年	22年	23年	24年	25年	26年
賃金改訂額（円）	6,210	6,280	5,276	5,582	5,529	5,995	6,275	5,947	6,149	5,077	5,951	6,138	6,019	6,003	6,688
賃金改訂率（％）	2.00	2.00	1.70	1.70	1.70	1.79	1.78	1.77	1.77	1.54	1.82	1.91	1.89	1.89	2.05

資料出所：平成26年度賃金事情等総合調査（厚生労働省）

【図表2-69】 賃金は社会性、賞与は成果性

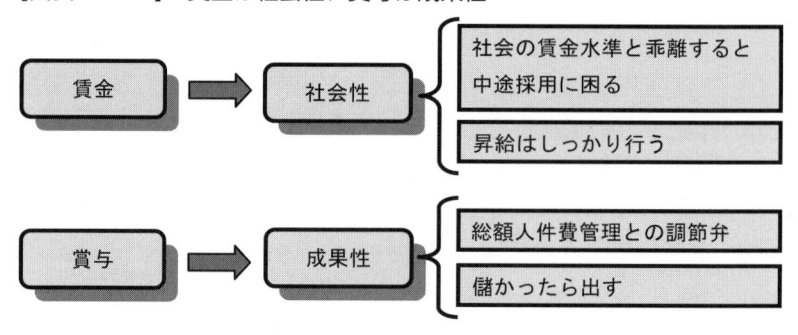

賃金 → 社会性
- 社会の賃金水準と乖離すると中途採用に困る
- 昇給はしっかり行う

賞与 → 成果性
- 総額人件費管理との調節弁
- 儲かったら出す

（4） 初任給が稼ぎに比べて低いので稼ぎに追いつくまでは昇給が必要である

　初任給は高卒160千円、短大・高専180千円、大卒200千円と社会相場が出来ている。筆者は、この初任給の相場は稼ぎ高に比べてかなり低いと思っている。初任給の金額は入社後の昇給を前提にしているのである。例えばタクシーの運転手で考えてみよう。

【図表2-70】 若年層の賃金と稼ぎ高

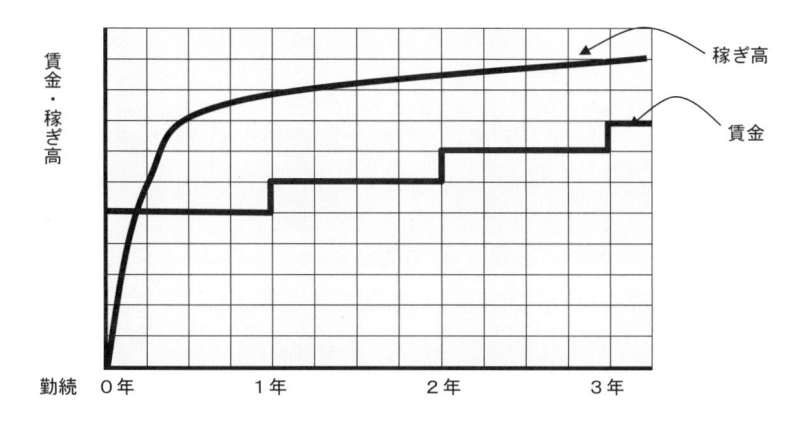

　大学を卒業してタクシー会社に入社し、出来高払いのタクシー運転手になった場合、昇給はほとんどない代わり、一般の大卒の初任給より相当高い収入になると思われる。

　図表2-70に見る通り、あまり熟練を要しない仕事は3ヵ月、少し経験が必要な一般的な仕事は1年もあればマスターできる。それ以後、それほど稼ぎ高は変わらないと思われる。従って稼ぎ高にキャッチアップするまでは若年層の昇給をしっかり行うようにする必要がある。ただし、稼ぎ高にキャッチアップするための昇給は、30歳程度まででよいだろう。

　特に18歳の高卒から22歳の大卒までは4年であり、初任給は160千円から200千円まで40千円上がっている。1年に10千円の上昇である。このあたりの年齢層はこれを意識して昇給させていくことが必要と思われる。

　最近よく見かけることであるが、企業収益状況が悪いために昇給を全然行わないか、少ししか行わない企業がある。これを長年続けていけば賃金水準はかなり下がり、若年層の窮乏化が起こる可能性がある。そのため、稼ぎ高にキャッチアップするための昇給は必ず行う必要がある。稼ぎ高にキャッチアップした賃金にな

れば、あとは仕事の内容、成果に応じた賃金にすればよいのではないかと思う。

10　役割・能力・成果に対応する賃金、年功の要素も加味する

(1)　賃金の大枠は役割・能力で決める

　賃金は役割（仕事の内容）・能力で決まるようにする。仕事のレベルが違うから賃金が違うのだ、能力が違うから賃金が違うのだと説明できるようにすればよい。役割・能力のレベルを区分したのが等級であり、具体的には図表2－71のような「役割能力要件表」で表される。ここでは「こういう役割を行っている者が○等級」「こういう能力を保有している者が○等級」と説明される。

【図表2－71】　役割能力要件表

等級	役　割	能　力
Ⅳ		
Ⅲ		
Ⅱ		
Ⅰ		

　図表2－72のグラフは等級別の基本給レンジを表している。等級は役割・能力のレベルであるので賃金は役割・能力のレベルに対応することになる。つまり賃金の大枠は仕事のレベル、能力のレベル（つまり等級）で決まるようにすればよい。

　上限・下限のレンジの意味は、図表2－73に示すように、その等級にいる限り上限までしか昇給させないということである。それ以上賃金を得たいならば、昇格が必要である。つまり「上限までは年功を認めましょう。しかし年功は上限までですよ」とい

うことである。賃金を増やしたいならば役割のレベルを上げること、つまり昇格が必要となる。

　また等級毎のレンジは、幅を広くとり、重なりあっている。賃金は仕事のレベル、能力のレベル（つまり等級）で決めるとした場合は、重なりあうところがないように設計するのが理論的である。そうすると当然レンジの幅は狭くなる。なぜそのようにしていないのかと言うと次の理由からである。
① 　レンジの幅が狭いと、すぐ上限に達してしまう。上の等級に昇格しなければ賃金が上がらないので、ポストの関係で昇格者が限られていれば、モチベーションの維持に苦労する。
② 　レンジの幅を広くとると昇給がゆったりでき、昇給によるモチベーション維持が相当期間出来る。
③ 　賃金表との相性がよい。能力主義で行われている賃金表はレンジで表現すれば重なり合う構造になっている。賃金表からの移行が容易である。
④ 　昇格した時、昇給させる仕組みとして等級手当を**図表２－74**のように設定する。このようにすれば基本給が重なり合っているところは多少、少なくなり、等級毎の賃金格差を明瞭につけることができる。
④ 　**図表２－75**はある会社の等級別基本給の例である。**図表２－76**は等級手当を加えたものである。等級毎の重なり合いが若干少なくなっている。**図表２－77**は年収でみたものである。年収になると等級間の格差はより明瞭になっている。つまり、基本給だけで等級間の賃金格差を見るのではなく、等級手当、更には役職手当を含めてみる。更には賞与、時間外、諸手当を含めた年収でみることが必要である。

【図表2-72】 賃金は仕事の内容（レベル）、能力で決まるようにする

基本給 ／ 等級（Ⅰ・Ⅱ・Ⅲ・Ⅳ）

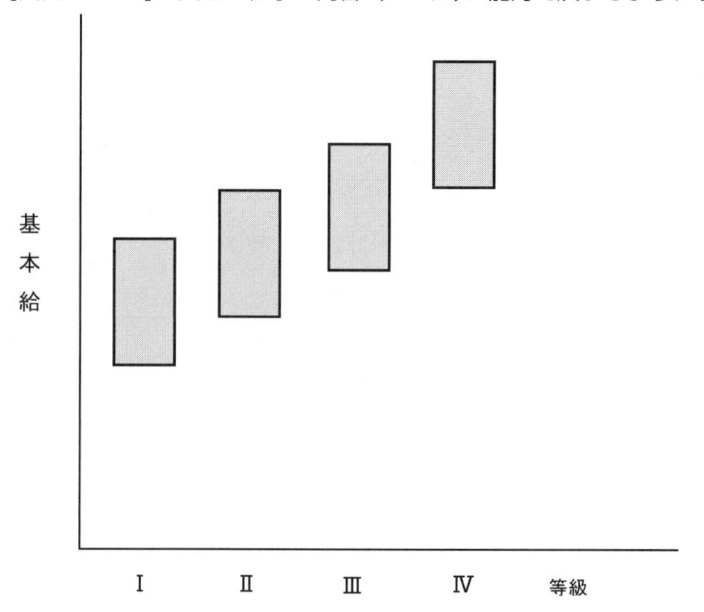

【図表2-73】 昇給は等級の上限まで

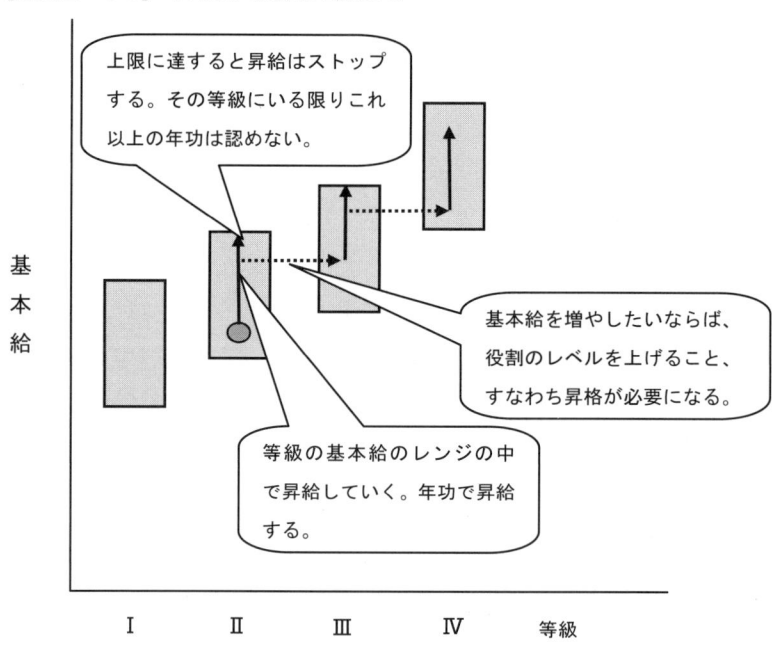

- 上限に達すると昇給はストップする。その等級にいる限りこれ以上の年功は認めない。
- 基本給を増やしたいならば、役割のレベルを上げること、すなわち昇格が必要になる。
- 等級の基本給のレンジの中で昇給していく。年功で昇給する。

【図表2-74】 等級手当の例

等級	等級手当
IX	100,000円
VIII	90,000円
VII	80,000円
VI	70,000円
V	60,000円
IV	15,000円
III	10,000円
II	5,000円
I	0円

【図表2-75】 等級別 基本給の例

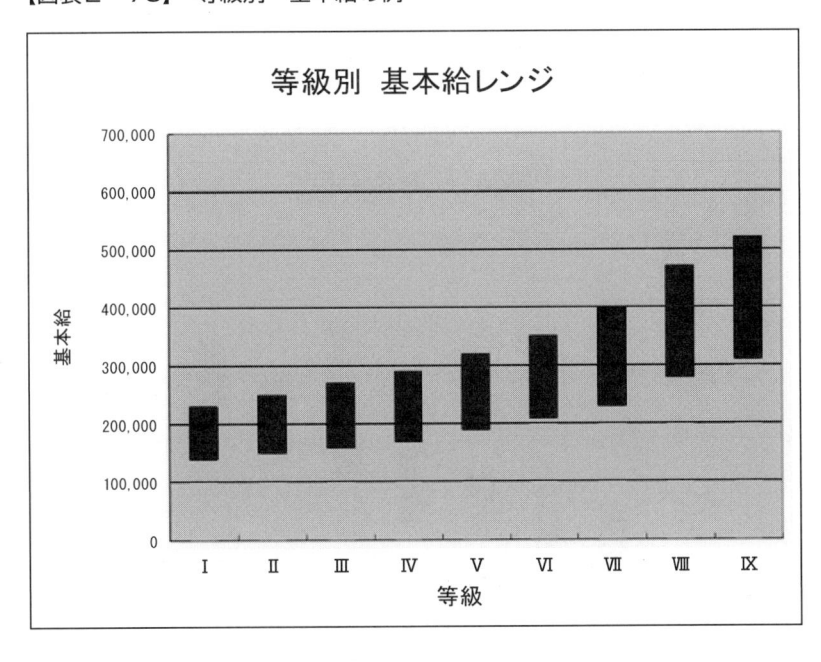

【図表2-76】 等級別　基本給＋等級手当

等級別　基本給＋等級手当（グラフ：縦軸 基本給＋等級手当 0〜700,000、横軸 等級 I〜IX）

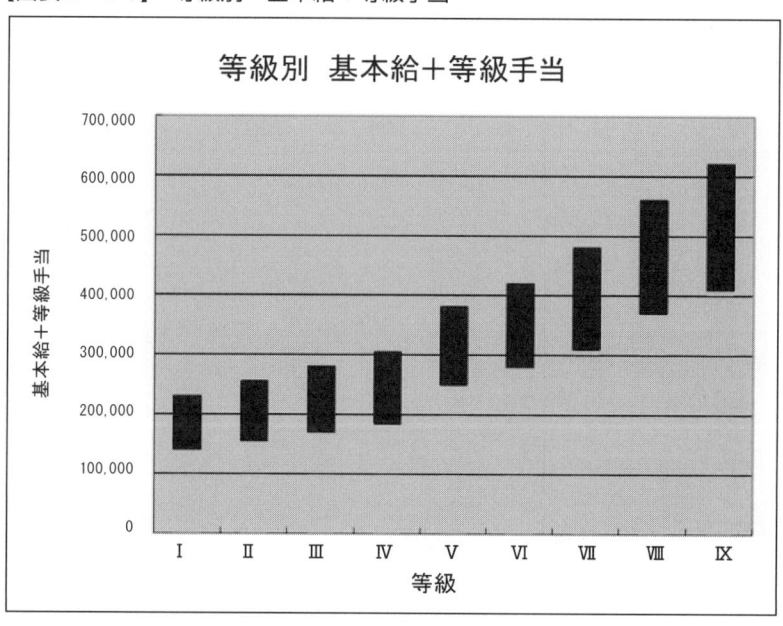

【図表2-77】 等級手当　年収レンジの例

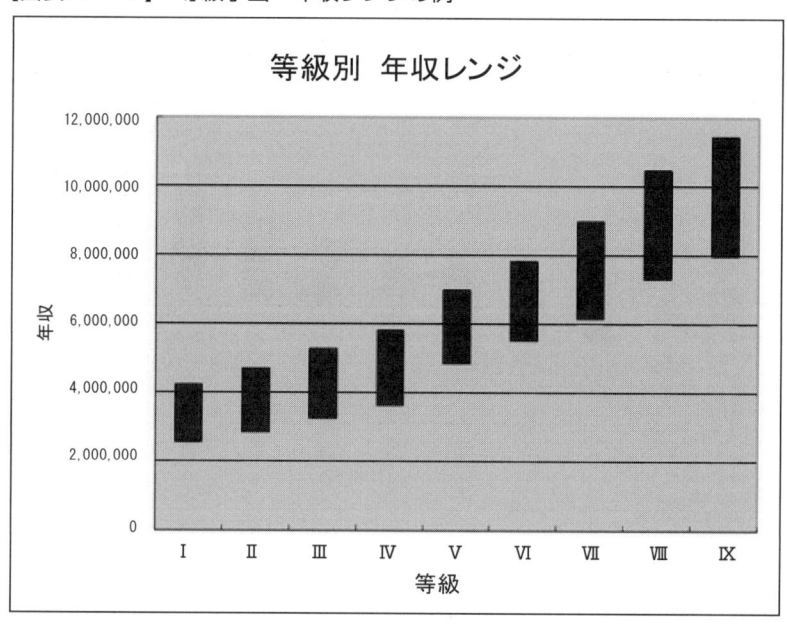

等級別　年収レンジ（グラフ：縦軸 年収 0〜12,000,000、横軸 等級 I〜IX）

（2） 賞与は成果、昇給は成果・能力で決める

評価は成果の評価（業績評価）と能力の評価で構成する。処遇の論理を評価に持ち込まないことは前述のとおりである。評価は評価の論理で行う。そして処遇への結びつけは図表2－78のとおりに行う。

【図表2－78】 評価制度と処遇制度との関係

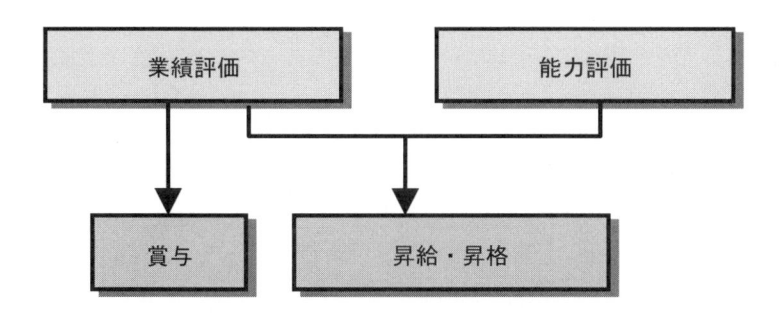

```
業績評価              能力評価
   │  ╲              ╱  │
   ↓   ╲            ╱   ↓
  賞与   ────→  昇給・昇格
```

「賞与」は成果性を重視して業績評価を反映させる。昇給・昇格は能力の要素も加味して「業績評価」と「能力評価」を反映させる。

11　人件費原資をコントロールするという発想が必要

（1） このやり方では人件費をコントロールできない

図表2－79に示すように人件費をコントロールできない構造の企業・組織を見かける。能力主義をとっている企業・組織に多い。基本的賃金は職能本給と年齢給で構成されている。職能本給は賃金表で行っていて、ピッチ相当分、すなわち定期昇給分は確実に昇給する仕組みになっている。年齢が1歳上がる毎、年齢給も上がる仕組みになっている。この部分は、ほとんど定額で、企業・組織のコントロールが効かない状態になっている。そして賞与は基本的賃金の何ヵ月支給となっており、退職金も退職時の基本的賃金に支給率を乗じる方式になっていて、基本的賃金が上が

れば自動的に上がる仕組みになっている。言うなれば企業・組織は人件費をコントロールできない状態になっている。人件費をコントロールするという発想はない。これまでは、そうしなくても企業・組織が成長しているので人件費をコントロールすることを考えなくてもよかったのかもしれない。しかし、これからは人件費をコントロールするという発想が必要である。

【図表2-79】 この方式では人件費をコントロールできない

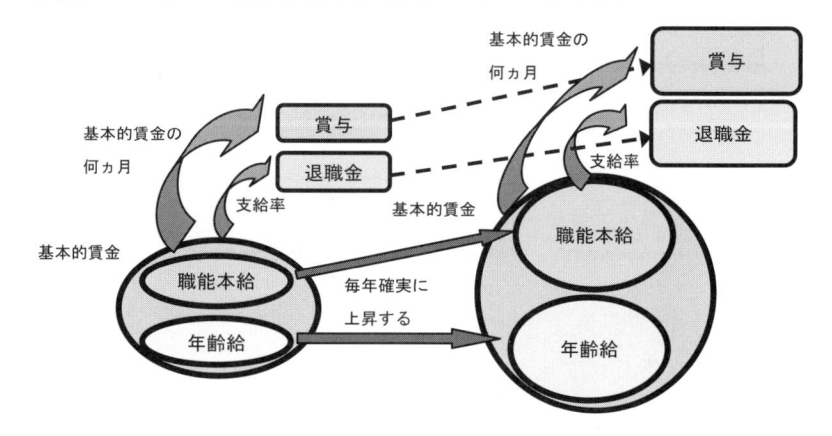

(2) 人件費をコントロールするにはどうすべきか

　企業・組織は存続しなければならない。存続するためには自らの身を守るという発想が必要である。企業・組織の費用の中で大きな比重を占める人件費をコントロールできないという状態であってはならない。人件費をコントロールするにはどのようなことを考えればよいだろうか。

① 人件費をコントロールするという意識を持つことが必要

　企業・組織は成り行き任せの人件費管理を脱し、人件費はコントロールするのだという意識を持つことが必要である。人件費をコントロールするということは人件費においてもPDCAの管理サイクルを回すことである。そのためには図表2-80に示すような総額人件費管理の施策が必要である。

【図表2-80】 総額人件費管理の施策

a	人件費を総額で捉える
b	付加価値と適正労働分配率線で人件費の大きさ（パイの大きさ）を決める
c	PDCAのサイクルを回す（特に付加価値経営計画を立てる）
d	人数、雇用形態をどうするか

a　人件費を総額で捉える

人件費としてすぐ思い浮かぶものは毎月の賃金、6ヵ月ごとに支給される賞与であろう。しかし企業の中で発生する人件費はこれだけではない。退職金の積立、通勤手当、法定福利費、福利厚生費等も人件費といえる。人件費を総額で捉えるという発想が重要である。総額人件費は図表2-82のような構成になる。

【図表2-81】 総額人件費の内容（常用労働者1人1ヵ月平均労働費用）

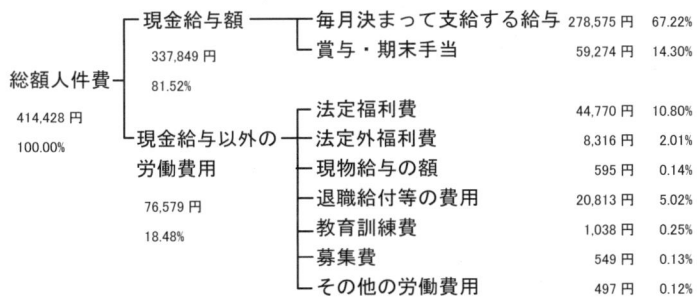

総額人件費 414,428円 100.00%	現金給与額 337,849円 81.52%	毎月決まって支給する給与	278,575円	67.22%
		賞与・期末手当	59,274円	14.30%
	現金給与以外の労働費用 76,579円 18.48%	法定福利費	44,770円	10.80%
		法定外福利費	8,316円	2.01%
		現物給与の額	595円	0.14%
		退職給付等の費用	20,813円	5.02%
		教育訓練費	1,038円	0.25%
		募集費	549円	0.13%
		その他の労働費用	497円	0.12%

資料出所　厚生労働省「平成23年就労条件総合調査」

毎月決まって支給する給与（基本給等の基本的賃金の他、家族手当、通勤手当等の各種手当、超過勤務手当の支払額を含む）

法定福利費（健康保険、厚生年金保険、労働保険等のうち事業主負担分）

法定外福利費（住居、医療保険、食事、私的保険、文化、体育・娯楽、労災付加給付、慶弔見舞、財形奨励金等に関する費用）

b　付加価値と適正労働分配率線で人件費の大きさ（パイの大きさ）を決める

総額で捉えた人件費の額はどのように決めたらよいだろうか。

読者の皆さんは労働分配率という言葉を聞かれたことがあると思う。労働分配率は図表２－82に示す通り、人件費を付加価値で除したものであり、この式から図表２－83のように付加価値に労働分配率を乗ずれば人件費が算定できることが分かる。

【図表２－82】　労働分配率

$$労働分配率 = \frac{人件費}{付加価値} \times 100$$

【図表２－83】　人件費の計算式

$$人件費 = 付加価値 \times 労働分配率$$

１）付加価値とは

　人件費の管理には付加価値が関係することが分かった。それでは付加価値とはどういうものであろうか。付加価値とは「企業が新たに稼ぎ出した価値」である。付加価値は図表２－84のように売上高から外部購入価値を差し引いて算出する。

【図表２－84】　付加価値

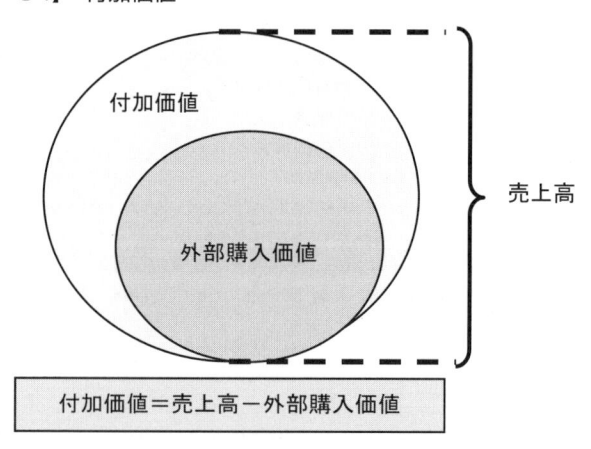

付加価値＝売上高－外部購入価値

　付加価値の計算方法は大別して「控除法」と「加算法」がある。控除法は売上高（または生産高）から外部購入価値を差し引

いて計算する。経済産業省（工業統計表）や中小企業庁（中小企業の財務指標）はこの方法をとっている。付加価値は、本来控除法で計算すべきものとされているが、計算の便宜上、加算法で行うこともできる。加算法というのは、まず付加価値の構成要素を定めておき、これらの要素を合計して求める方法である。財務省（法人企業統計年報）等はこの方法をとっている。付加価値の計算方法はいろいろあるので、どれをとるかは、それぞれの企業・組織の考えに基づいて行えばよい。その場合の留意点は次のとおりである。

　　　　ⅰ）　自企業・組織の事業に合った、出来る限り簡単で分かりやすい方法を採用すること（小売等では売上総利益を付加価値とすることも考えられる）
　　　　ⅱ）　一旦採用した方法は、継続して行うこと

【図表2-85】　付加価値の内容

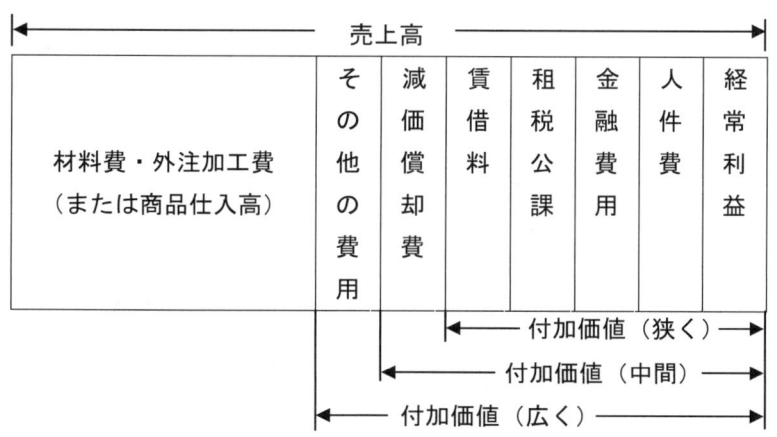

売上高							
材料費・外注加工費 （または商品仕入高）	その他の費用	減価償却費	賃借料	租税公課	金融費用	人件費	経常利益
			←付加価値（狭く）→				
		←付加価値（中間）→					
	←付加価値（広く）→						

　付加価値は売上高から外部購入価値を差し引いて算定するものであるが、統計をとる機関によって**図表2-85**のように広くとったり、狭くとったりまちまちである。減価償却費を付加価値に入れるかどうかが主な違いになっている。

労働分配率は業種、年度、付加価値のとり方（減価償却費を入れるのか入れないのか）によってかなりバラツキがあり、その企業・組織においての適正労働分配率を求めるのは容易ではない。ちなみに労働分配率の業種毎、年度毎のデータを示せば図表2－86のとおりである。

【図表2－86】　付加価値および労働分配率の統計データ

平成25年度	労働分配率	全産業労働分配率の年度別推移	
全産業	69.5%	平成17年度	70.0%
建設業	79.5%	平成18年度	69.3%
製造業	71.7%	平成19年度	69.4%
卸売・小売業	70.6%	平成20年度	74.7%
不動産業	36.6%	平成21年度	74.7%
情報通信業	66.2%	平成22年度	71.6%
運輸・郵便業	69.0%	平成23年度	72.7%
飲食業	77.9%	平成24年度	72.3%
サービス業	74.2%	平成25年度	69.5%

　　資料出所：財務省「法人企業統計年報」平成25年度
　※　付加価値額＝営業純益（営業利益－支払利息・割引料）＋役員給与＋従業員給与＋福利厚生費＋支払利息・割引料＋動産・不動産賃貸料＋租税公課
　　　　（減価償却費は含まない）
　人件費：　製造費用中の労務費、販売費及び一般管理費中の役員給料・手当、従業員給料・手当、福利厚生費、退職金、退職給与引当金・賞与引当金繰入額等の合計額

2）　適正労働分配率線

　人件費は図表2－87に示すように付加価値に労働分配率を乗じて計算するが、この算式は付加価値がどのような値になっても同じ労働分配率で計算するということである。

【図表2－87】　人件費の計算式

> 人件費　＝　付加価値　×　労働分配率

一次方程式はY＝aX＋bで表される。これを人件費の計算式に当てはめるとYが人件費、aが労働分配率、Xが付加価値となる。bはゼロである。bがゼロということは、数学的には稀である。通常bはゼロではなく何等かの数値がくるのが普通である。

Y＝aX＋bと、bがゼロでない一次方程式で人件費を管理した方が現実的である。この直線式を適正労働分配率線という。では適正労働分配率線はどのように求めたらよいのだろうか。

適正労働分配率線は次のようにして求める。

　　ⅰ）　財務諸表から過去5期分の付加価値、人件費、労働分配率を求め、その平均を計算する（**図表2－88**）。過去5期分の労働分配率平均67.7％が算出される。

【図表2－88】 付加価値、人件費、労働分配率（B社）

	人件費	付加価値額	労働分配率
2011年3月期	1,207百万円	1,986百万円	60.7％
2012年3月期	1,310百万円	1,974百万円	66.4％
2013年3月期	1,348百万円	1,906百万円	70.7％
2014年3月期	1,434百万円	1,873百万円	76.6％
2015年3月期	1,284百万円	1,978百万円	64.9％
計	6,583百万円	9,717百万円	－
平均	1,317百万円	1,944百万円	67.7％

　　ⅱ）　過去の労働分配率を考慮しながら、あるべき労働分配率を決定する。

　　　　⇒あるべき労働分配率を63％と決定したとする。

　　ⅲ）　適正労働分配率線を次のように求める。

　　　　ⅰ）で求めた付加価値の平均を1.5倍（※）する。

　　　　⇒1,944百万円×1.5＝2,916百万円

　　※現在より50％の付加価値増の時点をあるべき労働分配率が実現する時点と考えて1.5倍とした。

Ⅱ　能力主義・役割主義・成果主義を超えて、これからの人事に求められること

上記の1.5倍した付加価値（2,916百万円）にあるべき労働分配率（63％）を乗じて、その時点の人件費を算出する（図表２－89）。

2,916百万円×0.63＝1,837百万円

【図表２－89】 過去５年間平均付加価値を１.５倍したときのあるべき労働分配率から割り出した人件費

	人件費	付加価値額	労働分配率
過去５年間平均	1,317百万円	1,944百万円	67.7%
過去５年間平均の1.5倍	1,837百万円	2,916百万円	63.0%

人件費をＹ、付加価値をＸとした上記２点を結ぶ直線を適正労働分配率線とすると次の直線が求められる。

$Y = 0.535X + 277$百万円

Ｙ：人件費

Ｘ：付加価値

この人件費管理線を活用して人件費を管理していく（図表２－90）。

【図表２－90】 過去５年間平均付加価値を1.5倍したときのあるべき労働分配率から割り出した適正労働分配率線

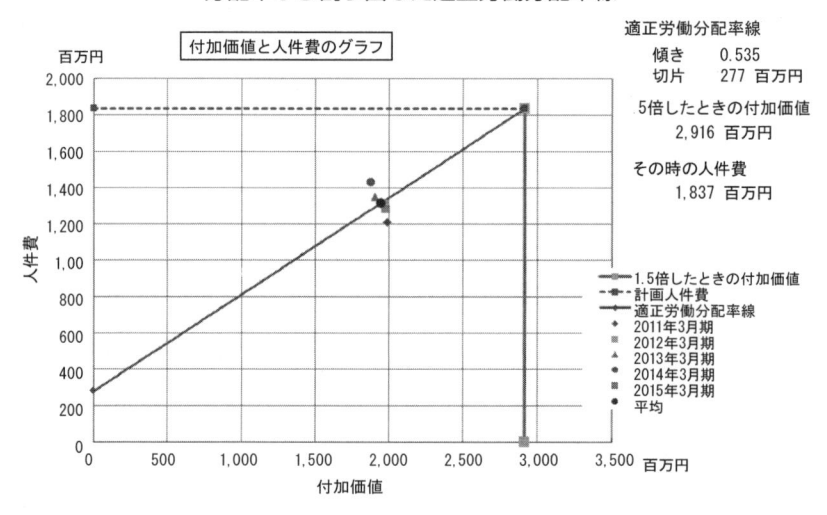

3) 適正労働分配率線に基づく人件費計画

いまA社において付加価値を2,000百万円と計画した場合、総額人件費の計画は適正労働分配率線で行えば次のように求めることができる（図表２−91）。（※）

　　　付加価値計画　　　　　　総額人件費計画
0.535×2,000百万円 + 277百万円 = 1,347百万円

※適正労働分配率線について更に詳しく知りたい方は拙著『要員・総額人件費マネジメント（日本生産性本部生産性労働情報センター刊）』をご参照願いたい。

c　PDCAのサイクルを回す
　　（特に付加価値経営計画を立てる）

総額人件費は、付加価値から適正労働分配率線を活用して求めることが出来る。これをPDCAのサイクルを回して管理していくことが必要である。PDCAの最初はプランすなわち計画である。人件費計画をどのように立てればよいだろうか。人件費計画は付

【図表２−91】付加価値計画と支払可能総額人件費のグラフ（A社）

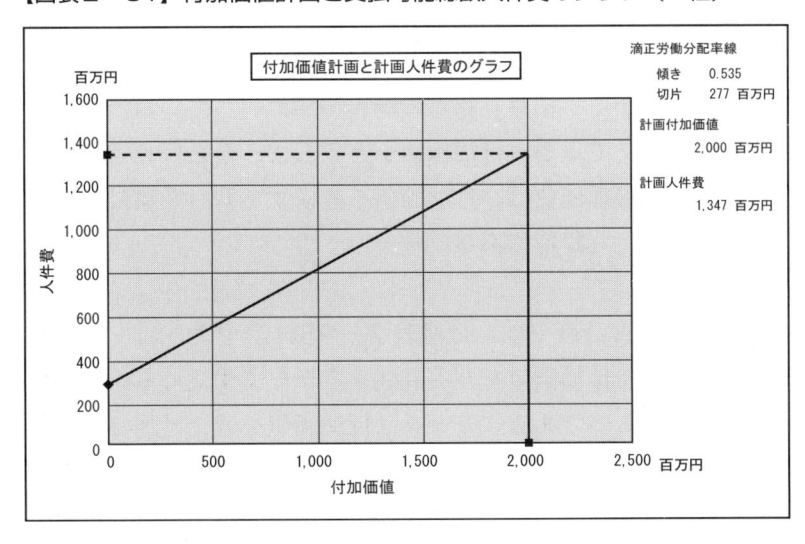

	適正労働分配率線
傾き	0.535
切片	277 百万円
計画付加価値	2,000 百万円
計画人件費	1,347 百万円

Ⅱ　能力主義・役割主義・成果主義を超えて、これからの人事に求められること

加価値が元になるので、付加価値計画を立てることが必要である。次に付加価値経営計画についてみてみよう。

　総額人件費管理の元をなすものは付加価値である。付加価値は企業が新たに生み出した価値であり、利益も社員への給料も付加価値から支払われる。付加価値が企業の収益力、企業の規模を表すものと言ってよい。その付加価値をどのくらい獲得するかを計画立てることは、売上高計画以上に重要であると言える。実際、売上高は達成したが利の薄い営業を行った結果、赤字になってしまったということでは、経営とはいえない。重要なのは付加価値をどのくらい獲得したかであろう。付加価値目標を達成する方がもっと重要な意味があるといえる。

　一般的に行われている経営計画は、図表２－92に示すように「売上高をどのくらいにするか」、「利益をどのくらいにするか」を考えて策定するが、付加価値経営計画は図表２－95に示すように「付加価値をどのくらいにするか」をまず考えて策定するものである。つまり付加価値を主役に経営計画を立てるものである。

　図表２－94は一般的に行われている経営計画策定の手順である。売上をどうしようか、売上総利益をどうしようか、経常利益をどうしようかと、損益計算書の内容の順に行っている。しかしそこに企業経営で重要な付加価値をどうしようかという意思は感じられない。付加価値は、付加価値を構成する費目を集計すれば計算出来るという程度である。

　付加価値経営計画（※）は図表２－95に示すように、企業経営で一番重要な付加価値をどう計画するかをまず決める。付加価値に魂を入れるのである。売上高は付加価値を適正付加価値率で除すれば求められる。付加価値の中で大きな比重を占める人件費は適正労働分配率線を使って求めることができる。減価償却費、

【図表2-92】 一般的に行われている経営計画

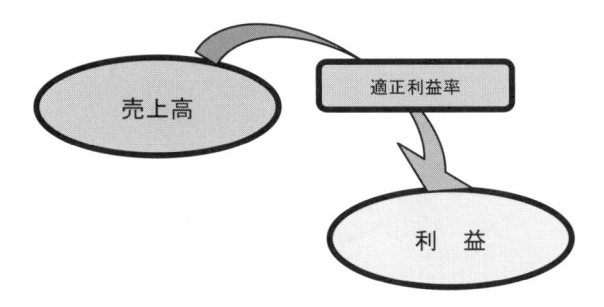

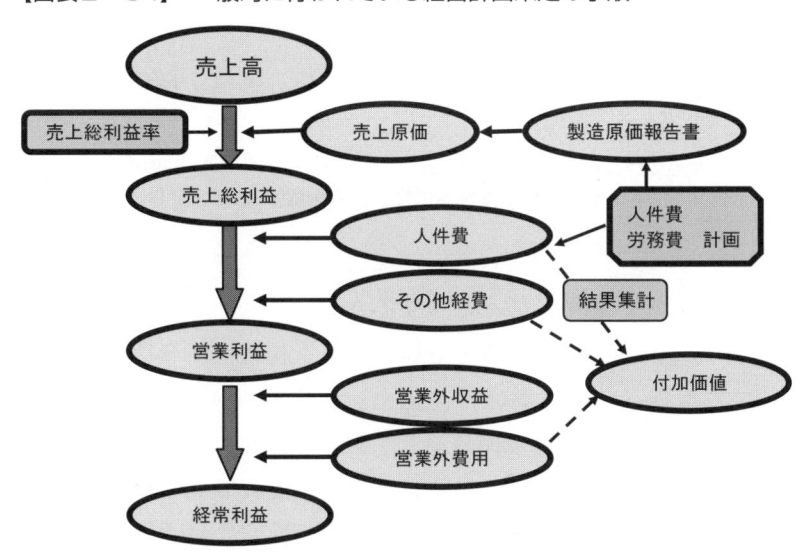

売上高 → 適正利益率 → 利益

【図表2-93】 付加価値経営計画（付加価値が主役）

付加価値（利益を含む） → 適正付加価値率 → 売上高

付加価値の中に利益は含まれている

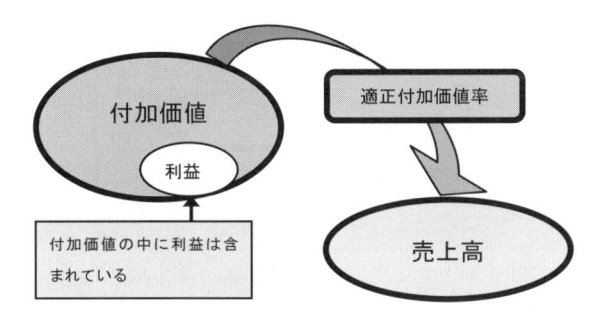

【図表2-94】 一般的に行われている経営計画策定の手順

売上高
売上総利益率 ← 売上原価 ← 製造原価報告書
売上総利益
　　← 人件費 ← 人件費 労務費 計画
　　← その他経費　結果集計
営業利益
　　← 営業外収益　　付加価値
　　← 営業外費用
経常利益

Ⅱ　能力主義・役割主義・成果主義を超えて、これからの人事に求められること　117

【図表2-95】 付加価値経営計画の仕組み

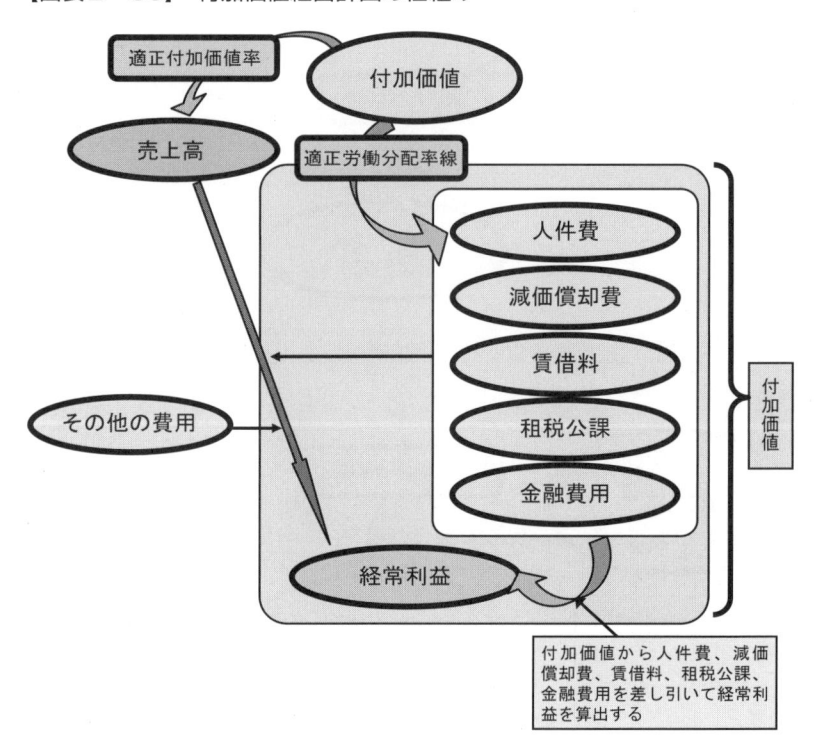

```
   適正付加価値率 → 付加価値
          ↓
        売上高    適正労働分配率線
                    ↓
                  ┌─────────┐
                  │  人件費  │
                  │ 減価償却費 │   } 付加価値
                  │  賃借料  │
                  │  租税公課 │
                  │  金融費用 │
   その他の費用 →  └─────────┘
                    ↓
                  経常利益
```

付加価値から人件費、減価償却費、賃借料、租税公課、金融費用を差し引いて経常利益を算出する

賃借料、租税公課、金融費用を見積り、付加価値からそれら費用を差し引いたものが経常利益になる。

> ※付加価値経営計画について更に詳しく知りたい方は拙著『要員・総額人件費マネジメント（日本生産性本部生産性労働情報センター刊）』をご参照願いたい。

d 人数、雇用形態をどうするか

人件費は人数、雇用形態とも関係する。採用（新卒採用、中途採用）、退職（定年退職、中途退職）によって人数が増減する。最近は65歳まで雇用確保の施策が必要であり、定年延長や再雇用が必要になってきている。これらも人件費に関係する。このような人数の増減の方が、昇給・賞与より人件費に対するインパク

トが大きい場合もある。

　また、雇用形態の構成をどうするかによって人件費が増減する。図表２－96は人的資源に関わる費用を契約形態別に分類したものである。人件費として現れるのは社員等の「雇用契約」と取締役の「委任契約」であるが、同じ業務を派遣社員で行う選択もある。その場合は人件費としては把握されないが、企業・組織としてこれらの費用も含めて管理する必要がある。更に従来社員が行っていた業務を、業務委託や請負で外部の業者に行わせることもある。コンサルタントや税理士等外部専門タレントに行わせることもある。これらも社員に行わせれば人件費になるものである。もっと考えを進めれば外注も同じような関係であるかもしれない。人件費をどの範囲までにするか決めて、人件費の管理を適切に行うことが必要になってくる。

【図表２－96】　人的資源にかかわる費用　契約形態別に分類

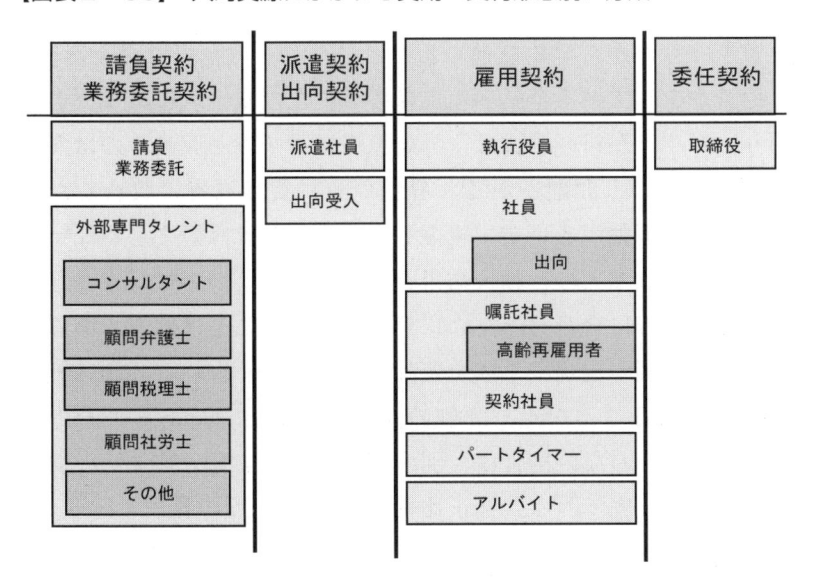

請負契約 業務委託契約	派遣契約 出向契約	雇用契約	委任契約
請負 業務委託	派遣社員	執行役員	取締役
外部専門タレント 　コンサルタント 　顧問弁護士 　顧問税理士 　顧問社労士 　その他	出向受入	社員 　出向 嘱託社員 　高齢再雇用者 契約社員 パートタイマー アルバイト	

Ⅱ　能力主義・役割主義・成果主義を超えて、これからの人事に求められること

② 昇給原資を守る昇給管理

「人件費をコントロールするには」ということで、「①人件費をコントロールするという意識を持つことが必要」として「a 人件費を総額で捉える」「b 付加価値と適正労働分配率線で人件費の大きさ（パイの大きさ）を決める」「c PDCAのサイクルを回す（特に付加価値経営計画を立てる）」「d 人数、雇用形態をどうするか」について論じてきた。

次に「人件費をコントロールするには」ということで、昇給管理をどのように行ったらよいかについてみてみる。

昇給率をどのように考えるかであるが、前述のように賃金は社会性があり、世間相場をよく見ながら、企業・組織の過去の業績、将来の業績見込みを勘案して決めることになる。繰り返し言うが、昇給は必要であり、世間相場をよく見て行うことが肝要である。

昇給率が決まったら、次は昇給率に基づいた昇給原資の中で、原資を守りながら昇給を進めることになる。賃金表で賃金管理・昇給管理をしている企業・組織は多い。ただ賃金表にはピッチがあり、ピッチが粗い場合は、昇給原資にキチンと収めるのはかなり難しいという問題がある。昇給原資、賞与原資に収めるために、評価を調整する企業・組織もあるが、これは好ましくないと思う。評価は本人の行動・結果と評価基準に基づいて行うべきであって、原資に合わせるために評価を変えることは邪道である。

また、評価の現場にこれを要請するのもよくない。評価は処遇に影響されることなく、評価の論理で行うべきである。その結果、原資と合わない場合は、別の道具を使って行えばよい。別の道具は補正比率である。補正比率は図表2－97の算式で行う。

【図表2-97】 昇給における補正比率

$$\text{補正比率} = \frac{\text{予定昇給原資}}{\text{評価に伴う昇給原資}}$$

　分母の「評価に伴う昇給原資」は「各人の評価によって計算した昇給額」を合計したものである。これが予定昇給原資と合わなければ、その比率を求めて補正比率とする。各人の昇給額は「各人の評価によって計算した昇給額」に補正比率を乗ずればよい。このようにして計算した各人の昇給額の合計は図表2-98に示すとおり当然予定昇給原資と一致する。

　このような補正比率を使うやり方は、賃金表では出来ない。賃金表はやめて、等級別に上限・下限のレンジを設定して行うやり方にする必要がある。

【図表2-98】 補正比率で昇給原資に合わせる

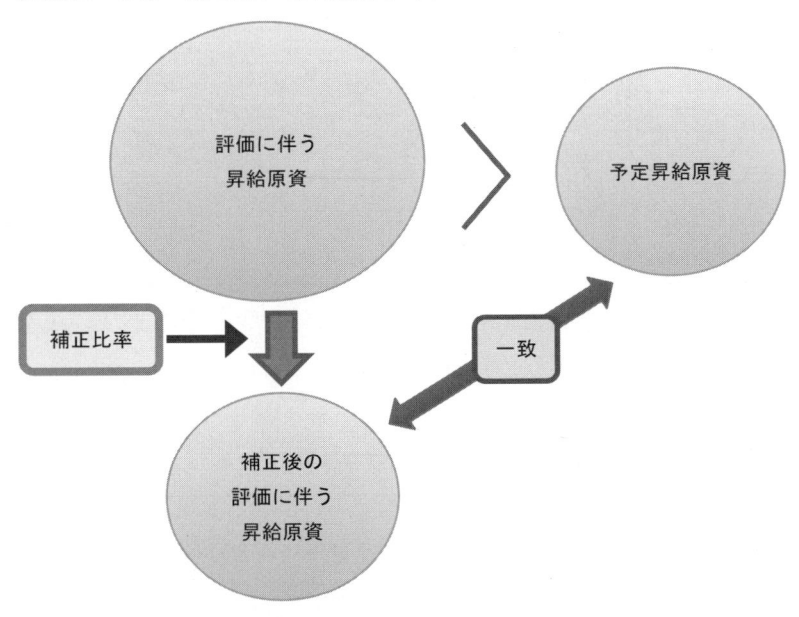

③ 賞与原資を守る賞与管理

　賞与原資は人件費の調節弁とし、何ヵ月と固定化しないことが人件費をコントロールする上で重要である。そのため図表２－99のような感じで賞与原資を計算する。ただ、労使で賞与原資を決めるにはもっと単純でよく分かる指標を使った方がよい。

　指標となるのは売上高、利益、付加価値が考えられるが、付加価値がよいと思う。その場合の付加価値は付加価値の絶対額、付加価値目標の達成率、一人当たり付加価値額が考えられるが、一人当たり付加価値額がよいと思う。その場合、パートタイマーは社員換算の人数に換算したもので行う。

【図表２－99】 人件費には様々なものが含まれるが、賞与を総額人件費の調節弁とする

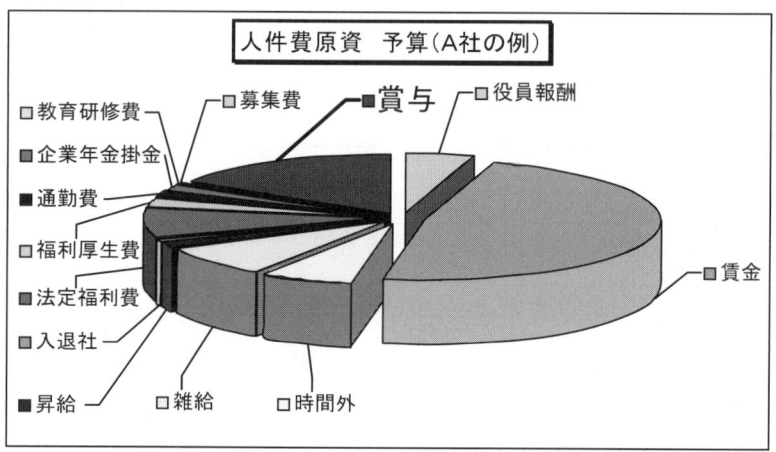

人件費原資　予算（A社の例）
（円グラフ：役員報酬、賞与、募集費、教育研修費、企業年金掛金、通勤費、福利厚生費、法定福利費、入退社、昇給、雑給、時間外、賃金）

　各人の賞与額を計算する場合、賃金をベースにするか、等級をベースにするか考える必要がある。

【図表２－100】 賃金をベースにした賞与計算の例

賞与額＝賞与算定基礎額×支給率×評価による係数

図表２−100に示したやり方で賞与計算をしている企業・組織をよく見かける。賃金をベースにしたやり方である。賃金は生活費や年功の要素が入っており、賞与全部をこのやり方にするのはあまり好ましくない。生活費や年功の要素の入った賃金だけでなく、役割や能力のレベルを表している等級も組み込んだ方がよい。賞与には生活見合の要素と業績見合の要素があるので、生活見合の配分については賃金をベースにし、業績見合の配分については等級をベースにする方がバランスもよく理にかなっている。

　また全額を評価に関係させるか、一部を評価と関係させるかという問題もある。図表２−100は全額を評価と関係させているが、生活見合については生活に対応して安定して支給するという意味で評価と関係させない方がよいと思われる。これらを表わすと図表２−101のようになる。

【図表２−101】　賞与の構成

```
賞与 ─┬─ 生活見合（賃金をベースにする～評価に関係させない）
      └─ 業績見合（等級をベースにする～評価に関係させる）
```

　生活見合は賃金をベースにするので、賞与算定基礎額をどうするか考えなければならない。賞与算定基礎額は基本的賃金だけでなく、等級手当、役職手当を含んだものにした方がよいと思う。管理職になると時間外手当がつかなくなるので、一般社員の管理職一歩手前の者との賃金の逆転が起こることがある。これを放置しておくと、管理職になりたくないという雰囲気が醸成され組織運営上好ましくない。管理職になったら責任は増えるが賞与も増えるというようにしたい。賞与算定基礎額に等級手当、役職手当を加え、管理職の賞与を厚くしたい。

　生活見合は賞与算定基礎額に図表２−102に示す生活見合支給率を乗じればよい。

【図表２−102】　生活見合支給率

$$\text{生活見合支給率} = \text{賞与支給率} \times \text{生活見合配分率}$$

　例えば、賞与支給率が２ヵ月、生活見合配分率が60％であった場合、生活見合支給率は1.2ヵ月になる。各人の生活見合は各人の賞与算定基礎額に生活見合支給率を乗じて算出する。当然各人の生活見合の合計は全社の生活見合原資と一致する。

　業績見合は、等級と評価の組み合わせの指数を用意して行う。等級が上になれば多く、評価が上になれば多くなるように指数を用意する。この指数を使って計算した各人の業績見合（粗業績見合賞与と呼ぶ）の合計額が予定した業績見合原資と合わなければ、**図表２−103**に示すようにその比率を求めて補正比率とする。各人の業績見合は各人の粗業績見合賞与に補正比率を乗ずればよい。このようにして計算した各人の業績見合の合計は当然業績見合原資と一致する。

【図表２−103】　業績賞与における補正比率

$$\text{補正比率} = \frac{\text{予定した業績見合原資}}{\text{粗業績見合賞与の合計額}}$$

④　退職金は基本給との連動を断ち切る

　退職金を図表２−104のように基本給と関連づけている企業・組織が多い。

【図表２−104】　基本給と関連付けた退職金

$$\text{退職金} = \text{退職時基本給} \times \text{勤続年数別支給率} \times \text{退職事由別係数}$$

この方式は昇給によって基本給が上昇したら退職金も自動的に増加することになり、人件費をコントロールできなくしている要因の一つになっている。人件費をコントロールできるようにするためにも基本給との連動を断ち切ることが必要である。その場合はポイント制退職金がよいと思う。更に企業・組織が退職金への責任を限定したいなら、確定拠出型に転換を図るとよい。

III トライアングル人事システムの具体的内容

　能力主義、役割主義、成果主義を超えて、これからの人事に求められることを前章では明らかにした。それではこれを具体的人事システムに展開した場合はどのような人事システムになるのであろうか。

　筆者はこれを『トライアングル人事システム』と名づけて展開している。トライアングルとは三角形である。三角をなすのは役割・能力・成果である。第Ⅲ章では、人事の基本ファクターである役割・能力・成果の特質を生かしバランスさせる『トライアングル人事システム』の具体的内容を説明する。

Ⅲ　トライアングル人事システムの具体的内容

1　トライアングル人事システムのコンセプト

　能力主義、役割主義、成果主義、いろいろあるが、一長一短で問題も多い。前章では能力主義、役割主義、成果主義を超えて、これからの人事に求められることを考えてみた。そしてどのような人事制度が望ましいのか大体分かった。それでは具体的にどのような人事制度なのかを述べるのが本章である。

　人事の基本ファクターは役割、能力、成果であることは間違いない。能力主義、役割主義、成果主義はその中の一つを取り出して、重視して人事制度を組み立てたのであるが、どうもうまくいかない。むしろ人事の基本ファクターの三つの中の一つを取り出し、重視して構築するのではなく、三つの人事ファクターの特質を活かし、バランスさせた方がよいのではないか、というのが筆者の考えである。これを「トライアングル人事システム」と名づける。トライアングルとは三角形であり、役割、能力、成果の三つが三角をなす（図表３－１）。

　トライアングル人事システムは、役割、能力、成果の三つの特質を活かし、バランスさせて処遇（昇格・昇給・賞与・退職金）を行おうというものである。そうであれば役割、能力、成果とは何かを明確にしなければならない。前章でもこれについて考察したが、更に掘り下げて考察したい（図表３－２）。

【図表3—1】 トライアングル人事システムのコンセプト

（役割／能力／成果　人事ファクター）

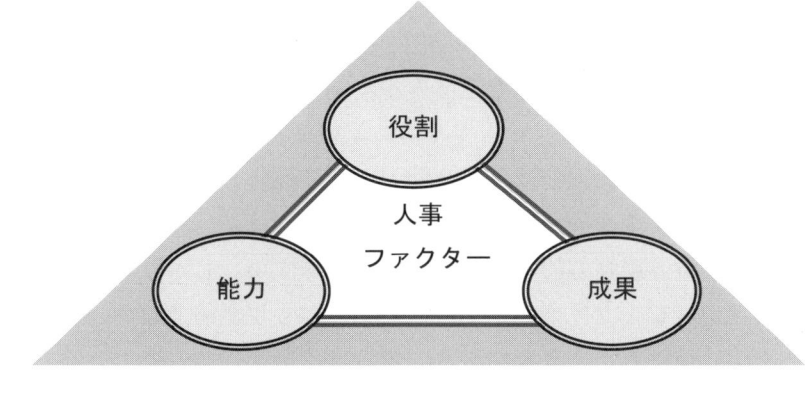

【図表3－2】 役割・能力・成果に応じた処遇

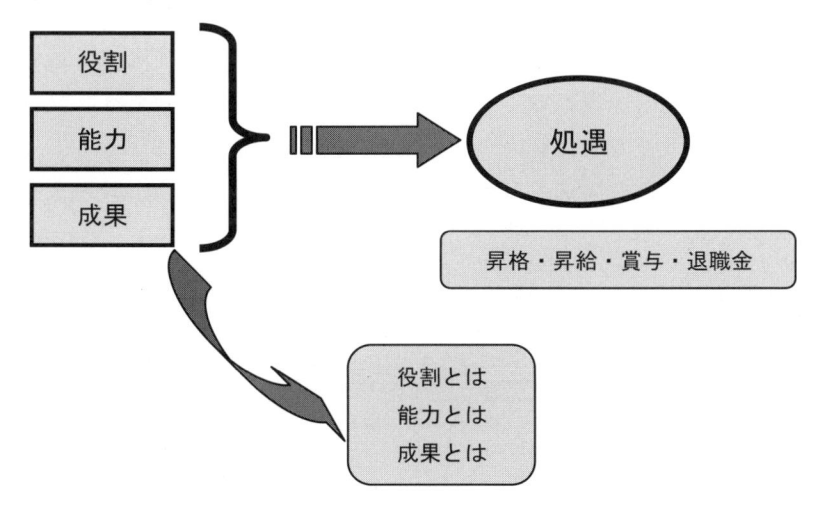

役割
能力
成果
→ 処遇

昇格・昇給・賞与・退職金

役割とは
能力とは
成果とは

Ⅲ　トライアングル人事システムの具体的内容

2　役割・能力を明確にする

(1)　ステージ制度

　まず等級制度について考えてみる。前章では、これからの人事に求められることとして「弾力的に組織運営が出来る等級制度」を挙げた。能力主義では等級を能力の発展段階として、能力と関連づけた。役割主義では等級を役割と関連づけた。組織運営上は能力主義の方が弾力的であるので、やりやすい。しかし能力が上がれば定員なしで昇格させていくというのも現実的でない。役割との関連づけも行う必要がある。筆者は等級を役割と能力の両方に関連づける。等級は能力と関連づけているので、違う言葉の方がよい。ステージと名づける。

　図表３－３に示す通り、ステージは役割・能力に対応する区分となる。そして役割が変わっても役割主義のようにステージは変えない。ステージは能力で保持されると考える。ステージの運用は安定的に行う。昇格は本人の役割、能力、成果を判定して厳密に行う。役割が変わってもステージは変えない。このように役割との関係は弾力的に行い、組織変更や異動を弾力的に行えるようにする。これをステージと職位の対応表で表したものが**図表３－４**になる。

【図表３－３】　等級とステージの違い

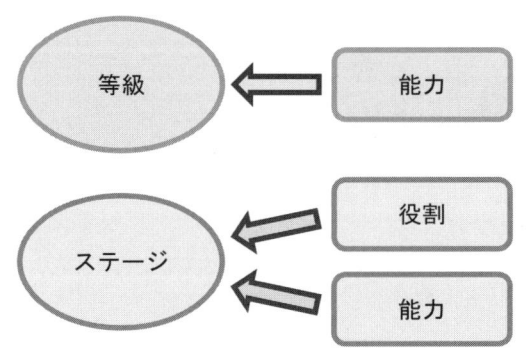

【図表3-4】 ステージと職掌・職位の関係表のイメージ（T社の例）

ステージ	一般社員			監督職	管理職			専任職	専門職
Ⅷ							本部長	担当部長	シニアエキスパート
Ⅶ						部長			
Ⅵ					課長			担当課長	エキスパート
Ⅴ									
Ⅳ	営業職	技術職	事務職	リーダー					
Ⅲ									
Ⅱ									
Ⅰ									

（2） 役割能力要件表

　役割と能力を明確化したものが、役割能力要件表である。役割能力要件表の構成は図表3-5に示す通りである。「役割能力要件表」は職掌、部門ごとに「期待される役割」、「必要とされる知識技能（※）」が一覧できるようになっており、社員は自分の職掌と部門のところをめくれば、この1枚で全て見ることができるようになっている。

※一般に能力には「知識技能力」「堅確業務遂行力」「コミュニケーション力」「指導・統率力」「折衝力」等が挙げられる。能力は直接評価することは難しいので、行動を見て、その行動から推測してこのような能力を保有していると評価する方法をとる。ただその中でも「知識技能力」（例えば「就業規則他社内ルールの知識」「会社概要」「問題発見・解決技法」「ＯＡ機器操作技能」等）は、保有しているかどうか評価することは、なんとか可能である。「知識技能力」以外の能力は、回りくどく行動から能力を評価するのではなく、直接、行動を評価（これは業績評価である）すればよい。直接、評価できるかということから「役割能力要件表」では能力を「知識技能力」に限定している（図表3-6）。

役割能力要件表の構成は「期待される役割」「必要とされる知識技能」になり、それぞれ２列に分かれる。**図表３－５のＡ列**は全職掌共通で「期待される役割」である。どの部門で、どういった仕事をしていても共通に期待される役割である。Ｂ列は職掌固有（この例では事務職、人事課）で期待される役割である。「必要とされる知識技能」も同じである。Ｃ列は全職掌共通で「必要とされる知識技能」である。どの部門で、どういった仕事をしていても共通に必要とされる知識技能である。Ｄ列は職掌固有（この例では事務職、人事課）で必要とされる知識技能である。

　役割能力要件表の実際例は、巻末資料の**別表－１〜別表－６**に掲げているので参照願いたい。

別表－１：一般社員（ステージⅠ〜Ⅳ）の「期待される役割」である。

別表－２：一般社員（ステージⅠ〜Ⅳ）の「必要とされる知識技能」である。

別表－３：一般社員（ステージⅠ〜Ⅳ）の「必要とされる知識技能の具体的内容（全職掌共通）」である。全職掌共通の必要とされる知識技能は別表－２で示されているが、これをもっと詳しく展開したものである。

別表－４：一般社員（ステージⅠ〜Ⅳ）の「必要とされる知識技能の具体的内容（職掌固有—ここでは事務職、人事課）」である。職掌固有の必要とされる知識技能は別表－２で示されているが、これをもっと詳しく展開したものである。

別表－５：管理職（課長）の「期待される役割」と「必要とされる知識技能」である。

別表－６：管理職（課長）の「必要とされる知識技能の具体的内容」である。

【図表３−５】 役割能力要件表の構成

ステージ	（職掌）事務職			
	（部門）人事課			
	期待される役割		必要とされる知識技能	
Ⅳ	A列	B列	C列	D列
Ⅲ				
Ⅱ				
Ⅰ				

【図表３−６】 役割能力要件表では能力を知識技能力に限定

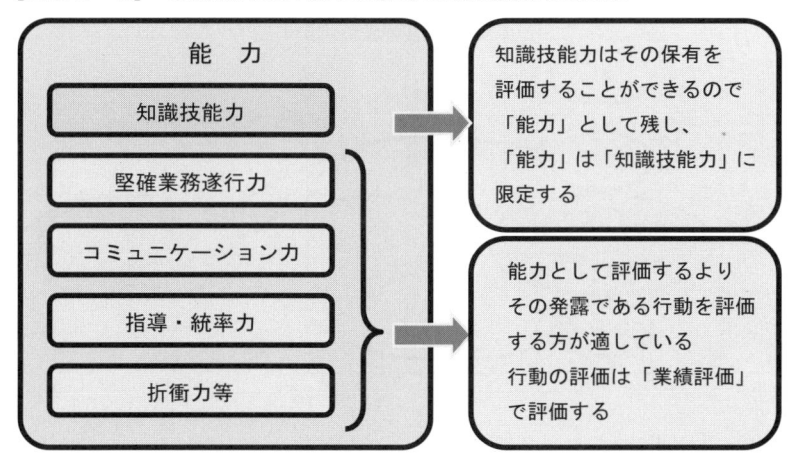

能力
- 知識技能力
- 堅確業務遂行力
- コミュニケーション力
- 指導・統率力
- 折衝力等

→ 知識技能力はその保有を評価することができるので「能力」として残し、「能力」は「知識技能力」に限定する

→ 能力として評価するよりその発露である行動を評価する方が適している 行動の評価は「業績評価」で評価する

(3) 役割能力要件表の読み方

① 「期待される役割」の読み方

「期待される役割」の読み方は図表３−７に示すとおりである。本人のステージがⅡであったとき、ステージⅡに展開されている「期待される役割」は「やらねばならない」ということである。本人のステージよりも下、つまりステージⅠに展開されている「期待される役割」は「やって当たり前」である。ステージⅠに

展開されている「期待される役割」がキチンと出来た者がステージⅡに昇格しているからである。本人のステージよりも上、つまりステージⅢやステージⅣに展開されている「期待される役割」は「やってはならない」ということではない、「やってもよい」のである。いや、もっと積極的に挑戦すべき役割と捉えることが期待されている。

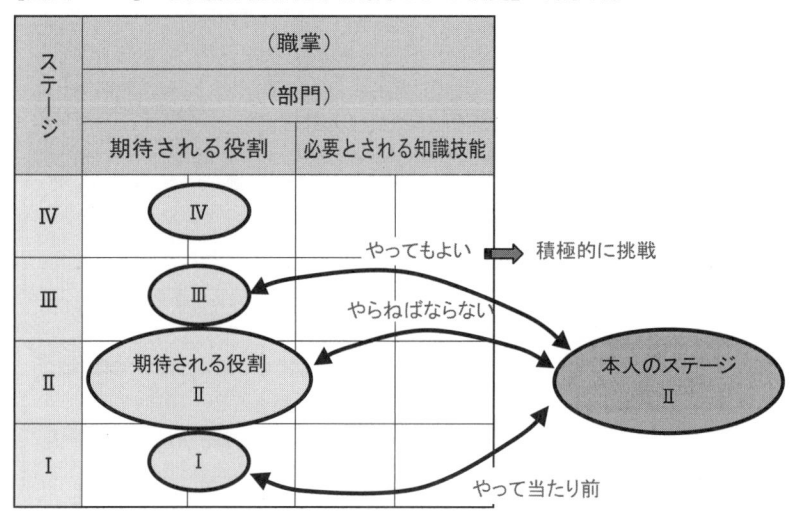

【図表３－７】　役割能力要件表「期待される役割」の読み方

ステージ	（職掌）	
	（部門）	
	期待される役割	必要とされる知識技能
Ⅳ	Ⅳ	
Ⅲ	Ⅲ	
Ⅱ	期待される役割Ⅱ	本人のステージⅡ
Ⅰ	Ⅰ	

やってもよい　⇒　積極的に挑戦
やらねばならない
やって当たり前

②　「必要とされる知識技能」の読み方

「必要とされる知識技能」についても同じである。本人のステージがⅡであったとき、ステージⅡに展開されている「必要とされる知識技能」は「保有しなければならない」ということである。本人のステージよりも下、つまりステージⅠに展開されている「必要とされる知識技能」は「既に保有している」と考えられる。ステージⅠに展開されている「必要とされる知識技能」をキチンと保有している者がステージⅡに昇格しているからである。本人のステージよりも上、つまりステージⅢやステージⅣに展開

されている「必要とされる知識技能」は「勉強してはならない」ということではない、「勉強してもよい」のである。いや、もっと積極的に挑戦すべきものと捉えることが期待されている（図表3－8）。

【図表3－8】 役割能力要件表「必要とされる知識技能」の読み方

ステージ	（職掌）	
	（部門）	
	期待される役割	必要とされる知識技能
Ⅳ		Ⅳ
Ⅲ		Ⅲ
Ⅱ		知識技能 Ⅱ
Ⅰ		Ⅰ

勉強してもよい ➡ 積極的に挑戦
保有しなければならない
本人のステージ Ⅱ
既に保有している

(4) 役割能力要件表と各種評価との関連

　役割能力要件表と各種評価制度の関係を図示すれば図表3－9のようになる。

　仮に本人のステージがⅡであった場合、「役割能力要件表」のステージⅡに展開されている「期待される役割」はキチンと果たす必要がある。ステージⅡに展開されている「期待される役割」をキチンと果たしているかを評価するのが「業績評価」である。

　本人のステージがⅡであった場合、「役割能力要件表」のステージⅡに展開されている「必要とされる知識技能」はキチンと保有していることが必要である。ステージⅡに展開されている

「必要とされる知識技能」をキチンと保有しているかを評価するのが「知識技能力評価」である。

本人のステージがⅡであった場合、「役割能力要件表」のステージⅡに展開されている「期待される役割」はキチンと果たす必要があるが、ステージⅢ、ステージⅣに展開されている「期待される役割」をやってはならないということではない、むしろドンドン積極的に行なうことを期待している。本人が行っている仕事を見ればステージⅢレベルの仕事を既にやっているかもしれない。どのレベルの仕事を行っているかを評価するのが「職務の評価」である。

このように考えると、役割能力要件表との関係から、評価は「業績評価」「知識技能力評価」「職務の評価」の三つが必要であることが分かる。

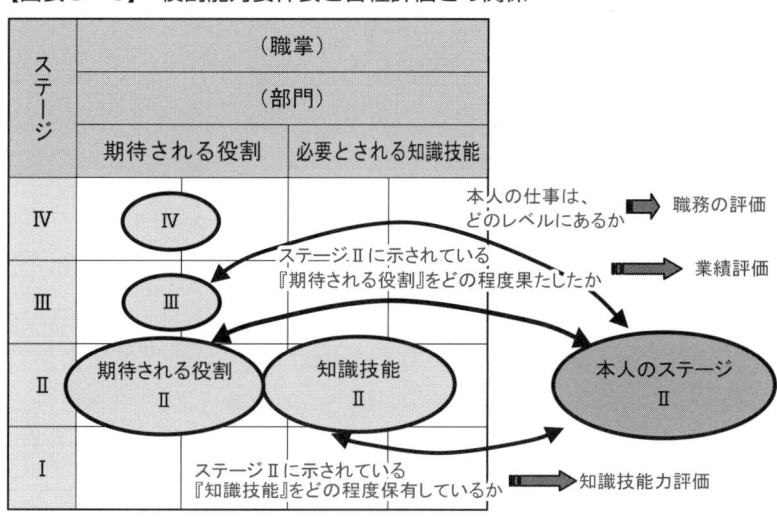

【図表３-９】　役割能力要件表と各種評価との関係

ステージ	（職掌）	
	（部門）	
	期待される役割	必要とされる知識技能
Ⅳ	Ⅳ	
Ⅲ	Ⅲ	
Ⅱ	期待される役割 Ⅱ	知識技能 Ⅱ
Ⅰ		

本人の仕事は、どのレベルにあるか ➡ 職務の評価

ステージⅡに示されている『期待される役割』をどの程度果たしたか ➡ 業績評価

本人のステージ Ⅱ

ステージⅡに示されている『知識技能』をどの程度保有しているか ➡ 知識技能力評価

(5) バランスのとれた評価制度

トライアングル人事システムは、人事の基本ファクターである「役割」「能力」「成果」をバランスよく評価するシステムと言える（図表３−10）。

【図表３−10】 役割・能力・成果の３つをバランスよく評価する

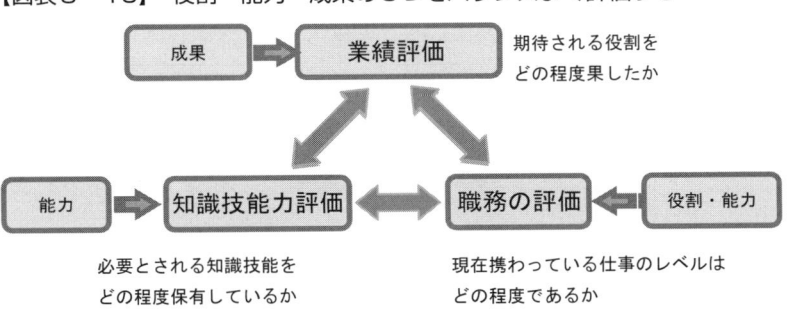

```
                  ┌─────────┐  期待される役割を
     成果 ──→   │ 業績評価 │  どの程度果したか
                  └─────────┘
                      ↕
          ┌─────────────┐   ┌──────────┐
  能力 → │ 知識技能力評価 │ ↔ │ 職務の評価 │ ← 役割・能力
          └─────────────┘   └──────────┘
   必要とされる知識技能を       現在携わっている仕事のレベルは
   どの程度保有しているか        どの程度であるか
```

　これら評価を処遇に関連づけることが必要となる。**図表３−11**は評価制度と処遇制度の関係を示している。

　「賞与」は成果性を重視して「業績評価」を反映させる。

　「昇給」は毎年積みあがっていくものなので、成果だけでなく能力の要素も加味し「業績評価」と「知識技能力評価」を８：２の割合で反映させる。

　「昇格」は「業績評価」「知識技能力評価」「職務の評価」の全てを反映させる。これは**図表３−９**で、本人のステージがⅡであった場合、Ⅲに上がる要件を考えればよい。ステージⅡに「期待される役割」はやらねばならない。その役割をしっかりやったかどうかを評価するのが「業績評価」であるから、これが一定レベル以上であることが必要である。ステージⅡの「知識技能」は保有しなければならない。その保有しなければならない知識技能をしっかり保有しているかを評価するのが「知識技能力評価」であるから、これが一定レベル以上であることが必要である。また、上の役割が出来るか、すでにやっている者を昇格させるべき

であり、「職務の評価」でそのように評価されていることが必要である。このように考えると「昇格」には「業績評価」「知識技能力評価」「職務の評価」の全てが必要であることが分かる。

　ここで注意していただきたいのは、評価は処遇を決めるためだけに行うものではないということである。図表３－12のように「賞与評価」「昇給評価」と呼んで、「賞与評価」は賞与を決めるために賞与の直前に行い、「昇給評価」は昇給を行うために昇給の直前に行う会社もある。そうではなくて、図表３－11に示すように評価は評価の論理と体系に基づいて整然と行い、これを処遇に反映させるには、処遇の性格を考えて、どの評価が適切かを選定すればよいのである。

【図表３－11】　評価制度と処遇制度との関係

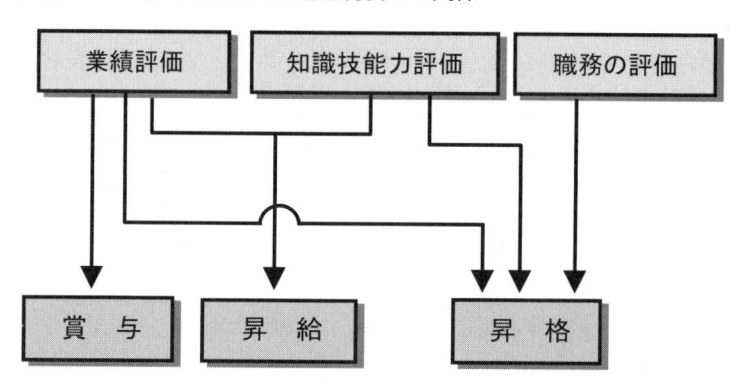

【図表３－12】　評価は処遇を決めるためだけに行うものではない

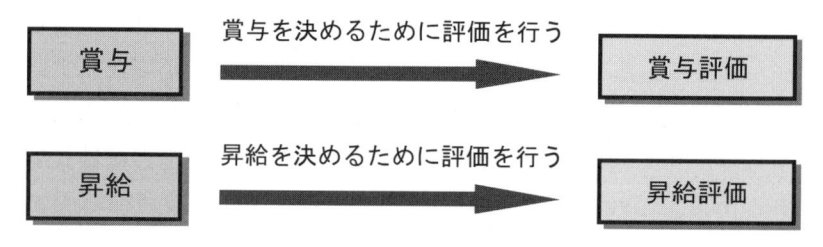

(6) 役割能力要件は人事制度の核

　役割能力要件は図表３－13に示すように、人事制度の「核」になる。この役割能力要件を中心として、各システムは機能している。

　すなわち
- 「個人目標」は、「期待される役割」を意識しながら設定する。また「必要とされる知識技能」を保有していなければ保有するように目標を設定する。
- 「業績評価」は「期待される役割」をいかに果たしたかであるから「役割」と関係する。
- 「知識技能力評価」は「必要とされる知識技能」をキチンと保有しているかどうかを評価することであるから「知識技能力」と関係する。
- 「職務の評価」は「本人の仕事がどのレベルにあるか」であるから「役割」と関係する。
- 「能力開発システム」は「必要とされる知識技能」をキチンと保有させるシステムであるので「知識技能」が関係する。
- 「昇格」は「業績評価」「知識技能力評価」「職務の評価」と関係する。
- 「中途採用社員の格付け」も「期待される役割」「必要とされる知識技能」がどれほどの段階であるかによって格付けされる。

　このように、人事の各システムは役割能力要件を中心に回っているとみることが出来る。

【図表3-13】 役割能力要件と各システムとの関係

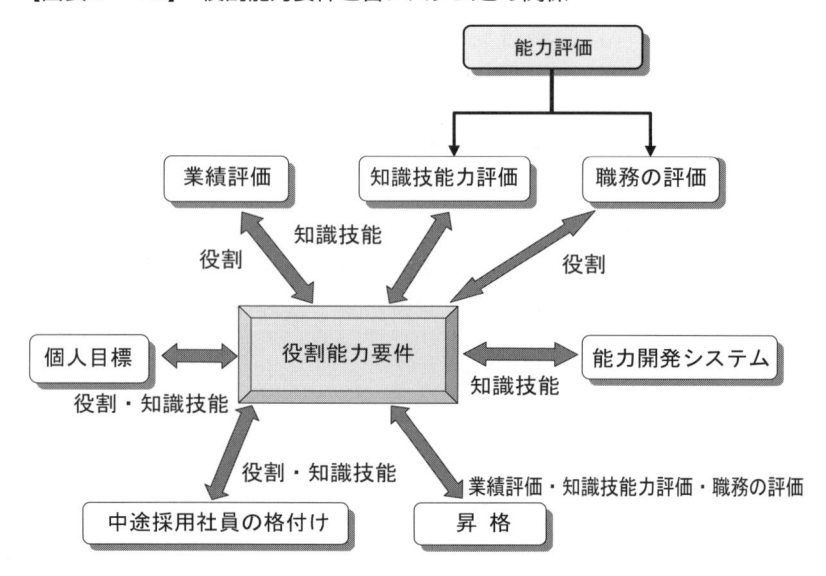

```
                              能力評価
                           ┌─────┼─────┐
                           ↓     ↓     ↓
              業績評価   知識技能力評価   職務の評価
                  ↕       ↕           ↕
                 知識技能              役割
                 役割

    個人目標 ←→  役割能力要件  ←→  能力開発システム
                                    知識技能
         役割・知識技能
              ↑           ↑
         役割・知識技能   業績評価・知識技能力評価・職務の評価

    中途採用社員の格付け    昇 格
```

3　成果を明確にする

(1)　成果とは

次に成果を明確にする。成果とは「やるべきこと」を「どれだけやったか」である。部門のやるべきことは「部門の目的」、個人のやるべきことは「期待される役割」である。従って「部門業績」は「部門の目的」をいかに果たしたか、「個人業績」は「期待される役割」をいかに果たしたかになる（図表3-14）。

【図表3-14】　成果とは、部門業績とは、個人業績とは

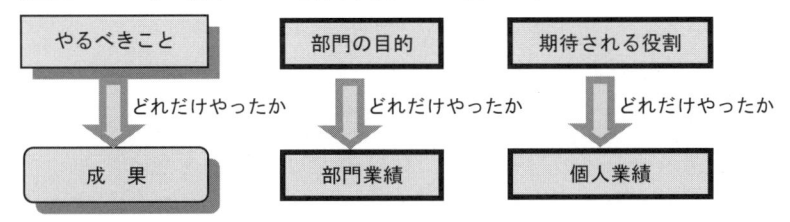

```
やるべきこと        部門の目的          期待される役割
    ↓                ↓                    ↓
 どれだけやったか   どれだけやったか    どれだけやったか
    ↓                ↓                    ↓
  成　果           部門業績             個人業績
```

(2)　管理職の成果

例えば管理職の成果を考えてみよう。個人業績は「期待される役割をいかに果たしたか」ということであり、役割をどのように考えるかが重要になってくる。筆者は管理職に期待される役割を図表3-15に示すように「部門業績責任者」「部門活性化推進者」の二つであると考えている。

【図表3-15】　管理職に期待される役割

```
        管理職に期待される役割
           ↓         ↓
     部門業績責任者  部門活性化推進者
```

Ⅲ　トライアングル人事システムの具体的内容

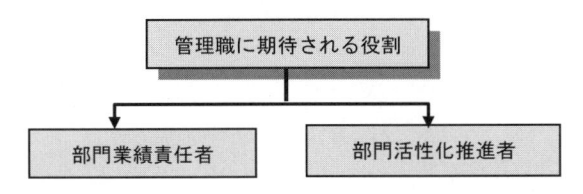

① 部門業績責任者

部門業績とは「部門の目的をいかに果たしたか」であるから、管理職はそれぞれに責任を与えられた部門の目的をきちんと果たすことが求められる。営業所長であれば、営業所の売上目標、利益目標を達成することが求められる。部門業績責任者としての役割を果たすということは、責任を与えられた部門の目的をきちんと果たすことに他ならない。求められる行動としては「リーダーシップ（明確な自分の意思に基づいて、的確な指示・説得で部下を動かし、部門に期待される業績を達成する）」と「サポート（部下に仕事を任せ、部下がやりたいことを支援しながら、部門に期待される業績を達成する）」である。

② 部門活性化推進者

管理職の役割として部門業績責任者は分かりやすいが、部門活性化推進者というのは分かりづらいのではないかと思う。まず部門活性化推進者という言葉の中で前半の「部門活性化」を考えてみることにする。「部門活性化」は一般的には「組織活性化」という言葉が使われている。部門も一つの組織と考えればそのような考えも成り立つ。それでは「組織活性化」とはどういう状態をいうのであろうか。筆者は次の三つの状態になっていることが「組織が活性化している状態」と言えるのではないかと考えている。「変化している」「やる気に満ち溢れている」「コミュニケーションがよい」の三つである（図表3-16）。

【図表3-16】 組織活性化している状態

```
┌─────────────────────────┐
│   組織が活性化している状態        │
└─────────────────────────┘
    ┌─────────────────┐
    │  変化している          │
    └─────────────────┘
    ┌─────────────────┐
    │  やる気に満ち溢れている   │
    └─────────────────┘
    ┌─────────────────┐
    │  コミュニケーションがよい │
    └─────────────────┘
```

a 変化している

企業および部門を取り囲む外部の環境は刻々と変化している。変化のスピードは年々早まっている。これに対応して企業および部門は自ら変化することの必要性を認識し、変化を実現していくことが求められている。活性化している組織の一つの現われとしては「変化している」ということになる。逆に「変化していない組織」は淀んでおり、不活性な組織であると言える。いわゆる「ぬるま湯」がこれにあたる。

管理職は組織活性化を推進する者としての役割がある。「変化させる」ことを推進する行動としては、必要な情報を感度よく収集・分析し、問題を発見・発掘して、課題形成を行い、的確で機会損失のない部門計画を策定し、これを実現していくことが求められる（図表３－17）。

【図表３－17】 変化を実現する

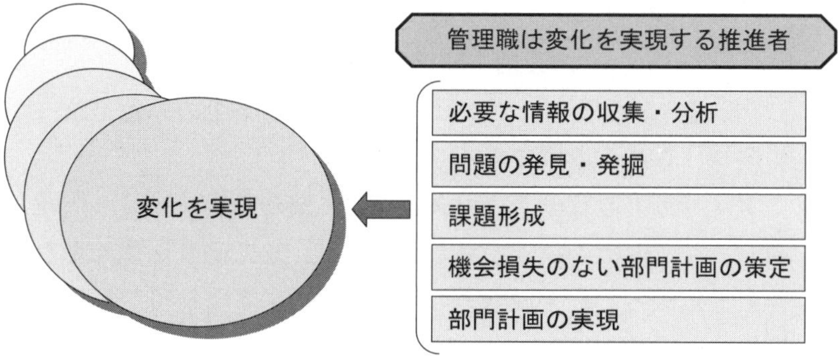

管理職は変化を実現する推進者
- 必要な情報の収集・分析
- 問題の発見・発掘
- 課題形成
- 機会損失のない部門計画の策定
- 部門計画の実現

→ 変化を実現

b やる気に満ち溢れている

部門の構成員がやる気に満ち溢れている状態も「組織活性化」の一つの現われとみることができる。活性化している組織はやる気に満ち溢れている。それでは「やる気」はどういうことで生じるのであろうか。これはハーズバーグの「動機づけ要因」（河合コンサルの豆知識その１　87ページ参照）がそれにあたる。「職

務の内容」「目標の達成」「達成の評価」などである。やる気が起こる要因としては「自分が行ったことが公正に評価される」「自己実現（河合コンサルの豆知識その２　参照）の欲求を満たす」ということが上げられる。

「自分が行ったことが公正に評価される」を管理職が行う行為としては「部下の評価を公正に行う」ということになる。

「自己実現の欲求」ということは、マズローの欲求５段階説の一番上位に位置づけられている欲求である。それは自分が何が出来るかを確かめ、その限界を広げ、自己を実現するという欲求である。つまり、自分のやりたい仕事ができる、それを達成する、そのことを通じて自分がもう一回り大きくなっているのが実感できる———このような自己実現を実感することがやる気につながる。

河合コンサルの豆知識その２

マズローの欲求５段階説

「自己実現欲求」はマズローの欲求５段階説の一番上位に位置づけられる欲求である。

アメリカの心理学者のマズローは人間の欲求には５つの段階があり、低次の欲求が満たされると、またそれが満たされたときに限って、１段階上の欲求が出現するという。欲求階層説は、実験や観察によって科学的に確かめられているわけではないが、人々に直感的にアピールするものを持っている。

5　自己実現欲求（self-actualization）
4　尊厳欲求（esteem）
3　愛情欲求（love）
2　安全欲求（safety）
1　生理的欲求（physiological）

自己実現は、自分がもう一回り大きくなることを実感することであり、自分を高め、自分の能力を開発するということになる。「部下の自己実現の欲求を満たす」いうことを、管理職が行う行為としては「部下の育成を行う」ということになる（図表３－18）。

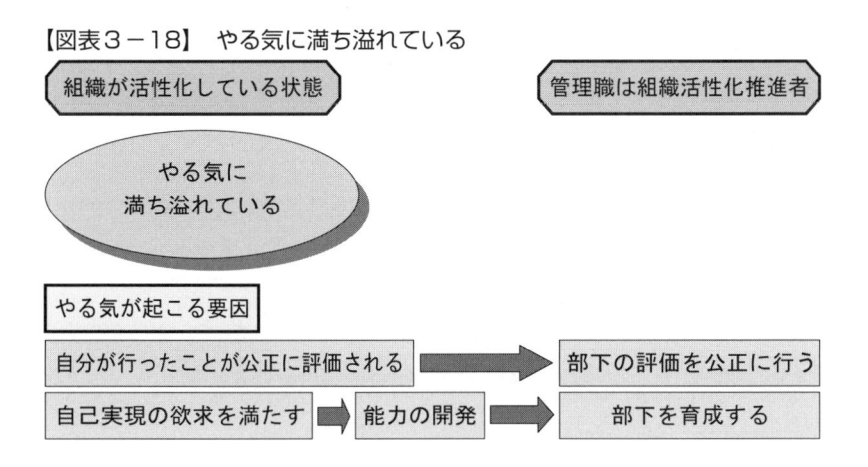

【図表３－18】　やる気に満ち溢れている

| 組織が活性化している状態 | | 管理職は組織活性化推進者 |

やる気に満ち溢れている

やる気が起こる要因

| 自分が行ったことが公正に評価される | ⇒ | 部下の評価を公正に行う |
| 自己実現の欲求を満たす ⇒ 能力の開発 | ⇒ | 部下を育成する |

ｃ　コミュニケーションがよい

　組織が活性化している現象として、最後に挙げられるのは「組織内のコミュニケーションがよい」ということである。恐怖政治をひき「もの言えば唇寒し」という状態では、活性化している組織とは言えない。風通しがよく、なんでも議論でき、自由闊達な組織風土になっていることが、活性化している組織であると言える。

　管理職は対上司、対部下、対他部門といったコミュニケーションの結節点である。コミュニケーションをよくするという行動が管理職に求められる。その具体的行動としては「適切な指示・連絡・会議」「部下・上司との円滑なコミュニケーション」「他部門との連携・調整」ということになる（図表３－19）。

【図表3－19】 コミュニケーションがよい

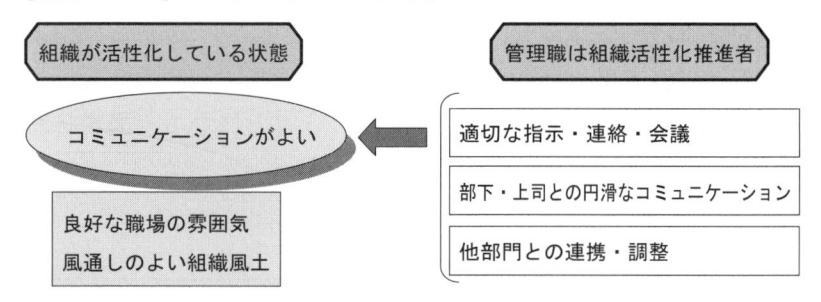

```
[組織が活性化している状態]              [管理職は組織活性化推進者]

  (コミュニケーションがよい)  ←──┬─ 適切な指示・連絡・会議
                                  ├─ 部下・上司との円滑なコミュニケーション
  良好な職場の雰囲気              └─ 他部門との連携・調整
  風通しのよい組織風土
```

組織活性化推進者として管理職に期待される役割をまとめて示したのが図表3－20である。

【図表3－20】 組織活性化推進者としての役割

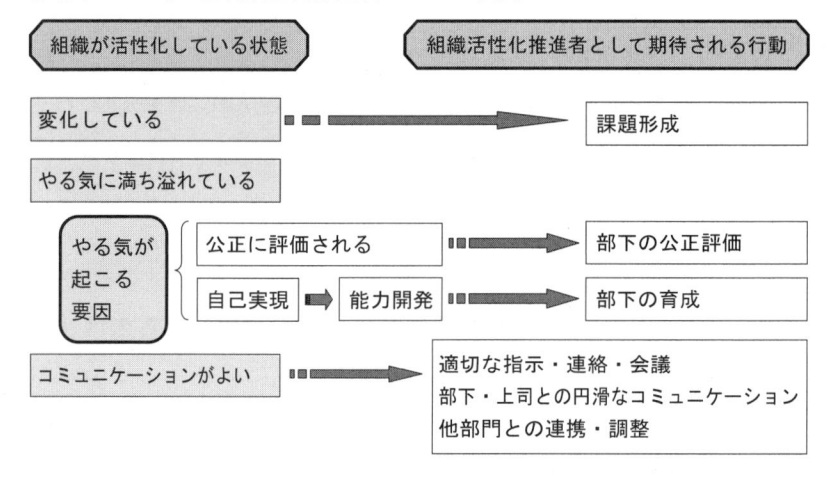

```
[組織が活性化している状態]        [組織活性化推進者として期待される行動]

変化している  ─────────────────→  課題形成

やる気に満ち溢れている
          ┌ 公正に評価される  ──→  部下の公正評価
やる気が起こる要因
          └ 自己実現 → 能力開発 ──→  部下の育成

コミュニケーションがよい ────→  適切な指示・連絡・会議
                                  部下・上司との円滑なコミュニケーション
                                  他部門との連携・調整
```

③ 管理職の成果をどう捉えるか

　管理職の役割は部門業績責任者、部門活性化推進者の役割があり、これをキチンと果たしたかどうかが管理職の成果ということになる。このように考えると管理職の成果は「部門業績」が中心となるが、決して部門業績だけではないということがわかる。組織活性化の諸活動も管理職の成果ということが出来る（図表3－21）。

【図表3－21】　管理職の成果－1

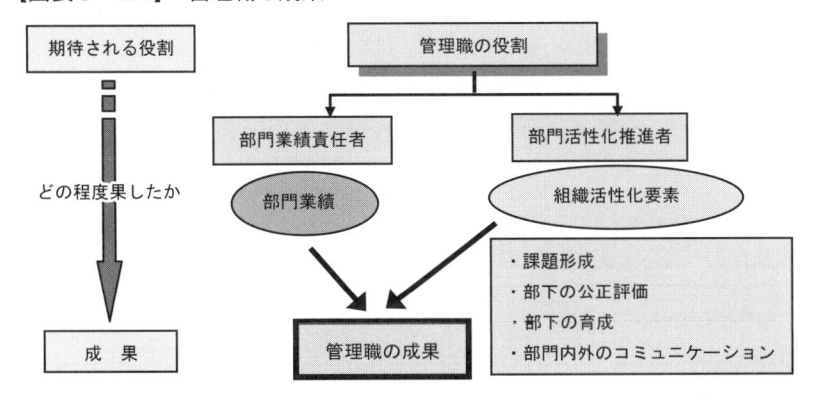

```
期待される役割                    管理職の役割
    │                    ┌──────┴──────┐
    │ どの程度果したか   部門業績責任者    部門活性化推進者
    ↓                      部門業績        組織活性化要素
                              │                │        ・課題形成
  成　果                      │                │        ・部下の公正評価
                              └──→ 管理職の成果 ←──┘    ・部下の育成
                                                         ・部門内外のコミュニケーション
```

　ただ管理職は部門の管理をしていればよいというだけでなく、個人でも仕事を持っているのが通常である。プレイングマネジャーとして自ら担当を持ち営業活動をしている場合もある。全社的な改善プロジェクトに参加している場合もある。このような行動も本人の成果として把握する必要がある。つまり個別の管理職の業績は**図表3－22**に示すように管理職としての成果と個人としての成果の二つを総合したものになる。

【図表3－22】　管理職の成果－2

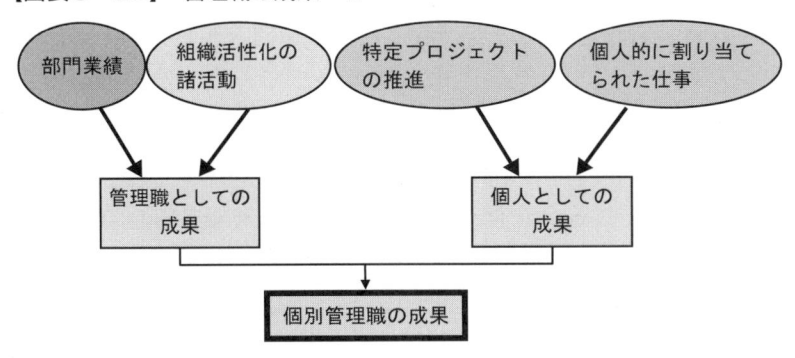

```
 部門業績   組織活性化の    特定プロジェクト   個人的に割り当て
            諸活動           の推進            られた仕事
    │        │                │                │
    ↓        ↓                ↓                ↓
    管理職としての              個人としての
       成果                      成果
        └──────────┬──────────┘
                個別管理職の成果
```

　管理職の業績を業績評価項目に沿って捉えると**図表3－23**のとおりになる。部門業績責任者としての役割は別途「部門業績評

価制度」で評価された「部門業績」で捉えられる。「管理職個人としての成果」である「特定プロジェクトの推進」「個人的に割り当てられた仕事」は個人目標で捉えることになる。組織活性化要素の評価項目としては「人材育成」「人事管理」「組織運営」「課題形成」等がある。

【図表３－23】 管理職の成果（業績）－３

部門業績責任者	特定プロジェクトの推進 個人的に割り当てられた仕事	組織活性化要素
部門業績	個人目標	人材育成、人事管理 組織運営 課題形成 等

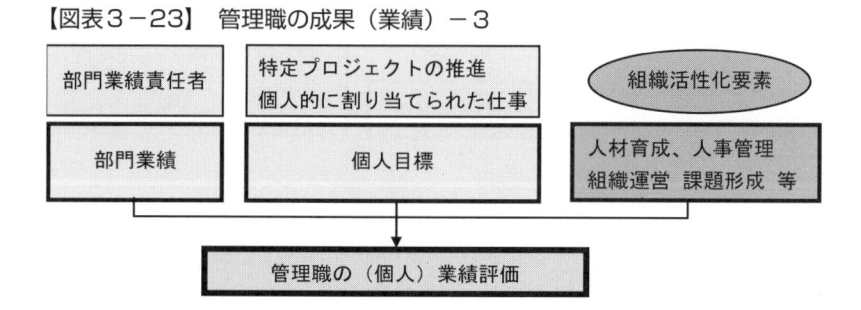

↓
管理職の（個人）業績評価

　図表３－24は、このようにしてとらえた管理職の成果（業績）を評価する仕組みを、業績評価項目とウエイトに展開したものである。

　世間一般で管理職の成果と言えば「部門業績」を指すのではないだろうか。成果を「期待される役割をいかに果たしたか」と定義すれば、管理職に期待される役割には部門業績責任者としての役割だけでなく、組織活性化推進者としての役割があるのである。組織活性化推進者としての役割をしっかり果たすのも管理職の成果と言える。部下を育成するのも管理職の成果である。部下の人事評価をしっかり行うのも管理職の成果である。コミュニケーションをとること、機会損失のない部門目標を策定することも管理職の成果と言える。

【図表3−24】　管理職の業績評価項目とウエイトの例

業績評価項目	ウエイト	業績評価項目の内容	
部門業績	50%	部門業績責任者としての役割を果たしたかを評価する項目	
個人目標	10%	プレイングマネジャーとしての役割をどの程度果たしたか、個人的に割り当てられた仕事や特定プロジェクトの推進をどの程度行ったかを評価する項目	
人材育成	10%	部下の能力・適性をよく掌握し、部下の能力開発に実績を挙げたかを評価する項目	部門活性化推進者
人事管理	10%	仕事の割り当て、目標設定時の指導、観察記録等を的確に行い、部下の業績・能力を公正に評価したか、評価結果のフィードバックを的確に行ったかを評価する項目	
組織運営	10%	適切な業務上の指示、部下とのコミュニケーション、他部門との連携・調整を行って円滑な部門運営を行い、部門を活性化させたかを評価する項目	
課題形成	10%	会社および部門の運営、自分の業務について、常に問題意識をもって当たっていたか、必要な情報は感度よく収集・分析していたか、問題を発掘し課題形成を積極的に行っていたか、機会損失のない部門計画や提案を行っていたかを評価する項目	

(3) 一般社員の成果

　一般社員に期待される役割には、「個人に割り当てられた仕事の達成」「部門業績への貢献」「部門活性化への貢献」が挙げられる。本人に「期待される役割」はステージ・職掌毎に「役割能力要件表」によって示されている。これを各評価項目との関連で示すと**図表3−25**のとおりになる。

【図表3−25】 一般社員の成果（業績）

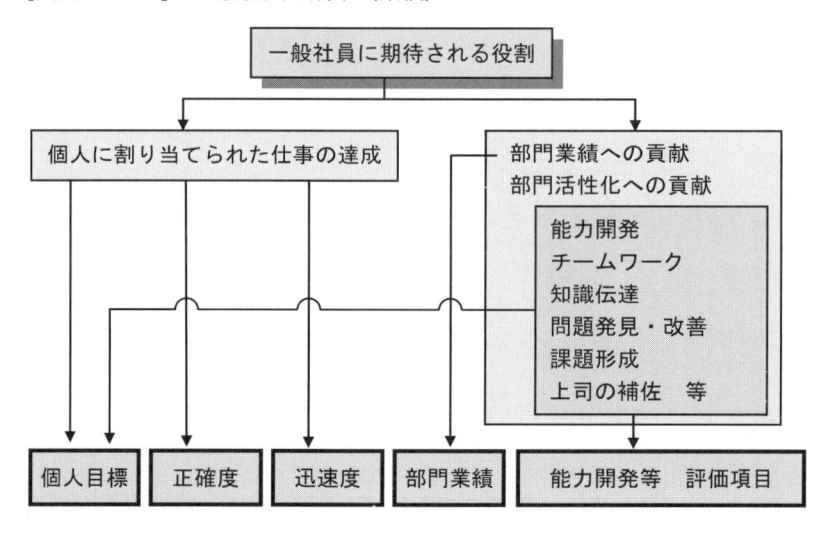

```
                    ┌─────────────────────┐
                    │ 一般社員に期待される役割 │
                    └──────────┬──────────┘
              ┌────────────────┴────────────────┐
    ┌─────────┴──────────┐         ┌───────────┴──────────┐
    │個人に割り当てられた │         │ 部門業績への貢献      │
    │仕事の達成          │         │ 部門活性化への貢献    │
    └────────────────────┘         │ ┌──────────────────┐ │
                                    │ │ 能力開発         │ │
                                    │ │ チームワーク     │ │
                                    │ │ 知識伝達         │ │
                                    │ │ 問題発見・改善   │ │
                                    │ │ 課題形成         │ │
                                    │ │ 上司の補佐　等   │ │
                                    │ └──────────────────┘ │
                                    └──────────────────────┘
  ┌──────┐ ┌──────┐ ┌──────┐ ┌──────┐ ┌──────────────────┐
  │個人目標│ │正確度│ │迅速度│ │部門業績│ │能力開発等 評価項目│
  └──────┘ └──────┘ └──────┘ └──────┘ └──────────────────┘
```

　個人に割り当てられた仕事の達成は個人目標、正確度（本人に割り当てられた仕事をミスなく行ったか）、迅速度（本人に割り当てられた仕事をテキパキと行ったか）で評価する。部門業績への貢献は部門業績評価制度によって評価された「部門業績」という評価項目で評価する。部門活性化への貢献は「能力開発」「チームワーク」「知識伝達」「問題発見・改善」「課題形成」「上司の補佐」等の評価項目で評価する。またこれらを個人目標に展開することも可能である。

　例えばステージⅠの役割能力要件の「期待される役割（全職掌共通）」が図表3−26のとおりであったとする。成果（業績）とは「期待される役割」をどのくらい果たしたかであるから、ステージⅠの「期待される役割（全職掌共通）」に対応して業績評価項目とウエイトを設定する必要がある。この関係を表したのが図表3−27である。「期待される役割（全職掌共通）」と業績評価項目がほぼ対応していることが分かるであろう。

【図表3-26】 ステージⅠの役割能力要件の「期待される役割（全職掌共通）」

① 上長からの具体的指示及び定められたマニュアルに従い、定型業務を確実・迅速に遂行する
② 設定した個人目標を達成する
③ 自己の職責を果たし部門業績に貢献する
④ チームの一員としてチームワークに貢献する
⑤ 情報の共有と「報告・連絡・相談」を行う
⑥ 業務遂行に必要な基礎的知識・技能を習得する

【図表3-27】 ステージⅠの業績評価項目とウエイトの例

業績評価項目	ウエイト	業績評価項目に対応する「期待される役割（全職掌共通）」
個人目標	15%	②設定した個人目標を達成する
部門業績	5%	③自己の職責を果たし部門業績に貢献する
正確度	30%	①上長からの具体的指示及び定められたマニュアルに従い、定型業務を**確実**・迅速に遂行する
迅速度	20%	①上長からの具体的指示及び定められたマニュアルに従い、定型業務を確実・**迅速**に遂行する
報告連絡相談	10%	⑤情報の共有と「報告・連絡・相談」を行う
チームワーク	10%	④チームの一員としてチームワークに貢献する
能力開発	10%	⑥業務遂行に必要な基礎的知識・技能を習得する

Ⅲ　トライアングル人事システムの具体的内容

4　業績評価

　業績評価には部門の業績評価と個人の業績評価があるが、単に業績評価と言う場合は、個人業績評価を指す。部門の場合は部門業績評価と頭に部門をつける。前にも説明したが、「成果」と「業績」は同じ意味で使っている。成果主義、役割・能力・成果という場合は「成果」がピッタリなので「成果」を使う。業績評価というように後に評価がつく場合は「業績」を使う。

　個人の成果（個人業績）は**図表３－28**に示すように「期待される役割」をいかに果たしたかと定義され、「期待される役割」は役割能力要件表に示されている。この関係は**図表３－29**に示す通りである。

（1）　得意とするところで把握

　第一章での「個人業績は、それを把握するのが得意とするツールで漏れなく把握する（44ページ）」にある通り、**図表３－30**に示すように変化、前進、向上、改善、完成させるような特定業務、売上・利益等数値化できる業務は「個人目標」で、部門業績に関する業務は「部門業績」で、定常業務・基本業務・必須業務は「役割期待」で把握する。

【図表３－28】　個人の成果（個人の業績）

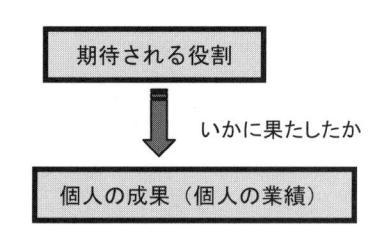

```
┌──────────────┐
│  期待される役割  │
└──────┬───────┘
       │ いかに果たしたか
       ▼
┌──────────────────────┐
│ 個人の成果（個人の業績）│
└──────────────────────┘
```

【図表3-29】 役割能力要件表と業績評価との関係

ステージ	（職掌）	
	（部門）	
	期待される役割	必要とされる知識技能
Ⅳ		
Ⅲ		
Ⅱ	期待される役割 Ⅱ	
Ⅰ		

ステージⅡに示されている「期待される役割」をどの程度果たしたか → 業績評価

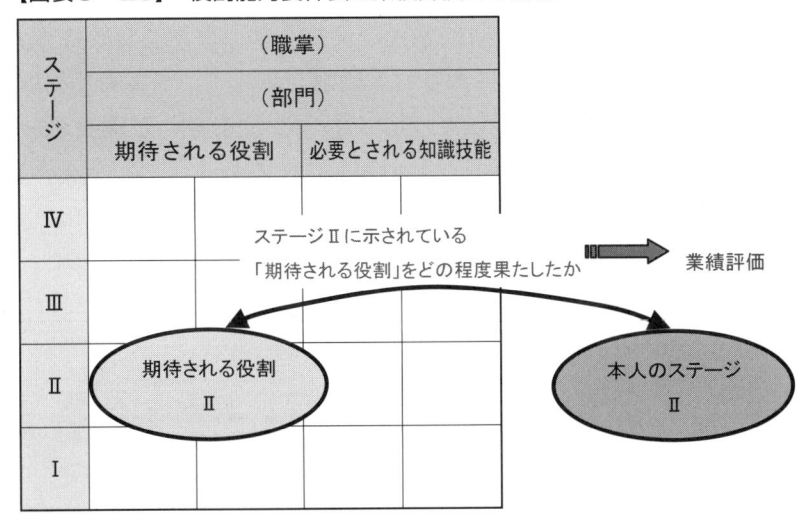

本人のステージ Ⅱ

【図表3-30】 仕事を特性に合わせて三つに分類し、その得意分野で業績を把握する

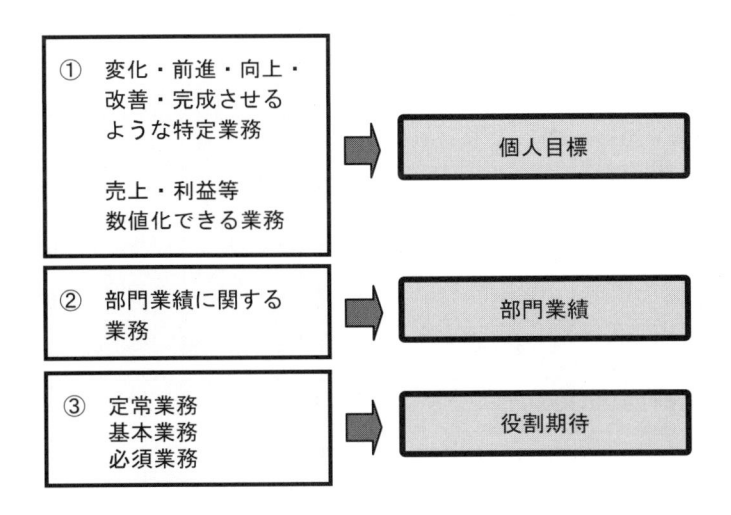

① 変化・前進・向上・改善・完成させるような特定業務

売上・利益等数値化できる業務

→ 個人目標

② 部門業績に関する業務 → 部門業績

③ 定常業務
基本業務
必須業務
→ 役割期待

Ⅲ トライアングル人事システムの具体的内容　153

(2) 業績評価項目とウエイト

ステージ・職掌毎に「期待される役割」は「役割能力要件表」に示されている。その「期待される役割」に基づいて業績評価項目を選択し、重要度に従ってウエイトづけしたものが**図表３－31**に示す「業績評価項目とウエイト」の表である。

【図表３―31】業績評価項目とウエイト（例）
〈基本項目〉

ステージ	職掌	個人目標	部門業績	計	正確度	迅速度	顧客満足性	報告連絡相談	チームワーク	能力開発	達成志向性	知識伝達	課題形成	人材育成	人事管理	組織運営	計
Ⅴ Ⅵ Ⅶ Ⅷ	管理職	10	50	60									10	10	10	10	40
	専門職	40	20	60							10	20	10				40
Ⅳ	営業職	35	20	55		5	10			5	10	10	5				45
	事務職	30	20	50		5	10		5	5	10	10	5				50
	技術職	30	20	50		5	10		5	5	10	10	5				50
Ⅲ	営業職	30	15	45	5	10	10	5	5	5	5	10					55
	事務職	25	15	40	10	10	10	5	5	5	5	10					60
	技術職	25	15	40	10	10		5	5	5	5	10					60
Ⅱ	営業職	25	10	35	15	15	10	5	5	5	5						65
	事務職	20	10	30	20	15	5	5	10	5	5						70
	技術職	20	10	30	20	15	5	5	10	5	5						70
Ⅰ	営業職	15	5	20	30	20		10	10	10							80
	事務職	15	5	20	30	20		10	10	10							80
	技術職	15	5	20	30	20		10	10	10							80

〈加点項目〉

		A	B	C
チャレンジ加点	プロジェクト加点	10点	5点	3点
	パーソナル加点	10点	5点	3点
	エクセレント加点	10点	5点	3点

〈減点項目〉 職場規律

規律違反の程度	職場規律
他に悪影響を及ぼす等、重大な問題があり、再三の注意にも関わらず改まらなかった	－10点
軽微な問題があり、注意は受け入れるが、また再発する等して改まらなかった	－5点
特に問題なし	0点

(3) 役割期待評価

① 役割期待評価項目

　役割期待評価項目は企業・組織で独自に設定すればよいが、代表的なものを示すと図表3－32に示すとおりである。

② 役割期待評価項目の評価基準

　役割期待評価項目の評価基準は図表3－33に示すとおりである。評価基準は評価項目の定義（意味）と評価の段階からなる。
　評価項目の定義（意味）は、企業・組織の経営理念や従業員に期待する行動指針に基づいて、よく吟味して作成することが肝要である。
　評価の段階は5段階とし、「5」を期待水準とする絶対評価で行う（第Ⅰ章　3　評価の物差しを明確にすること（57ページ）。

【図表3-32】 役割期待評価項目の例

項目	定　義
正確度	本人に与えられた職務を遂行し、その結果は正確で、ミスがなく、出来映えも期待どおりであり、信頼が置けたかを評価する項目
迅速度	テキパキと仕事をこなし、準備手筈、段取りが期待どおりであったか等、仕事の能率を評価する項目
顧客満足性	社内外の顧客に明るく対応して好印象を与えており、またそれらの人々のニーズを的確に把握し、質の高いサービス（顧客の期待を上回るサービス、提案、素早いリアクション等）を提供して、顧客の満足を得ていたかを評価する項目
報告連絡相談	指示事項の結果報告は適時、適切に行われていたか、業務上の連絡は適時、適切に行われていたか、適時の相談があったかを評価する項目
チームワーク	円滑な人間関係をベースに、上司・同僚と協調・協働し、仕事の隙間を埋めたり、他のメンバーを助けたり、カバーしたりして、組織の構成員として組織業績達成に積極的に貢献していたかを評価する項目
能力開発	職務関連知識・技能の開発を自主的に行い、これを自らの仕事に生かし、職務拡充したかを評価する項目
達成志向性	個人目標の設定において、チャレンジングな目標を設定し、それを最終的に達成するまで諦めずに粘り強く取り組み、様々な方法を駆使して質的あるいは量的に目標以上の成果を目指して取り組んでいたかを評価する項目
知識伝達	自ら得た知識・技能を自分だけのものとしまい込んでしまわないで、積極的に部門内外の者に伝達し、組織全体の知識蓄積・知識向上に貢献したかを評価する項目
リーダーシップ	率先して業務を遂行し、部下への仕事の割り当て、仕事の指示、他部門との調整、スケジュール管理を的確に行い、会社の方針や部門の目標を、部下を動かして実現していたかを評価する項目

上司の補佐	所属部門の運営に関して、上司と協調・協働し、部門業績達成、部門活性化に向けて、積極的に上司の補佐をしていたかを評価する項目
課題形成	会社および部門の運営、自分の業務について、常に問題意識・当事者意識をもって当たり、問題を発見・発掘していたか、必要な情報は感度よく収集・分析していたか、機会損失のない部門計画や提案を行っていたかを評価する項目
人材育成	部下の能力・適性をよく掌握し、部下の能力開発に実績を上げたかを評価する項目
人事管理	目標設定時の指導、観察記録等を的確に行い、部下の業績・能力を公正に評価したか、評価結果のフィードバックを的確に行ったかを評価する項目
組織運営	適切な指示・連絡・会議、部下・上司とのコミュニケーション、他部門との連携・調整を行って、円滑な組織運営を行ったかを評価する項目

【図表3-33】 役割期待評価項目　評価基準の例

チームワーク		円滑な人間関係をベースに、上司・同僚と協調・協働し、仕事の隙間を埋めたり、他のメンバーを助けたり、カバーしたりして、組織の構成員として組織業績達成に積極的に貢献していたかを評価する項目 ← 評価項目の定義（意味）
5	全く期待どおりで、申し分なかった	
4	ほぼ期待どおりであった	
3	期待どおりとは言えないが、業務に支障を来すことはなかった	← 評価の段階
2	期待どおりでないことが、時々あり、業務に支障を来すことがあった	
1	期待からはほど遠く、しばしば業務に支障を来した	

Ⅲ　トライアングル人事システムの具体的内容

【図表3-34】 業績評価表（役割期待シート）を介しての
評価者と被評価者の協働を重視する

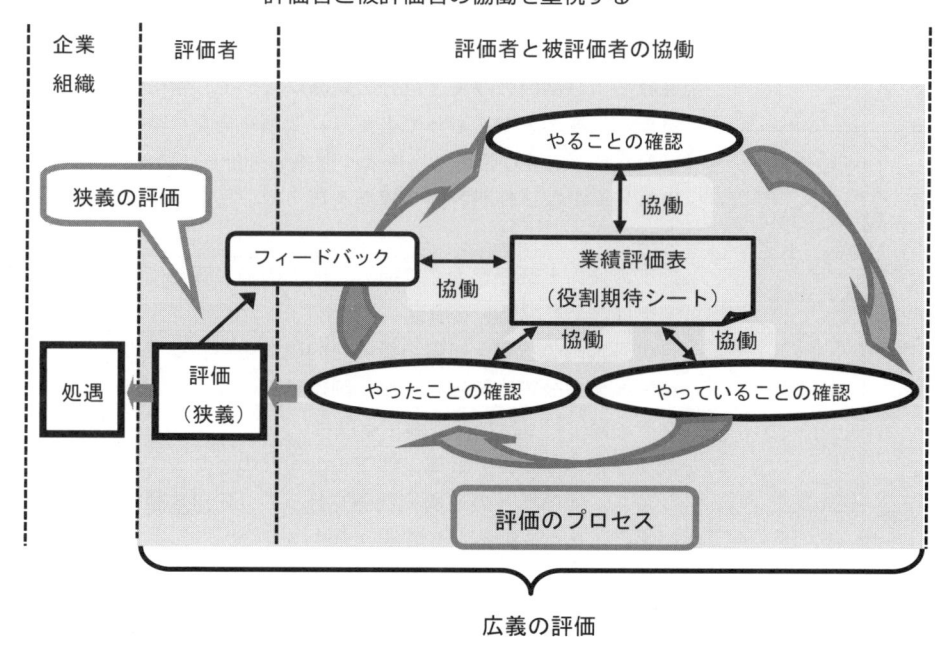

（図表：企業組織｜評価者｜評価者と被評価者の協働
狭義の評価／処遇←評価（狭義）←フィードバック⇔業績評価表（役割期待シート）
やることの確認／やったことの確認／やっていることの確認（協働）
評価のプロセス／広義の評価）

③ 役割期待評価項目の評価用紙

役割期待評価項目の評価用紙は別紙-3　業績評価表（役割期待シート）に示すとおりである。図表3-34に示すとおり、「業績評価表（役割期待シート）」を介して「やることの確認」「やっていることの確認」「やったことの確認」を行い、評価者と被評価者の協働を重視する。役割期待評価項目も個人目標の運用と同じように行う。「見える化」を通じての「評価の納得性向上」を図るためである。

④ 役割期待評価項目の運用

評価のプロセスにおける評価者と被評価者の協働の具体的行動は図表3-35に示すとおりである。

【図表3-35】 役割期待シートを介しての評価のプロセスでの協働

評価のプロセス	行動	具体的行動
やることの確認	役割期待評価項目の意味の確認	役割期待評価項目の定義（意味）には、期待するところが表示されている。これを評価者・被評価者が確認する。
	特に期待するところを伝える	当該役割期待評価項目の中で特に期待する点を役割期待シートの「上司が特に期待すること」に記入し被評価者に伝える。
	周辺情報の交換	被評価者が仕事を進める上で必要となる情報の伝達、被評価者の希望・意見の聴取を行う。
	合意	やることの確認を合意したら役割期待シートの「本人確認」欄にサインする。
やっていることの確認	役割期待評価項目毎に遂行状況を確認	被評価者は役割期待シートの「中間時進捗状況」欄に遂行状況を記入し、評価者が確認する。
	特に期待するところの遂行状況確認	特に期待するところについても遂行状況を確認する。
	周辺情報の交換	被評価者が仕事を進める上で必要となる情報の伝達、被評価者の希望・意見の聴取を行う。
やったことの確認	役割期待評価項目毎に遂行結果を確認	被評価者は役割期待シートの「結果」欄に遂行結果を記入し、評価者が確認する。
	特に期待するところの遂行結果を確認	特に期待するところについても遂行結果を確認する。
	被評価者の自己評価	被評価者は役割期待評価基準に基づいて役割期待シートの「本人」欄に5段階で自己評価を行い、記入する。
フィードバック	役割期待評価項目の評価結果を確認	一次評価者は被評価者に対して役割期待評価項目の評価結果を伝え、確認する。
	次期に期待する点を確認	一次評価者は被評価者に対して次期に期待する点を伝え、確認する。

⑤　役割期待評価項目の評価

　役割期待評価項目は**図表３－36**に示すように「評価項目の定義（意味）」と「上司が特に期待すること」の二重構造になっている。評価はどのように行えばよいのであろうか。「上司が特に期待するところ」だけで評価するのではないということである。あくまで当該役割期待評価項目の定義（意味）に従って評価し、「上司が特に期待するところ」はその中でも、重点を置いて評価するということである。ここが個人目標とは違うところである。個人目標は**図表３－37**に示すように本人の仕事の中の特定部分を目標にし、評価は目標にしたところに関して、その達成度を評価するものである。

【図表３－36】　役割期待評価項目の構造

- 当該役割期待評価項目の定義（意味）に関連する行動・結果
- 当該役割期待評価項目に関連する行動・結果の中で上司が特に期待すること

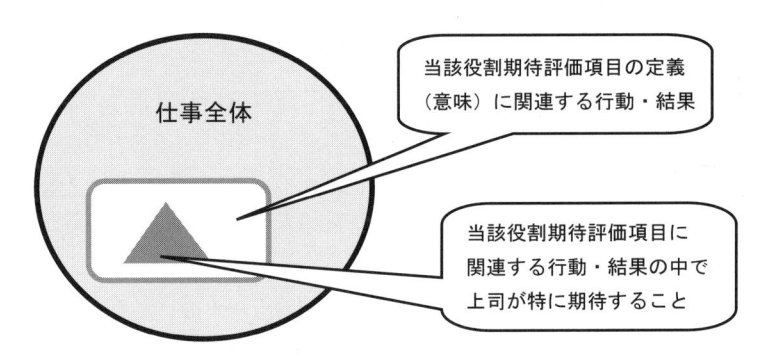

（仕事全体）

【図表３－37】　個人目標の構造

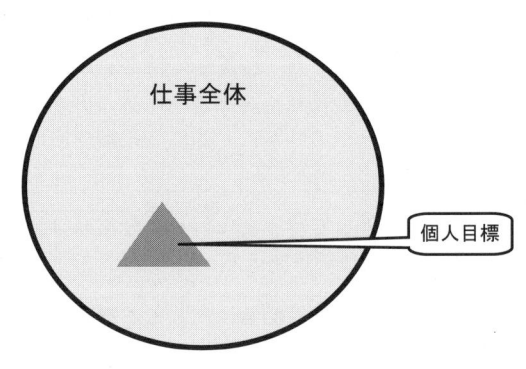

（仕事全体／個人目標）

(4) 加点・減点

業績評価は本人の行動や成し遂げたことを漏れなく把握する必要がある。業績評価で把握しきれないところを加点・減点で補う。

① 加点

上司が参加していないプロジェクトで高い貢献したとか、目標に掲げていること以外で高い貢献をしたとか、特許、著作、講演で高い貢献をしたとか、営業で売上目標・利益目標を大幅に上回って達成したとかは、通常の業績評価ではなかなか把握しづらいものである。これらは目標に設定して評価したらよいではないかと思われるが、目標にすると達成しなければ達成率が低くなり減点になる。やることが義務ではなく、何もないのが当たり前であるが、やったら素晴らしいというものがある。これは加点にした方がよい。チャレンジ加点はこのような考えに基づいている。チャレンジ加点については、項を改めて詳しく説明する。7 チャレンジ加点（211～215ページ）を参照願いたい。

② 減点

職場規律は、社員に守ってもらわなければならないものである。守るのが当たり前である。守るのが「期待どおり」として「5」と評価するのは、少しおかしいと感じる。ある企業・組織では、職場規律の評価は「3」までで「4」「5」はつけないとしていた。これも少し違和感がある。むしろ守って当たり前であるので、何も評価せず、守らなければ減点とする方が、この種評価項目にはピッタリなのではなかろうか。

職場規律を減点とする場合は**図表3－38**のような評価基準とする。

【図表3-38】 減点項目　職場規律

規律違反の程度	減点
他に悪影響を及ぼす等、重大な問題があり、再三の注意にも関わらず改まらなかった	－10点
軽微な問題があり、注意は受け入れるが、また再発する等して改まらなかった	－5点
特に問題なし	0点

そして職場規律で守るものを図表3-39のように定めておく。

【図表3-39】 職場規律で守るべき点

項目	具体的内容
出退勤	欠勤、遅刻、早退
連絡・届出	欠勤・遅刻・早退・有給休暇・私用外出等の連絡・届出
身だしなみ	制服着用、制服洗濯、化粧、装飾品　等
時間	集合時間、休憩時間　等
挨拶	朝の挨拶、帰りの挨拶、外来者への挨拶
言葉づかい	上司・先輩・後輩・顧客に対する正しい言葉づかい
整理・整頓・清掃	職場の整理・整頓・清掃
公私混同	事務消耗品、私用電話、職場設備（車両、パソコン、コピー等）の無断借用
執務中の私語・喫煙・飲酒	執務中の私語、喫煙場所以外での喫煙、執務中の飲酒
その他	その他、就業規則の制裁条項を参照のこと

(5)　業績評価得点の計算

業績評価得点は次のように計算する。

業績評価項目とウエイトが図表3-31（154ページ）のように設定されている企業・組織であった場合の実際の計算例は図表3-40に示すとおりである。

【図表3-40】 業績評価得点　計算方法の例　ステージⅠの場合

〈基本項目〉

評価項目		ウエイト	評価	計算方法	評価得点
個人目標		15	80	$15 \times \dfrac{80}{100}$	12
部門業績		5	76	$5 \times \dfrac{76}{100}$	3.8
役割期待評価項目	正確度	30	4	$30 \times \dfrac{4}{5}$	24
	迅速度	20	3	$20 \times \dfrac{3}{5}$	12
	報告連絡相談	10	5	$10 \times \dfrac{5}{5}$	10
	チームワーク	10	3	$10 \times \dfrac{3}{5}$	6
	能力開発	10	4	$10 \times \dfrac{4}{5}$	8
計		100			75.8

① **個人目標・部門業績**

$$業績評価項目別ウエイト \times \frac{個人目標得点・部門業績得点}{100}$$

② **役割期待評価項目**

$$業績評価項目別ウエイト \times \frac{役割期待評価項目別の評価結果}{5}$$

③ **チャレンジ加点**

チャレンジ加点の点数をそのまま加算する。

④ **職場規律**

職場規律の減点の点数をそのまま減算する。

Ⅲ　トライアングル人事システムの具体的内容

⑤ 業績評価得点の計算
　　業績評価得点＝個人目標・部門業績得点＋役割期待評価項目得点＋チャレンジ加点－職場規律減点

《加点項目》　　　　　　　《減点項目》
　チャレンジ加点　10点　　職場規律　　0点

《業績評価得点》
　業績評価得点　＝《基本項目》＋《加点項目》－《減点項目》
　　85.8点　　　＝　　75.8点　　＋　　10点　　－　　0点

(6)　評価期間
　業績評価の期間は半年単位にする。これは賞与が半年毎に支給されるのに対応させている。また評価期間は決算期に合わせて設定する。これは経営計画が決算期単位で策定され、部門業績・個人目標がこれに連動しているためである。
　図表3－41に示すように3月期決算の会社であれば上期（4月～9月）の業績評価結果は冬の賞与に反映させ、下期（10月～3月）の業績評価結果は夏の賞与に反映させる。昇格、昇給を4月に行う場合は、年度業績評価得点は下期・上期の業績評価得点の平均とし、9月末時点で能力評価（能力評価については216～230ページで説明）を行うようにすれば半年の作業期間があるので十分余裕をもって運用することができる。
　年度業績評価得点を上期・下期の業績評価得点の平均とする場合は、図表3－42に示すように3月末時点で能力評価を行うことになり、昇格・昇給は作業期間を考えれば7月になる。

【図表3-41】 評価と処遇の関係（下期、上期タイプ）

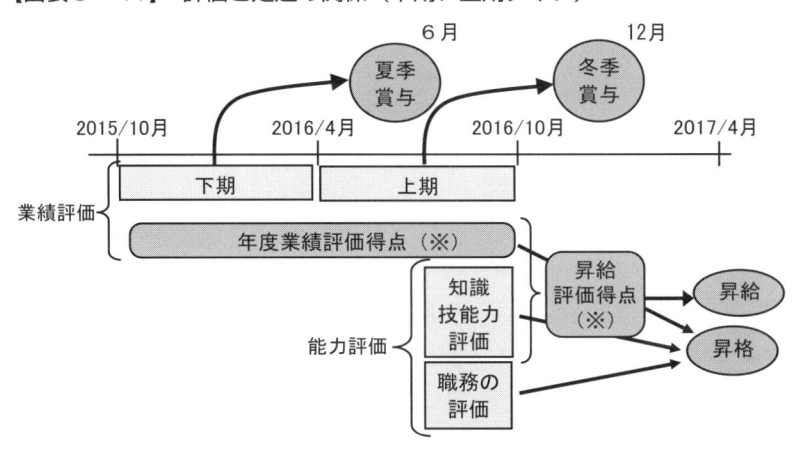

※ 年度業績評価得点は、下期業績評価得点・上期業績評価得点の平均
※ 昇給評価得点は、年度業績評価得点80％、知識技能力評価得点20％の割合で算出する

【図表3-42】 評価と処遇の関係（上期、下期タイプ）

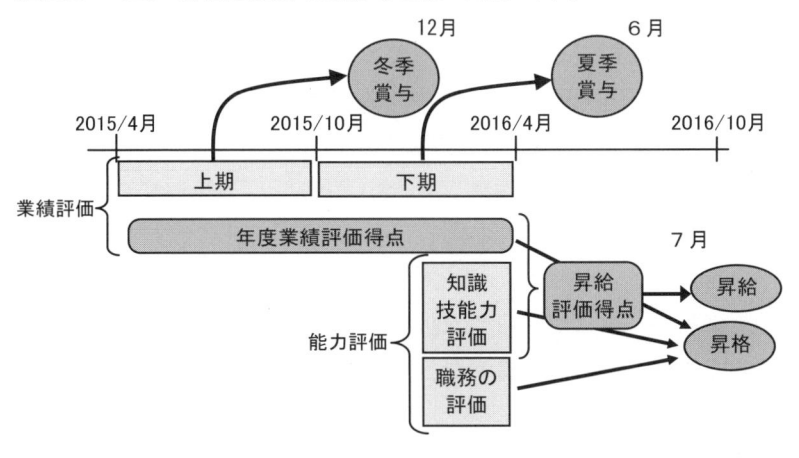

(7) 一次評価・二次評価

評価は本人を直接見ており、指示・報告の関係にある直属の上司（一次評価者）が行うのが最適であるが、それでも次のようなリスクがある。

① 直属上司（一次評価者）の性格、甘辛

　厳格な性格で辛い評価をする者か、部下に迎合して甘い評価をするタイプなのか、評価を軽んじて、いい加減な評価をする者なのか、評価者が一次評価者だけであったら、そのような一次評価者の評価で決定になってしまう。

② 直属上司（一次評価者）の評価能力

　評価基準をしっかり理解しているか、期初のやることの確認でしっかり期待を伝えているか、観察記録をつけて事実に基づいて評価しているか、部下の話をよく聴きコミュニケーションはしっかり取っているか、「職務行動の選択」「評価項目の選択」「評価段階の選択」の評価の進め方（河合コンサルのQ＆Aその2 71ページ参照）に沿って評価を行っているか、評価で陥りやすいエラーに陥っていないか（河合コンサルのQ＆Aその3　72ページ参照）等、評価者の評価能力によって評価がゆがむこともあり、これの是正が出来ないで最終評価になる恐れがある。

③ 直属上司（一次評価者）と本人の人間関係

　直属上司と本人の人間関係が極端に悪い場合、極端に悪い評価になってしまい、これで決定してしまう恐れがある。部下は「この上司の下にいる限り浮かばれない」と考え、モチベーションが低下する。

　これらを是正するために二段階評価制を取り入れている企業・組織は多い。中には三段階、四段階のところもある。二段階で評価を行う場合、二次評価者の評価を最終評価とする企業・組織が多い。一次評価者が5段階評価の「4」、二次評価者の評価が「3」とした場合、二次評価者の評価「3」が採用される。このように一次、二次の評価が異なる場合は、意見交換を十分に行い、一次評価者が納得することが重要である。フィードバックは一次評価者が行うので、一次評価者が納得していなければ納得的なフィードバックが出来ない。「自分は"4"と評価したのだが、

上が"3"と評価した。ゴメンね」ではフィードバックになっていない。

【図表3-43】 二次評価制

一次評価者 — 直属上司 — 評価 → 被評価者
二次評価者 — 上位職位者 最終評価 — 評価 → 被評価者
（二次評価者から一次評価者へ矢印）

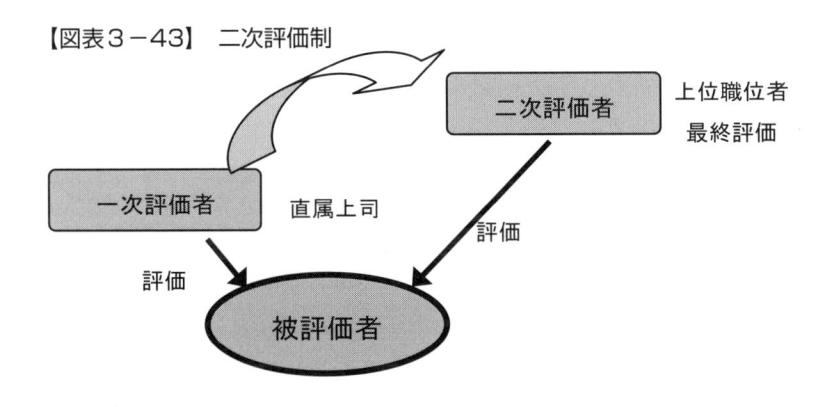

【図表3-44】 二次評価制の例（A社）

一次評価者	原則としてステージⅤ以上の直属上司
二次評価者	一次評価者以上の上位職位者

二次評価者の評価をもって最終評価とする。

　図表3-44に示すように一次評価者は直属の上司、二次評価者はその上位管理職とし、二次評価者の評価をもって最終評価とする。一次評価者が本人の仕事を一番よく見ているし、目標設定面接、フィードバックも一次評価者が行うので、一次評価者が重要であることは論をまたない。一次評価者の評価能力アップが鍵となる。
　二次評価者には、一次評価者の甘辛、偏向を正すだけでなく、評価を通じて一次評価者を育成するという役割もある。
　この二次評価制は業績評価だけでなく、個人目標評価、能力評価にも適用する。

5　個人目標

(1)　目標管理の強み

　目標管理は今日多くの企業で取り入れられている。目標管理には長所があるから、多くの企業で取り入れられているのである。目標管理の強みとしては、**図表３－45**に示す点を挙げることが出来る。

【図表３－45】「目標管理」の強み

①　組織業績達成と個人満足の同時達成
②　見える化
③　企業・組織の価値観・経営目標の浸透
④　個人の役割の明確化
⑤　自分で考える
⑥　仕事の焦点化

①　組織業績達成と個人満足の同時達成

　目標管理のルーツはドラッカーの著書「現代の経営」の中の「目標による管理（Management By Objectives And Self-Control）」にある。そこで述べられている考え方を整理して表すと**図表３－46**のとおりとなる。

　目標管理が実現しようとしているところは、組織業績の達成と個人の満足の両方を同時に達成することである。これは目標管理の最大の狙いであると同時に強みと言える。個人の満足は自分の可能性を実現したいという自己実現と深く関係する。

　この組織業績達成と個人満足の同時達成は、誰かの要望に基づくものではなく自分自身が行動を起こさなければならないと決定したという内発的動機づけによって実現する。

　内発的動機づけを促す仕組みが目標設定とセルフコントロール

によるマネジメントである。その場合、目標は上位組織の業績達成に貢献するようなものであり、組織の中での自分の役割を考えて自分の意思で設定することが必要である。また目標は、具体的な成果となって現れる業績目標と人材育成や問題発見等の組織活性化目標の二つが含まれるものにする必要がある。

目標達成に当たっては、自律した自由な人間のセルフコントロールに任せることが必要である。自分の意思による目標設定、セルフコントロールをスムーズに行わせるためには必要な情報はキチンと伝達されることが必要である。このベースには「人間に対する深い信頼とY理論的人間観（河合コンサルの豆知識その３参照、171ページ）」がある。

【図表３−46】「目標管理」の経営哲学

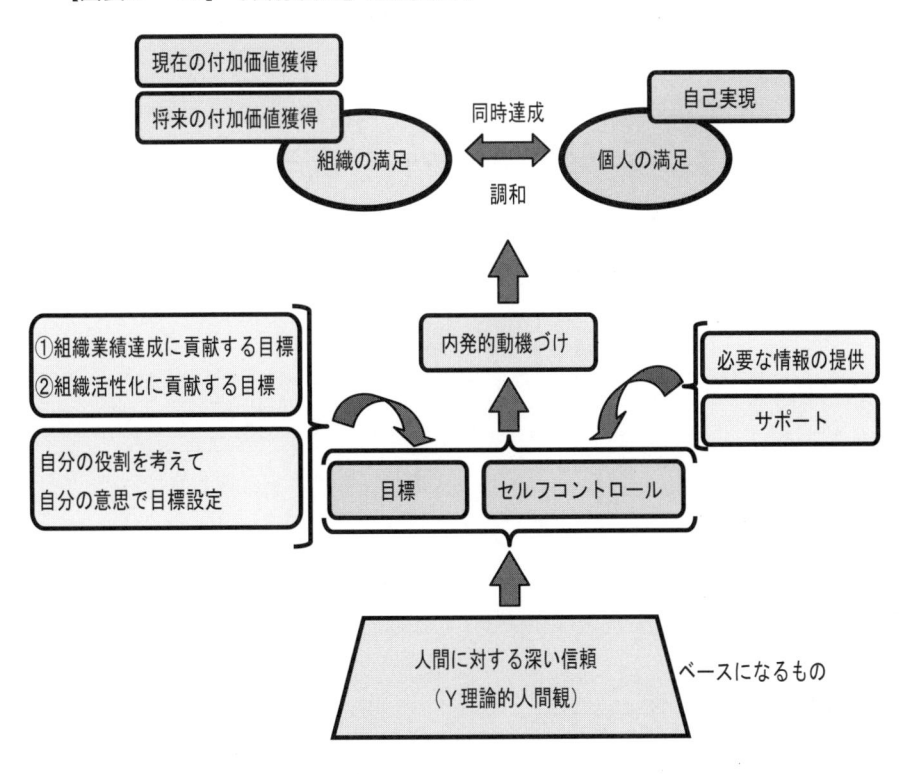

Ⅲ　トライアングル人事システムの具体的内容

図表3－47は「目標による管理」と対極にある考え方を示している。ベースにある考えは、アメとムチでなければ働かないとする人間観、いわばX理論的人間観である。組織業績達成が主目的であり、これを効率的に達成するための手法が命令による他者統制、アメとムチという外発的動機づけである。そこには個人の満足を達成しようという考えはうかがえない。

【図表3－47】「目標管理」と対極にある考え方

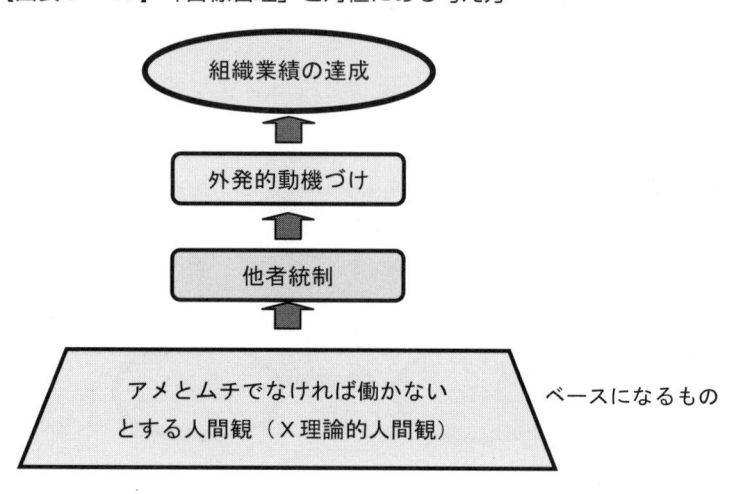

```
        ┌─────────────┐
        │ 組織業績の達成 │
        └─────────────┘
              ↑
        ┌─────────────┐
        │  外発的動機づけ │
        └─────────────┘
              ↑
        ┌─────────────┐
        │   他者統制    │
        └─────────────┘
              ↑
   ／￣￣￣￣￣￣￣￣￣￣￣￣＼
  ／  アメとムチでなければ働かない  ＼   ベースになるもの
 ／    とする人間観（X理論的人間観）    ＼
 ￣￣￣￣￣￣￣￣￣￣￣￣￣￣￣￣￣￣￣
```

河合コンサルの豆知識その3

マグレガーのX理論、Y理論

マグレガーは、管理者が人間について持っている日常的な理論には2種類のものがあると主張した。

一つは、X理論で、次のような前提から成り立っている。
①人間は生来仕事が嫌いで、なろうことなら仕事はしたくないと思っている。
②人間は、強制されたり、統制されたり、命令されたり、処罰するぞとおどされたりしなければ十分な力を出さない。
③人間は命令される方が好きで、責任を回避したがり、あまり野心を持たず、なによりもまず安全を望んでいる。

もう一つはY理論で、次のような前提から成り立っている。
①仕事で心身を使うのは当たり前のことであり、遊びや休憩の場合と変わりはない。
②人は進んで身を委ねた目標のためには自ら自分にムチ打って働く。
③献身的に目標達成につくすかどうかは、それを達成して得る報酬しだいである。
④人は、条件次第では責任を引き受けるばかりか、自らすすんで責任をとろうとする。
⑤企業の問題を解決しようと、比較的高度の創造力を駆使し、手練をつくし、創意工夫をこらす能力はたいていの人に備わっている。
⑥現代の企業においては、日常、従業員の知的能力はほんの一部しか生かされていない。

マグレガーは、現代の社会では、Y理論のもとにマネジメントを行うべきであると主張している。

D．マグレガー『企業の人間的側面』産業能率大学出版部

② 見える化

　次に目標管理の強みとして挙げることが出来るものは「見える化」である。目標管理は目標設定、目標遂行、目標評価のステップで行われるが、個人目標シートを使用して上司・部下がそのステップ毎に確認し合いながら進めていく。目標設定においては上司が部門目標と本人に期待するところを示し、本人はこれらをよく理解しながら自分の意思で目標を設定する。目標設定が出来たら上司に提出し、上司はチェックする。そして目標設定面接で意見の交換を行い目標について合意を得る。期中は個人目標シートに基づき進捗状況を確認し合う。期末になれば達成状況を本人が自己評価し、次に上司が評価する。そして目標振り返り面接を行って達成出来なかったところ、その理由・背景を確認し、次の対応策を考える。

　このように目標管理は上司・部下が個人目標シートを介して「見える」状態にある。つまり目標管理の中に「見える化」がその仕組みの中に組み込まれている。これは目標管理の大きな強みとして上げることが出来る。また上司・部下がそのステップ毎に確認し合いながら進めていく過程でコミュニケーションが促進されるというメリットもある。

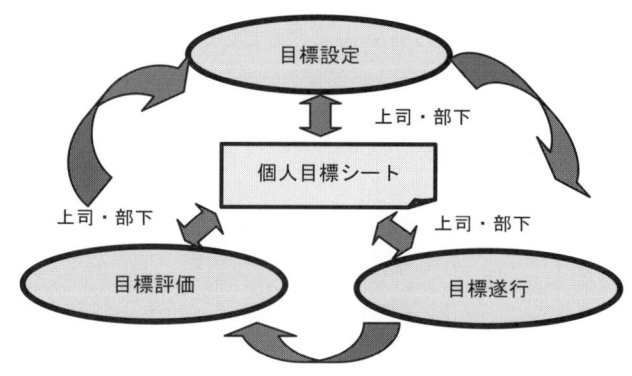

【図表3-48】　見える化

③ **企業・組織の価値観・経営目標の浸透**

個人目標は部門目標に沿って設定するとされており、部門目標は企業・組織の経営理念、価値観、経営目標とつながっている。このような目標連鎖を通じて企業・組織の経営理念、価値観、経営目標の個人への浸透を図ることができる。

④ **個人の役割の明確化**

個人目標は部門目標を達成するために自分にはどのような役割が期待されているかを考えて設定する。部門ミーティングを開いて部門目標分担マトリックス表（別紙－10）で個人の分担を決める。役割能力要件表（**別表－1～別表－6**）の自分のステージ・職掌に期待される役割を確認しながら個人目標を設定する。このような目標管理のプロセスが個人の役割の明確化をさせる。

⑤ **自分で考える**

目標というのは、設定する過程で、自分で考えることが重要である。自分に期待される役割、自分の仕事の問題点、自分が真にやりたいこと、自分の能力開発、自分のキャリア開発等を考えて目標を設定する。考えることが業務改善、業績向上、自分の能力向上につながる。目標管理は考える習慣を社員に植えつける。

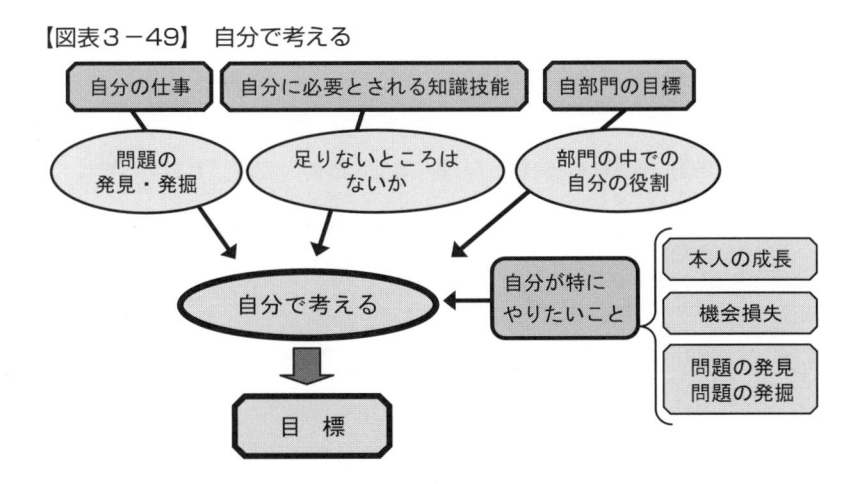

【図表3－49】 自分で考える

⑥ 仕事の焦点化

　自分に与えられた多くの仕事の中から優先順位をつけ、特に今期やりたいことを目標にする。つまり仕事の焦点化である。焦点化することによって仕事にメリハリがつく。もちろん目標だけをやっているわけではないが、優先順位の高いことを達成することによって全体の業績を向上させることができる。パレート図で表されるように、一般的に上位の数個が、全体の大半を占めることはよく知られている。優先順位の高い目標を達成することによって全体の業績向上につなげることができる。

(2) 目標管理の強みを生かす

　このように目標管理は強みを持っているが、使い方を誤れば強みが生きて来なくて、弊害が生じることもある。なんでもかんでも目標管理とばかり、評価を目標管理だけで行っている成果主義を採っている企業・組織があるが、これは改めるべきであろう。目標管理が得意としているところは、変化・前進・向上・改善・完成といった仕事、売上・利益といった数値化できる仕事である。定常業務をミスなく行うこととか、必ず行うことが必要な仕事は、しっかりした評価項目を立ててそこで把握した方がよい。目標管理は目標管理に適した分野で行うことによって、その強みが生きてくる。

【図表３−50】 目標は「変化・前進・向上・改善・完成」であるべき

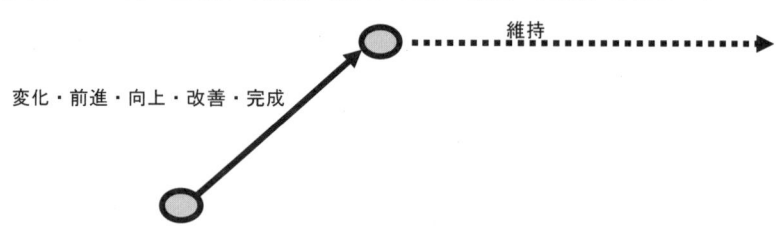

変化・前進・向上・改善・完成　　　　維持

目標管理を人事評価制度と結びつけない場合や、能力主義のように目標達成度を成績考課の参考資料とする場合は、それほど達成度を気にする必要はないが、目標管理を人事評価制度と結びつけて行う場合、目標達成度がキチンと評価できるようになっていることが必要である。

　トライアングル人事システムでは目標管理の達成度を業績評価に直結させるので、達成度をキチンと評価できるようにする必要がある。そのためには目標設定に当たっては達成度をキチンと評価できるように図表３－51に示すように達成基準を明確にする必要がある。

【図表３－51】　目標は達成基準がポイント

期中にどのような行動をするか
できる限り詳しくイメージする（数値化）
⇒イメージ通りに行動すれば達成

期末時点の状況がどのようになっているか
できる限り詳しくイメージする（数値化）
⇒イメージ通りであれば達成

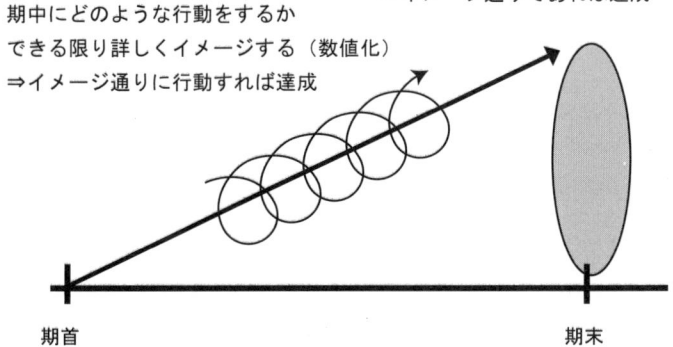

期首　　　　　　　　　　　　　　期末

(3)　個人目標の評価

　個人目標は、自分の意思で目標を設定し、自分で評価するというセルフコントロールの考えがある。これが人事評価と結びつくと困った問題を生じることになる。つまり易しい目標を設定して、達成率を上げるということである。この達成率を人事評価にもってくると公平・公正の観点から問題が生じる。評価に当たっ

ては、図表3－52に示すように目標のレベルを考慮する必要がある。

【図表3－52】 個人目標の評価

個人目標の評価 ＝ 内容水準 ＋ 達成状況

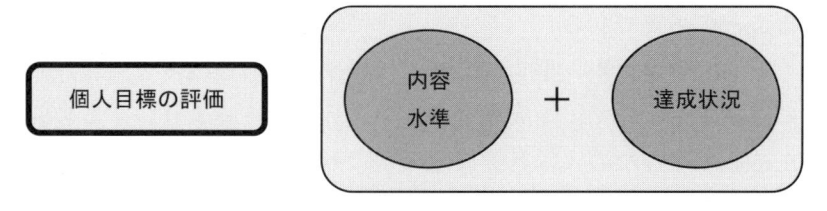

図表3－53は個人目標の評価基準である。評価「5」の前半部分「設定された個人目標はよく検討され、十分納得性があり」は目標の内容・水準、後半の「達成基準通りに達成された」は達成状況になっている。

【図表3－53】 個人目標　評価基準

評価	評　価　基　準
5	設定された個人目標はよく検討され、十分納得性があり、達成基準どおりに達成された
4	設定された個人目標は検討され、納得性のあるものであり、ほぼ達成基準近く達成された
3	設定された個人目標は大体妥当であったが、達成基準を少し下回る達成度合であった
2	設定された個人目標は妥当性にやや欠け、達成基準を下回るやや残念な達成度合であった
1	設定された個人目標は妥当性に欠け、達成基準を大幅に下回る全く不十分な達成度合であった

目標の内容・水準は、放っておけば、段々下がることが必定で、これを下げないようにする工夫が必要である。トライアングル人事システムでは、図表3－54に示すように役割期待評価項目に「達成志向性」の評価項目を設け、目標のレベル低下を防いでいる。

【図表3-54】 役割期待評価項目「達成志向性」

達成志向性	個人目標の設定において、チャレンジングな目標を設定し、それを最終的に達成するまで諦めずに粘り強く取り組み、様々な方法を駆使して質的あるいは量的に目標以上の成果を目指して取り組んでいたかを評価する項目

(4) 個人目標の評価得点の計算

個人目標の評価得点の計算は業績評価得点の計算のやり方と同じである。

$$ウエイト \times \frac{個人目標の評価結果}{5}$$

【図表3-55】 個人目標の得点計算の例

区 分	目標項目	ウエイト	評価	計算方法	得 点
1	A	30%	5	$30 \times \frac{5}{5}$	30
2	B	20%	4	$20 \times \frac{4}{5}$	16
3	C	20%	4	$20 \times \frac{4}{5}$	16
4	D	20%	3	$20 \times \frac{3}{5}$	12
5	E	10%	3	$10 \times \frac{3}{5}$	6
				合 計	80

6　部門業績評価

(1)　部門業績とは

　部門業績とは図表３－56に示すとおり「部門の目的の達成度合い・実現度合い」と定義する。このように定義すると「部門の目的」を持たない部門はないはずであるから部門業績はどの部門にもあるということになる。「売上高や利益が計算できる営業部門なら部門業績は分かるが、総務や経理といった管理部門にも部門業績はあるのでしょうか」という質問を受けることがあるが、「管理部門も必要性があるから置いているのであり、部門の目的がある。部門の目的がある限り部門業績はある！」のである。

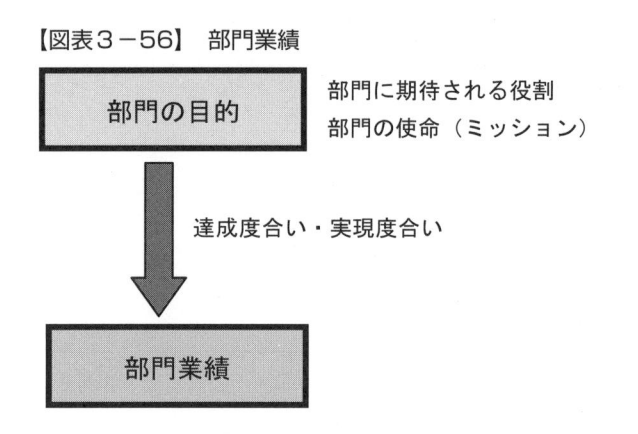

【図表３－56】　部門業績

```
┌─────────┐  部門に期待される役割
│ 部門の目的 │  部門の使命（ミッション）
└─────────┘
      │  達成度合い・実現度合い
      ▼
┌─────────┐
│  部門業績  │
└─────────┘
```

　ここで「部門の目的」というのは、Ｃ.Ｉ.バーナードがいう組織成立の三要素である「共通の目的」を指している。Ｃ.Ｉ.バーナードはその著書「経営者の役割」の中で「組織は、①相互に意思を伝達できる人々がおり、②それらの人々は行為を貢献しようとする意欲をもって、③共通目的の達成をめざすときに、成立する」として、組織成立の必要十分条件として　①コミュニケーション　②協働意欲　③共通の目的を挙げている（図表３－57）。

【図表3-57】 C.I.バーナードの「組織成立の三要素」

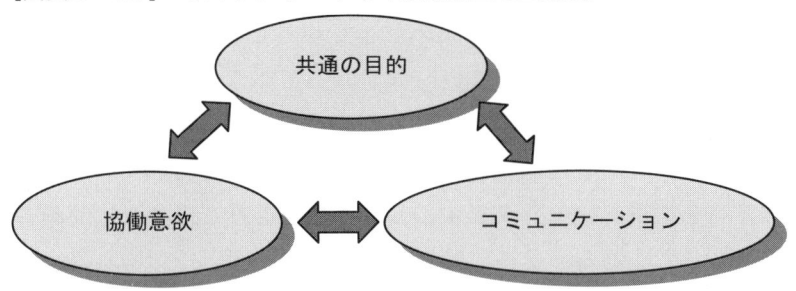

```
           共通の目的
          ／        ＼
    協働意欲  ←→  コミュニケーション
```

部門業績については、第Ⅱ章2（4）部門業績を忘れない（38～44ページ）を読み直していただきたい。

(2) 管理部門の部門損益計算

部門業績を考える場合、売上・利益等の数値で業績を捉えることができる営業部門はよいが、総務部門や経理部門は売上・利益がないので、数値で部門業績を捉えることが出来ないのではないか。従って部門業績の対象となる部門は営業部門、製造部門ぐらいではないかと考える人は多い。

営業部門は売上、費用が把握できるので利益計算は簡単である。多くの企業では**図表3-58**の右列に示すような計算で行っている。その場合、本部経費は実際に発生した額を計上している。

その場合、次のような問題が発生する。

本部経費は実際発生した額を計上するので、本部経費に圧縮圧力が働かない。本部の総務・経理部門がだらだら仕事をして残業代が嵩んでも、余分な人員をかかえても表面化せず、営業部門に負荷される。

これを打破するには**図表3-58**の左列に示すように、管理部門にも売上を計上するようにし、費用を控除して利益を計算するようにすればよい。管理部門に売上を計上することができるのか

Ⅲ　トライアングル人事システムの具体的内容　179

という疑問を抱かれる方もあろう。管理部門の売上は次のように考えればよい。例えば経理部をとって考えてみる。経理部の業務を分析すると、どの業務に何時間かかっているかが分かる。これをアウトソーシングするとすればどのくらいの金額になるか、見積もればよい。最近はアウトソーシングも普及してきており、経理業務をアウトソーシングする会社に見積もりを求めれば簡単に見積もってくれる。その見積もり額が年間80百万円であれば、これを経理部門の売上と考えればよいわけである。別に外部にアウトソーシングしないで内部で行うことにして、つまり内部で請負契約を結んで、内部売上高を80百万円（年間）とすればよいのである。この売上に対して人件費・経費といったコストを差し引けば利益が計算出来る。

　管理部門としてはできる限り売上は多い方が利益は出るが、営業部門は管理部門の売上が多いと本部経費に跳ね返って利益の減少になる。管理部門の売上高に対する抑制機能が働くのである。管理部門は、売上を上げること、コストを下げることにより利益が増加するので、なんとか売上を上げようと努力するようになるし、コストを下げようと努力するようになる。

　管理部門の部門別損益計算の構造を示したのが図表3－59に示す管理部門・部門別損益計算の仕組みである。

　これの説明は図表3－60に示している。但し紙数の関係からここでは概要を示すに留める。詳しくは拙著『管理部門生産性向上システム（日本生産性本部生産性労働情報センター刊）』をご参照願いたい。

【図表3−58】 部門損益計算の仕組み

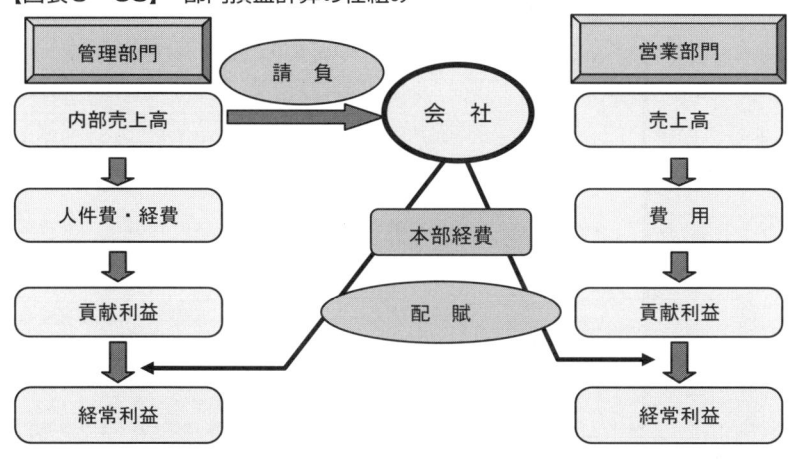

```
管理部門                請 負              営業部門
  ↓                      →                  ↓
内部売上高              会 社              売上高
  ↓                    ╱  ╲                ↓
人件費・経費        本部経費              費 用
  ↓                ╱      ╲                ↓
貢献利益      ←── 配 賦 ──→          貢献利益
  ↓                                        ↓
経常利益                                経常利益
```

【図表3−59】 管理部門・部門別損益計算の仕組み

勘定科目		番号	備考
内部売上高	定常業務売上高	①	
	定常業務売上高の増減額	②	
	改善開発業務売上高	③	
	突発業務売上高	④	
	内部売上高　計	⑤	⑤＝①＋②＋③＋④
人件費	社員人件費	⑥	
	時間外手当	⑦	
	雑給	⑧	
	他部・課へ応援する	⑨	
	他部・課から応援を受ける	⑩	
	人件費　計	⑪	⑪＝⑥＋⑦＋⑧−⑨＋⑩
直接統制経費		⑫	
販売費及び一般管理費　計		⑬	⑬＝⑪＋⑫
貢献利益		⑭	⑭＝⑤−⑬
本部経費配賦額		⑮	
経常利益		⑯	⑯＝⑭−⑮

【図表3-60】 管理部門　部門別損益計算の仕組みの説明

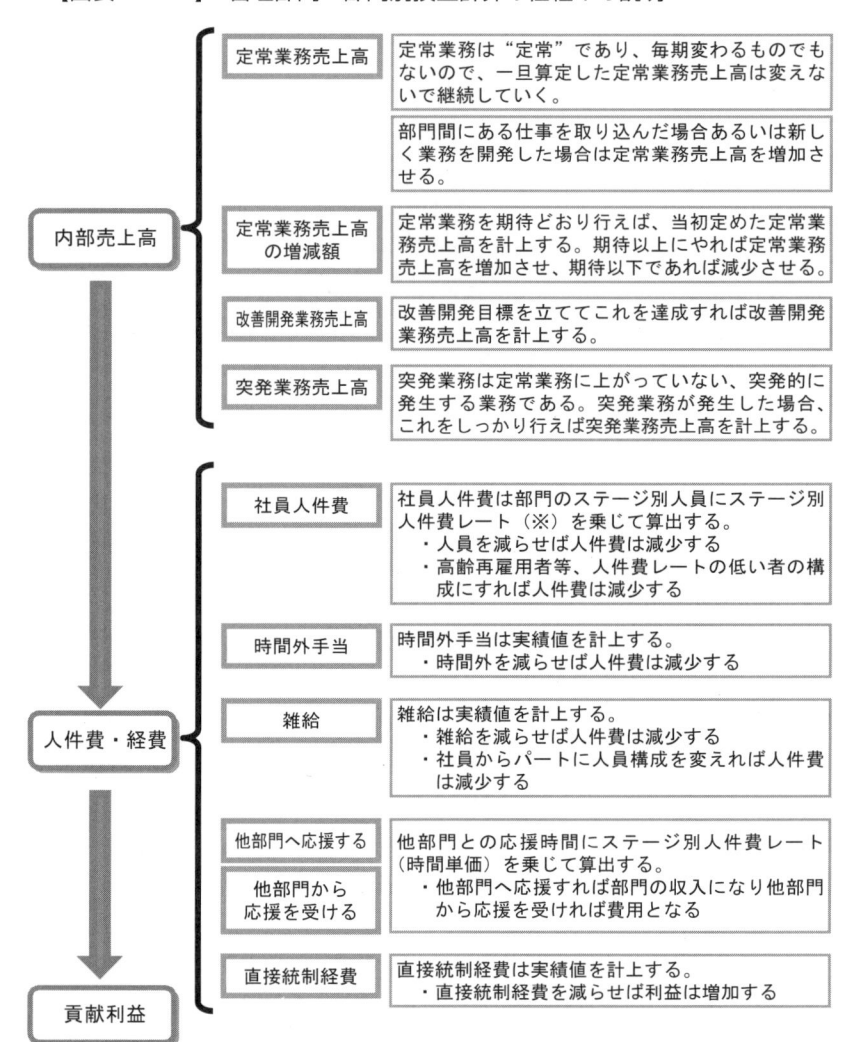

区分	項目	内容
内部売上高	定常業務売上高	定常業務は"定常"であり、毎期変わるものでもないので、一旦算定した定常業務売上高は変えないで継続していく。
		部門間にある仕事を取り込んだ場合あるいは新しく業務を開発した場合は定常業務売上高を増加させる。
	定常業務売上高の増減額	定常業務を期待どおり行えば、当初定めた定常業務売上高を計上する。期待以上にやれば定常業務売上高を増加させ、期待以下であれば減少させる。
	改善開発業務売上高	改善開発目標を立ててこれを達成すれば改善開発業務売上高を計上する。
	突発業務売上高	突発業務は定常業務に上がっていない、突発的に発生する業務である。突発業務が発生した場合、これをしっかり行えば突発業務売上高を計上する。
人件費・経費	社員人件費	社員人件費は部門のステージ別人員にステージ別人件費レート（※）を乗じて算出する。 ・人員を減らせば人件費は減少する ・高齢再雇用者等、人件費レートの低い者の構成にすれば人件費は減少する
	時間外手当	時間外手当は実績値を計上する。 ・時間外を減らせば人件費は減少する
	雑給	雑給は実績値を計上する。 ・雑給を減らせば人件費は減少する ・社員からパートに人員構成を変えれば人件費は減少する
	他部門へ応援する 他部門から応援を受ける	他部門との応援時間にステージ別人件費レート（時間単価）を乗じて算出する。 ・他部門へ応援すれば部門の収入になり他部門から応援を受ければ費用となる
	直接統制経費	直接統制経費は実績値を計上する。 ・直接統制経費を減らせば利益は増加する
貢献利益		

※ステージ別人件費レートは、ステージ別の賃金格差構造に着目して図表3－61のように人件費レートを設定しておくものである。これを使えば部門の人件費は簡単に計算できる。たとえばY社の総務部のステージ別人員構成が図表3－62のとおりであったとき、人件費は図表3－62に示すように7,786千円（月間）と算定できる

【図表3-61】 ステージ別人件費レート　月単位　日単位　時間単位

ステージ	ステージ別人件費レート		
	月単位	日単位	時間単位
執行役員	1,082,000円	51,500円	6,440円
Ⅷ	962,000円	45,800円	5,730円
Ⅶ	871,000円	41,500円	5,190円
Ⅵ	781,000円	37,200円	4,650円
Ⅴ	691,000円	32,900円	4,110円
Ⅳ	571,000円	27,200円	3,400円
Ⅲ	481,000円	22,900円	2,860円
Ⅱ	391,000円	18,600円	2,330円
Ⅰ	301,000円	14,300円	1,790円
高齢者	391,000円	18,600円	2,330円

【図表3-62】 部門人件費の算定（Y社　総務部）

ステージ	人数	ステージ別人件費レート（月単位）	部門人件費（月間）
執行役員	1人	1,082,000円	1,082,000円
Ⅷ	1人	962,000円	962,000円
Ⅶ		871,000円	
Ⅵ	2人	781,000円	1,562,000円
Ⅴ		691,000円	
Ⅳ	2人	571,000円	1,142,000円
Ⅲ		481,000円	
Ⅱ	3人	391,000円	1,173,000円
Ⅰ	1人	301,000円	301,000円
高齢者	4人	391,000円	1,564,000円
合計	14人	─	7,786,000円

Ⅲ　トライアングル人事システムの具体的内容

(3) 部門業績評価制度構築のステップ

部門業績を「部門目的の達成度合い・実現度合い」と定義した。このように定義した部門業績を的確に評価する仕組みを構築する必要がある。「的確に」とは次のようなことを意味している。

① 経営理念、経営目標に沿ったものであること
② 評価項目を達成すれば部門の目的が達成したといえるようなものであること
③ 評価項目に漏れや重複がないこと
④ 実際に測定が可能で、評価できること
⑤ 評価項目とウエイトが適正で、バランスがとれており、その評価結果に社内の大方の納得が得られるようなものであること

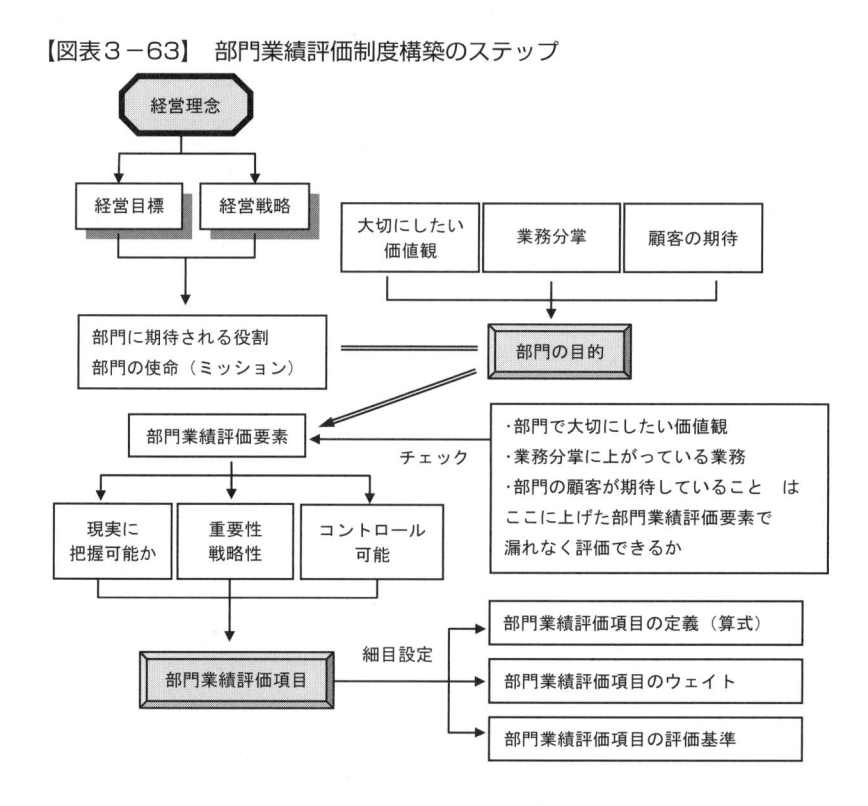

【図表3-63】 部門業績評価制度構築のステップ

このような部門業績評価制度を構築するためには、図表３－63のようなステップを踏んで慎重に評価項目とウエイトを選定する必要がある。
　次にこのステップに従って詳細を述べる。

(4) 部門の目的の設定

　部門業績とは「部門の目的の達成度合い・実現度合い」と定義した。部門業績をきちんと評価するためには「部門の目的」をしっかり掴むことが必要である。「部門の目的」を誤った方向で理解していると「部門の業績」も誤ったものになり、部門の一生懸命の努力が企業・組織の目指すものとはかけ離れたものになり、結局徒労に終わるということにもなる。

　「経営理念」や「経営目標」を実現するために、組織化が行われ、部門が組成される。「部門の目的」とは「部門に期待される役割」「部門の使命（ミッション）」ということである。「業務分掌」というのがあるが、これは部門の行う業務を列挙したもので「部門の目的」ではない。「部門の目的」とは、これら業務を何の為に行っているかの「何」ということになる。

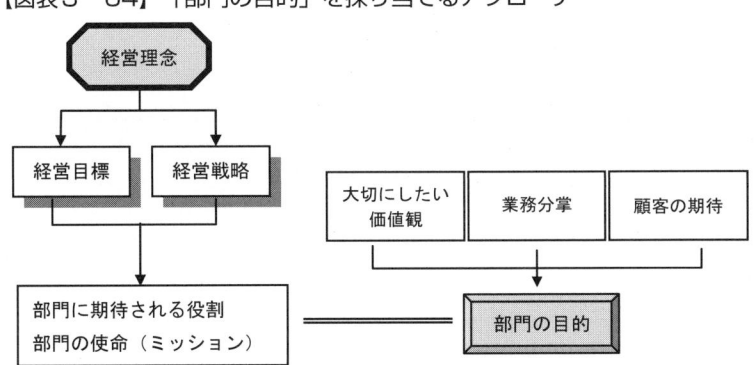

【図表３-64】「部門の目的」を探り当てるアプローチ

「部門の目的」をきちんと把握することが、部門業績評価制度構築の最初に行うことになる。「部門の目的」を把握するためには、筆者は「大切にしたい価値観」「業務分掌」「顧客の期待」の三つのアプローチが有効であると考えている。

　部門の目的は何かを、図表３－65に示すワークシートに基づいて追求する。図表３－66、図表３－67は部門の目的追求を行った例である。

【図表３－65】　部門の目的の追求ワークシート

```
          ┌─────────┐
          │ 経営理念 │
          └────┬────┘
        ┌──────┴──────┐
        │             │
   ┌────▼───┐   ┌────▼────┐
   │ 経営目標│   │ 経営戦略│
   └────────┘   └─────────┘
```

大切にしたい価値観	業務分掌	顧客の期待
部門にとって大切な価値観は何ですか。これら価値観を守り、大切にしようとするのは「何」のためなのですか？「何」をするために必要なのですか？この「何」が部門の目的です。	部門の業務分掌は、部門が行うことを列挙していますが、これは必ずしも「目的」を表わしているとは限りません。多くは組織の「目的」を実現するための「手段」が列挙されています。部門の目的とは、これら「手段」を実施して実現しようとする「何か」なのです。	部門にとっての顧客とは誰を指しますか。その顧客は部門に何をして欲しいと期待しているのですか？顧客満足の観点から、部門の目的を見つけて下さい。

部門に期待される役割	部門の使命（ミッション）	部門の目的

【図表3-66】「部門の目的」の例（S社）

部　門	部門の目的
営業課	商品を販売することだけでなく、速やかに有益となる情報を提供し、顧客の満足を得る。
営業事務課	顧客や営業部門からの注文を正確に受理し、取引を円滑に成立させる。 顧客への情報提供を正確かつ迅速に行い、顧客満足度を高めることにより、営業部門の業績向上に貢献する。
人事部	意欲あふれる人材を確保し、適切な環境と公平な処遇により活力あふれる社員の育成を支援する。 常に次世代を見据えた視点に基づき、先進性ある企業づくりを行うと同時に、生産性の高い労務管理と正しい人事記録の集積により企業の発展を支援する。
総務課	正確な業務の遂行と、迅速かつ適切なサービスの提供により、現場の業務遂行を支援する。
経理課	月次資料の提供等を迅速かつ的確に行い、関係各部署への支援を行う。

【図表3-67】「部門の目的・大切にしたい価値観」の例（E社）

部　門	大切にしたい価値観	部門の目的
営業企画室	(1) 企画力 　①企業倫理 　②マーケット・リサーチ力（顧客ニーズの把握、掘り起こし） 　③情報に対する感度 　④調査・分析・洞察力 　⑤問題発見 (2) 信念 　①戦略・戦術の提言と実施のフォロー 　②経営トップ層への進言と補佐 (3) 生産性 　①業務の計画的遂行 　②少数精鋭 　③イノベーション（技術革新）	情報収集と分析を通じて的確な営業戦略を策定し、経営トップを補佐するとともに、営業部門の業績分析や営業ツールの提供を通じて営業部門の目標達成を支援する。
人事課	(1) 温かい心 　①人間性尊重 　②育成 　③自己実現促進 　④適材適所 　⑤理解・納得 (2) 生産性 　①計画的業務遂行 　②業務の効率的遂行 (3) 革新性 　①業務の改善 　②環境の変化に対する新しい着意	当社に必要な人材を新卒市場および一般労働市場から、十分な理解と納得を得て採用し、これら人材の、士気が高揚するような環境を整え、職務を通じた成長を支援する。

(5) 部門業績評価要素の設定

「部門の目的の達成度合い・実現度合い」を的確に把握するためには、どのような視点が考えられるか、その視点を「部門業績評価要素」という。

「部門の業績」を漏れなく的確に把握できる要素を出来る限り多く挙げる。これが部門業績評価要素である。部門業績評価要素は実際に把握できるかどうかは関係なく、できる限り多く挙げることが重要である。

部門業績評価要素は売上や利益といった財務的成果ばかりでなく、図表3－68に示すように「成果」「品質」「効率」「革新」等の観点から幅広く検討し取り上げることが重要である。これはバランススコアカードの考えと似ている。

この「部門業績評価要素」は「部門業績評価項目」と概念が違う。「部門業績評価項目」より大きな概念であると理解していただきたい。「部門業績評価要素」と「部門業績評価項目」との違いは次のとおりである。

営業部門の業績を測る基準として「売上高」がある。「売上高」というのは「部門業績評価要素」である。しかし「売上高」だけでは評価できない。評価というのは何かと比べることによって初めて評価できる。目標と比べると「売上高目標達成率」になる。前年同期の売上高と比べると「売上高対前年同期伸長率」となる。この「売上高目標達成率」や「売上高対前年同期伸長率」が「部門業績評価項目」である。

「部門で大切にしたい価値観」「業務分掌に上がっている業務」「部門の顧客が期待していること」は、ここに挙げた「部門業績評価要素」で漏れなく掴むことができるかどうかをチェックする。

部門業績評価要素の実例を示すと図表3－69のようになる。

【図表3-68】 部門業績評価要素の体系

大　分　類		小　分　類
成果	製品・商品・サービスの提供 その提供から得られる成果	財務的成果	・部門貢献利益 ・これに関連する項目として 　　売上高 　　売上総利益 　　原価　等、 　　財務計数から導き出される成果
		非財務的成果	・部門貢献利益、売上高等財務的成果に準ずる非財務的成果 　　新規取引件数 　　契約件数 　　生産高　等
品質	製品・商品・サービスの品質	顧客満足性	・顧客満足 ・フェアネス、社会規範の遵守 ・社会に貢献　等
		信頼性	・製品の品質 ・業務の確実性 ・サービスの信頼性 ・クレーム　等
効率	製品・商品・サービス提供の効率・早さ	生産性	・インプットに対するアウトプットの比率 ・一人当たり付加価値　等
		迅速性	・迅速なサービス ・処理速度 ・製品開発の早さ　等
革新	製品・商品・サービスの革新 社内管理システム等の革新	革新性	・変化に対する柔軟性と積極性 ・改善・開発　等

※表のレイアウト：大分類は2列（大分類名とその説明）、小分類は2列（小分類名と内容）に分かれている。

【図表3-69】 部門業績評価要素の例（N社）

部門名	営業企画室			
項目		部門業績評価要素	業績評価要素の目的	業績評価要素の説明
成果	財務的成果	R営業の受入手数料		
		R営業の営業利益		
		部門貢献利益	・生産性	
	非財務的成果			
品質	顧客満足性	R営業への支援	・R営業への適切なサポート	・情報収集、分析、提供 ・顧客ニーズの把握、掘り起こし ・営業ツールの提供 ・業績分析、問題提起 ・R営業の能力開発
		経営トップの補佐	・経営トップへの適切なサポート	・情報収集、分析、提供 ・問題提起 ・営業戦略、戦術の提言
	信頼性	定常業務の質と量	・出来映え ・ミス	・R営業部営業計画に関する事項 ・R営業部業績管理に関する事項 ・R営業部収支管理に関する分析事項 ・R営業部社員に対する研修 ・講演会の実施 ・営業広告の作成 ・リストの提供と管理 ・R営業部支援ツール（資料、チャート、リスト、手紙等）の提供に関する事項
効率	生産性			
	迅速性	定常業務の質と量	・納期	
革新	革新性	改善・開発目標	・創意工夫・改善 ・メンバーの能力開発 ・コンピュータ化	・収益拡大への創意工夫 ・環境変化に対する新しい着意

(6) 部門業績評価項目の設定
① 部門業績評価要素の絞り込み

次に「部門業績評価要素」として挙げた項目に基づいて「部門業績評価項目」を設定する。その場合「現実に把握可能か」「重要性・戦略性」「コントロール可能か」の観点から絞りこむ。

【図表3-70】 部門業績評価項目の設定

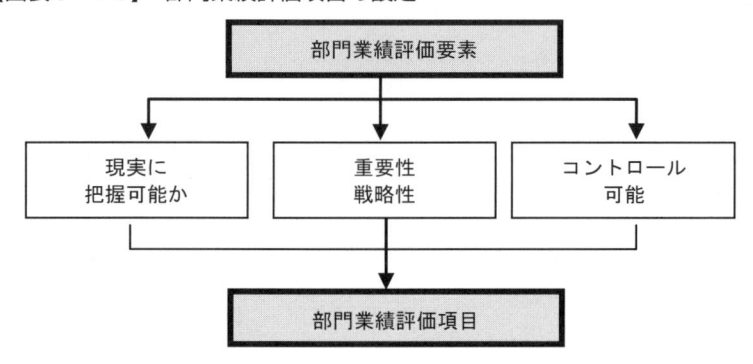

```
            ┌──────────────┐
            │ 部門業績評価要素 │
            └──────────────┘
              ↓      ↓      ↓
    ┌─────┐ ┌─────┐ ┌─────┐
    │現実に│ │重要性│ │コントロール│
    │把握可能か│ │戦略性│ │可能│
    └─────┘ └─────┘ └─────┘
              ↓      ↓      ↓
            ┌──────────────┐
            │ 部門業績評価項目 │
            └──────────────┘
```

a 現実に把握可能か

部門業績評価をするためには、それが現実に評価できることが必要である。標準原価計算制度が整備されていない会社で、いくら原価差異が重要だといっても、これを部門業績評価項目にすることはできない。社内のコンピュータシステム、部門別損益計算システム、原価管理システム等の整備状況をみて現実に数値が把握できるものを評価項目とすることが必要である。また数値の把握は努力すればできるが、通常の運用ではやや困難であるものは長続きしない。

b 重要性・戦略性はどうか

部門業績評価項目は総花的にあれもこれもというのではなく、戦略性、重要性に基づいてポイントを絞った項目にする必要がある。経営理念、経営目標、経営戦略に沿った部門業績評価項目にする。

c　コントロール可能か

　部門の管理者がコントロールできない項目は管理者をむなしくさせるだけである。製造部門の業績評価項目に「生産高目標達成率」というのがあるが、受注生産の場合は、生産高は営業部門の受注如何による。いくら製造部門が生産高を上げようとしても受注がなければ生産高を上げることはできない。部門の管理者がコントロールできる項目を部門業績評価項目にする必要がある。

② 　部門業績評価項目の体系

　部門業績評価項目は大きく規定評価項目と自由評価項目の二つの体系に整理できる。これを表示したのが図表3－71である。

　　a　規定評価項目

　規定評価項目はあらかじめ何で評価するか定まっている評価項目である。「成果」「品質」「効率」「革新」の四つのカテゴリーから構成される。「部門の目的の達成度合い・実現度合い」を的確に把握するという観点から適切な評価項目を選定する。

　　1）　成果

　成果とは、製品・商品・サービスの提供、その提供から得られる成果をいう。成果は更に財務的成果と非財務的成果に分けられる。

　　　i　財務的成果

　部門売上高目標達成率、部門売上総利益目標達成率、部門貢献利益目標達成率等、財務諸表や内部管理会計計数から導き出される成果を評価する項目である。

　　　ii　非財務的成果

　新規取引件数目標達成率、契約件数目標達成率等、非財務的成果がその内容になる。

　　2）　品質

　品質とは、製品・商品・サービスの品質をいう。「品質」は顧

【図表3-71】 部門業績評価項目の体系

大分類	中分類			小分類
規定評価項目 あらかじめ何で評価するか定まっている評価項目	成果	製品・商品・サービスの提供、その提供から得られる成果	財務的成果	部門売上高目標達成率 部門貢献利益目標達成率　等 財務計数から導き出される成果
			非財務的成果	新規取引件数目標達成率 契約件数目標達成率　等 非財務的成果
	品質	製品・商品・サービスの品質	顧客満足性	顧客満足度
				顧客クレーム削減率　等
			信頼性	定常業務の質と量等
	効率	製品・商品・サービス提供の効率・速さ	生産性	一人当たり売上総利益目標達成率　等
			迅速性	在庫回転率目標達成率　等
	革新	製品・商品・サービスの革新	革新性	改善提案件数目標達成率　等
自由評価項目	規定評価項目のようにあらかじめ定まっているのではなく、その時の重要性に応じて自由に目標を設定する。		部門重点施策	成果・品質・効率・革新といったカテゴリーの中で、自由に目標を設定する。 ・改善開発目標 ・規定評価項目を達成するための具体的手段・方策等

客満足性、信頼性等から構成される。
　　　　ⅰ　顧客満足性
　顧客満足度、顧客クレーム削減率等が顧客満足性の内容になる。
　　　　ⅱ　信頼性
　定常業務の質と量等が信頼性の内容になる。
　　　3）　効率
　効率とは、製品・商品・サービス提供の効率・早さをいう。効率面で企業業績に貢献したかを問う。「効率」は生産性、迅速性等から構成される。
　　　　ⅰ　生産性
　一人当り売上総利益目標達成率等が生産性の内容になる。
　　　　ⅱ　迅速性
　在庫回転率目標達成率等が迅速性の内容になる。
　　　4）　革新
　革新とは、製品・商品・サービスの革新、社内管理システム等の革新をいう。
　　　　ⅰ　革新性
　改善提案件数目標達成率等が革新性の内容になる。革新性は自由評価項目の「部門重点施策」で取り上げられることが多いのではないかと思われる。
　　b　自由評価項目
　自由評価項目は、規定評価項目のようにあらかじめ定まっているのではなく、その時の重要性に応じて自由に目標を設定するものである。具体的には「部門重点施策」として「成果」「品質」「効率」「革新」の四つのカテゴリーの中で自由に目標を設定する。目標の内容としては、「改善開発目標」や「規定評価項目を達成するための具体的手段・方法等を目標にしたもの」になる。

③ 規定評価項目と自由評価項目

　部門業績評価項目は規定評価項目と自由評価項目の二つで構成されるので、評価がダブらないように注意する必要がある。つまり規定評価項目に挙げた項目（例えば売上高目標達成率）は自由評価項目（部門重点施策）では挙げないようにする必要がある。また評価項目によって規定評価項目として挙げる方がよいものと、自由評価項目として挙げる方がよいものがある。評価項目の特質をよく考えて選定する。

　　a　規定評価項目として挙げる方がよいもの
　　　1）　評価項目、ウエイト、評価基準が明確に設定されるので、部門業績評価の公平性、明確性、方針性の観点から、しっかり決めて行った方がよいと考えられるものは規定評価項目とした方がよい。
　　b　自由評価項目（部門重点施策）として挙げた方がよいもの
　　　1）　「革新」に上がる改善・開発目標は、その都度内容が変わるので部門重点施策に挙げる方がよい。
　　　2）　評価項目とするかどうかは経営方針や部門方針によってよく変わるものは、固定的な規定評価項目としないで、弾力的に運用できる部門重点施策にその都度目標設定して行う方がよい。

　部門業績評価要素と部門業績評価項目の体系を具体例で示したのが図表３－72である。

【図表3-72】 部門業績評価要素・部門業績評価項目の体系（具体例）

項目区分			部門業績評価要素	部門業績評価項目
規定評価項目	成果	財務的成果	・売上高 ・原価 ・売上総利益 ・貢献利益 ・利益率 ・原価差異	・売上高目標達成率 ・売上高対前年同期伸長率 ・売上総利益目標達成率 ・貢献利益目標達成率 ・売上総利益率目標達成率 ・標準原価対実際原価比率 ・経費予算使用率
		非財務的成果	・契約件数 ・新規取引件数 ・生産高 ・生徒数 ・受注残高	・契約件数目標達成率 ・新規取引件数目標達成率 ・生産高目標達成率 ・生徒数目標達成率 ・生徒数対前年伸長率 ・受注残高目標達成率
	品質	顧客満足性	・顧客満足 ・構成員満足	・他部門への支援度 ・顧客満足度 ・構成員満足度
		信頼性	・ミス ・不良 ・返品 ・顧客クレーム ・納期確守	・定常業務の質と量 ・不良率削減率 ・返品率削減率 ・顧客クレーム件数削減率 ・納期確守率
	効率	生産性	・一人当り売上高 ・一人当り売上総利益高 ・人時生産性 ・一人当り処理件数 ・一人当り生産高	・一人当り売上高目標達成率 ・一人当り売上総利益高目標達成率 ・人時生産性目標達成率 ・一人当り処理件数目標達成率 ・一人当り生産高目標達成率
		迅速性	・納期短縮 ・開発期間短縮 ・客待ち時間 ・段取り時間	・納期短縮件数目標達成率 ・平均開発期間削減率 ・平均客待ち時間削減率 ・平均段取り時間削減率
	革新	革新性	・提案件数 ・標準原価低減	・提案件数目標達成率 ・標準原価低減率目標達成率
自由評価項目	成果 品質 効率 革新		・部門重点施策	・部門重点施策達成率 　（改善・開発目標） 　（手段目標） 　（重点目標）

Ⅲ　トライアングル人事システムの具体的内容

(7) 部門業績評価項目の定義、ウエイト、評価基準の設定

部門業績評価項目の選定が終わったら部門業績評価項目の定義（算式）、ウエイト、評価基準を明確にしていく。

① 部門業績評価項目の定義（算式）

部門業績評価項目の名前をみれば、何を意味しているかは大体分かるが、後で解釈を間違わないようにしっかりと定義しておく。

例えば売上高目標達成率であれば次のようになる。

$$売上高目標達成率 = \frac{売上高実績}{売上高目標} \times 100$$

但し、売上高目標達成率等については次のような計算もあるので、その内容にまで立ち入って、しっかりと定義しておくことが肝要である。

  a　部門業績評価対象期間（通常は6カ月）を通した売上高で目標達成率を計算する
  b　1ヵ月毎に売上高目標に対する達成率を計算し、これを平均して期間の売上高目標達成率とする

② 部門業績評価項目のウエイト

全体が100％になるように、部門の目的・特性を考えながら、重要度に応じてウエイトを設定する。他の部門とのバランスも考える必要がある。

また経営上の戦略部門に対しては、110％、120％と100％以上に設定することも考えられる。

「未徴求書類件数」等は、ペナルティとして減点とすることもできる。

③ 部門業績評価項目の評価基準

評価は原則として次のように5段階評価とする。評価項目のタイプは「目標達成率タイプ」「絶対額タイプ」「得点タイプ」「定

性的タイプ」「減点タイプ」等に分けられる。評価項目のタイプによってそれぞれ評価基準の考え方は異なる。**図表３－73**のようにしっかりと定めておく。

【図表３－73】　部門業績評価項目の評価基準－１

タイプ	代表的な評価項目	評　価　基　準				
		5	4	3	2	1
目標達成率	売上目標達成率	×≧110%	×≧100%	×≧90%	×≧80%	×<80%
絶対額	売掛金回収率	×≧95%	×≧90%	×≧85%	×≧80%	×<80%
得　点	部門重点施策	×≧85点	×≧76点	×≧60点	×≧50点	×<50点
定性的	定常業務の質と量	定常業務の質と量　評価基準（図表３－79　204ページ）参照				

減　点	未徴求書類件数		×≦2件	×≧3件	×≧10件	×≧20件
		減点	0点	△2点	△4点	△6点

a　目標達成率タイプ

　売上高目標達成率が代表的な評価項目である。目標を100％達成したら「5」とするのか「4」とするのかは企業・組織によって考え方が異なる。5段階評価の考えからすると「5」は、期待・要求される水準であるので、目標というものを期待・要求される水準と考えれば100％達成したら「5」とするのが至当と思われる。しかし企業・組織によっては100％達成して力を抜かれては困る、もっと貪欲に売上を伸ばしてもらいたいと考える企業・組織もあるであろうし、部門によっては100％達成できそうになれば売上を翌期に回すという行動に出ることも考えられる。そうであれば100％以上達成したら「4」とし、110％以上達成したら「5」とすることも一理ある。ここはその企業・組織がどの

ように考えるかで決めたらよいと思う。

また、この問題を解決するのに図表3-74のように「6」「7」という評価基準を設定することも考えられる。

【図表3-74】　部門業績評価項目の評価基準-2

評価項目	評　価　基　準						
	7	6	5	4	3	2	1
売上目標達成率	x≧120%	x≧110%	x≧100%	x≧95%	x≧90%	x≧80%	x<80%

目標達成率で評価する場合、分母に小さな数字がくる場合は、達成率の数値が大きくぶれる。例えば利益については目標額がゼロ（収支トントン）に近ければ、その達成率は大きくぶれる。利益は売上高に比べて数値が小さいので、評価基準はそのことを考慮して設定する必要がある。

b　絶対額タイプ

絶対額タイプは売掛金回収率、在庫回転率のように、企業が期待する基準値が定まっている評価項目のタイプである。企業が期待・要求する基準値を「5」のレベルに設定すればよい。

c　得点タイプ

得点タイプは「部門重点施策」のように、100点満点で算定される評価項目のタイプである。「部門重点施策」ではその中で展開している施策毎に5段階評価して得点を計算するので、それに対応するように評価基準を設定する。「部門重点施策」の中で展開している施策の評価がオール「3」であれば60点になるので、部門業績評価の評価基準も「3」を60点以上とすればよい。得点タイプは5段階の評価に置き換えるのではなく、得点そのものを使って評価することも出来る。

d　定性的タイプ

定性的タイプは「定常業務の質と量」「他部門への支援度」の

ように、数値ではなく、どのような状態であるかを評価する評価項目のタイプである。文章で評価基準が表現されているので、それに基づいて評価する。

e　減点タイプ

減点タイプは「未徴収書類件数」のように、ミスとか遅れがあった場合、その程度によって減点するタイプである。

④　部門業績評価項目・ウエイト表、部門業績評価項目の定義（算式）、部門業績評価項目の評価基準

このようにして作成した部門業績評価項目・ウエイト表、部門業績評価項目の定義（算式）、部門業績評価項目の評価基準をY社の例で示せば図表3−75、図表3−76、図表3−77のようになる。

【図表3−75】　部門業績評価項目・ウエイトの例（Y社）

部門	部門重点施策	定常業務の質と量	他部門への支援度	部門受注高目標達成率	部門売上高目標達成率	部門貢献利益目標達成率	クレーム	原価差異	合計
総務部	30	10	10		20	30			100
経理部	30	10	10		20	30			100
営業部	30			20	20	20	10		100
開発部	40	10	10		20	20			100
製造部	30				10	20	10	30	100
品質管理部	30	10	10		20	30			100
生産管理部	30	10	10		20	30			100

【図表３－76】 部門業績評価項目の定義（算式）（Y社）

部門業績評価項目	部門業績評価項目の定義（算式）
部門重点施策	【別紙－１】部門業績評価表　部門重点施策（307ページ）
定常業務の質と量	【別紙－１】部門業績評価表　定常業務の質と量評価表（308ページ）
他部門への支援度	【別紙－１】部門業績評価表　他部門への支援度評価表（308ページ）
部門受注高目標達成率	$\dfrac{部門受注高実績}{部門受注高目標} \times 100$
部門売上高目標達成率	$\dfrac{部門売上高実績}{部門売上高目標} \times 100$
部門貢献利益目標達成率（※⑤部門貢献利益目標達成率の考え方（206～208ページ）参照）	$\left（1+\dfrac{部門貢献利益実績 - 部門貢献利益目標}{部門売上高目標 \times 0.3}\right） \times 100$
クレーム	$\dfrac{クレーム件数実績}{クレーム件数基準値} \times 100$
原価差異	$\dfrac{標準原価 - 実際原価}{標準原価} \times 100$

【図表3-77】 部門業績評価項目の評価基準の例（Y社）

部門業績評価項目	評価基準					
	6	5	4	3	2	1
部門重点施策	【図表3-78】部門重点施策（評価基準）					
定常業務の質と量	【図表3-79】定常業務の質と量（評価基準）					
他部門への支援度	【図表3-80】他部門への支援度（評価基準）					
部門受注目標達成率	x≧110%	x≧100%	x≧95%	x≧90%	x≧85%	x<85%
部門売上高目標達成率	x≧110%	x≧100%	x≧95%	x≧90%	x≧85%	x<85%
部門売上高目標達成率（管理部門 ※）	―	x≧106%	x≧103%	x≧100%	x≧90%	x<90%
部門貢献利益目標達成率	x≧140%	x≧100%	x≧70%	x≧50%	x≧20%	x<20%
部門貢献利益目標達成率（管理部門 ※）	―	x≧130%	x≧115%	x≧100%	x≧80%	x<80%
クレーム	―	x≦100%	x≦120%	x≦140%	x≦160%	x>160%
原価差異	x≧2%	x≧0%	x≧△3%	x≧△6%	x≧△10%	x<△10%

※管理部門は部門売上高目標達成率100％が「3」となっている。これは管理部門の売上高目標は前期と同額の目標を設定し、通常通り業務を行えば前期と同じ売上高が計上され、達成率は100％になるからである。つまり管理部門は通常の努力で100％を達成できるので「3」としている。
（詳しくは、拙著『管理部門生産性向上システム（日本生産性本部生産性労働情報センター刊）』をご参照いただきたい）

【図表3-78】 部門重点施策（評価基準）

評価	達 成 度 合
5	達成基準を達成している
4	達成基準をほぼ達成している
3	達成基準をやや下回っている
2	達成基準をほとんど達成していない
1	達成基準を全く達成していない

【図表3-79】 定常業務の質と量（評価基準）

評価	評 価 基 準		
	定常業務の出来映え	期日通り完遂	定常業務の量（効率）
5	ミスはなく、全面的に信頼できる。業務は極めて順調に遂行されている	期日どおりか、期日より早く完遂	少ない人数で多量の業務をテキパキと極めて効率よくこなしている
4	ミスはなく信頼できる。業務は極めて順調に遂行されている		人数に対する業務量はやや多めであり、これをテキパキと効率よくこなしている
3	ミスはほとんどなく、業務は通常どおり順調に遂行されている	ほぼ期日通り	人数に相応する業務量であり、期待通りの効率で業務を進めている
2	ミスは時々あり、業務に支障をきたすことが時々、所々ある	時々期日を遅れることがある	人数に較べて業務量がやや少なく、業務効率の悪さが目立つ
1	ミスがしばしばあり、業務に支障をきたしている	期日を遅れることがしばしばある	

【図表3−80】 他部門への支援度（評価基準）

評価	評価基準		
	確実性	タイムリー	他部門の立場に立った、更に踏み込んだサービスの提供
5	定められた支援業務は、確実に遂行され、他部門から全幅の信頼を得ている	タイムリーに支援	支援を受ける部門の立場・気持ちをよく理解し、定められた支援業務を超えて、更に踏み込んだサービスを提供しており、満足度は極めて高い
4	定められた支援業務は、確実に遂行され、他部門の業務も円滑に行なわれている		支援を受ける部門の立場・気持ちを理解し、定められた支援業務を超えて、更に踏み込んだサービスを提供しており、満足度は高い
3	定められた支援業務は、ほぼ確実に遂行されており、他部門の業務運営にとって支障をきたすことはない	ほぼタイムリーに支援	支援を受ける部門の立場・気持ちを理解しようとする気持ちはあるが、定められた支援業務を超えて、踏み込んだサービスを提供するまでに至っていない
2	定められた支援業務にミスがしばしばあり、他部門の業務運営に支障をきたすことが時々、所々ある	支援業務に遅滞をきたしている	支援を受ける部門の立場・気持ちを真剣に理解しようとせず、支援を受ける部門は不満を感じている
1	定められた支援業務にミスがしばしばあり、他部門の業務運営に支障をきたしている		支援を受ける部門の立場・気持ちを理解しようとせず、支援への使命感が薄く、支援を受ける部門は強い不満を感じている

Ⅲ　トライアングル人事システムの具体的内容

⑤ 部門貢献利益目標達成率の考え方

部門の貢献利益等の目標達成率は次のとおり行うが、分母がゼロまたはゼロに近い数字、分子、分母がマイナスの場合は、達成率の算定は困難である。

$$部門利益目標達成率 = \frac{部門利益実績}{部門利益目標} \times 100$$

その場合は分子、分母にある数（a）を加算する方法がある（図表3－81）。

$$部門利益目標達成率 = \frac{部門利益実績 + a}{部門利益目標 + a} \times 100$$

そして a は次の算式で算出した数字を使用する。

$$a = 部門売上高目標 \times 全社目標利益率 - 部門利益目標$$

このようにすると分母は、その部門の売上高目標に対する全社目標利益率による利益になる。これに対する達成率を評価するのであれば、全部門が同じ土俵で評価されることになり、公平ではないかと思われる。この方法による達成率の算定は分母がゼロまたはゼロに近い数字、分子、分母がマイナスの部門のみ行うのではなく、全部門に適用することが必要である。

分母は次のようになる。

$$分母 = 部門利益目標 + \underbrace{部門売上高目標 \times 全社目標利益率 - 部門利益目標}_{a}$$
$$= 部門売上高目標 \times 全社目標利益率$$

そして分子は次のようになる。

$$分子 = 部門利益実績 + \underbrace{部門売上高目標 \times 全社目標利益率 - 部門利益目標}_{a}$$
$$= 部門売上高目標 \times 全社目標利益率 + （部門利益実績 - 部門利益目標）$$

部門利益目標達成率は次のようになる。

部門利益目標達成率

$= \dfrac{部門売上高目標 \times 全社目標利益率 +（部門利益実績 - 部門利益目標）}{部門売上高目標 \times 全社目標利益率} \times 100$

$= 100 + \dfrac{部門利益実績 - 部門利益目標}{部門売上高目標 \times 全社目標利益率} \times 100$

この場合、全社目標利益率が低い場合は、分母が小さくなり、達成率が大きくブレるので、Y社では一律30％（売上総利益率程度）としている。こうすれば利益額はプラスであろうとマイナスであろうと計算できる。

【図表3-81】　部門利益目標達成率算定の構造

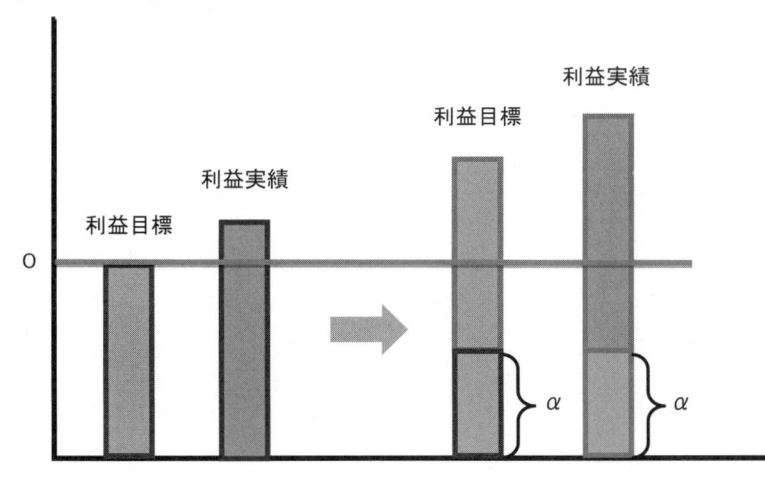

左側の利益目標は収支トントンでよいとして『0』となっている。これでは達成率は算定出来ない。そこで右側のように目標、実績が共に正の数値になるように『α』を加えると達成率は算定出来る。

【図表3-82】　部門利益目標達成率算定の例示　　単位　千円　％

番号	部門売上高目標	全社目標利益率	部門利益		差	利益目標達成率
			目標	実績	実績－目標	
1	100,000	30%	0	0	0	100.00%
2	100,000	30%	0	5,000	5,000	116.67%
3	100,000	30%	0	-5,000	-5,000	83.33%
4	100,000	30%	5,000	5,000	0	100.00%
5	100,000	30%	5,000	10,000	5,000	116.67%
6	100,000	30%	5,000	0	-5,000	83.33%
7	100,000	30%	-5,000	-5,000	0	100.00%
8	100,000	30%	-5,000	0	5,000	116.67%
9	100,000	30%	-5,000	-10,000	-5,000	83.33%
10	100,000	30%	10,000	-20,000	-30,000	0.00%
11	100,000	30%	-20,000	10,000	30,000	200.0%
12	500,000	30%	0	5,000	5,000	103.33%
13	500,000	30%	0	-10,000	-10,000	93.33%
14	500,000	30%	10,000	20,000	10,000	106.67%
15	500,000	30%	50,000	-50,000	-100,000	33.33%
16	500,000	30%	50,000	-10,000	-60,000	60.00%
17	500,000	30%	50,000	0	-50,000	66.67%
18	500,000	30%	50,000	10,000	-40,000	73.33%
19	500,000	30%	50,000	60,000	10,000	106.67%
20	500,000	30%	-50,000	0	50,000	133.33%

(8) 部門業績評価得点の計算

部門業績評価項目別の評価得点の計算は次のように行う。

① 部門重点施策の得点計算

$$部門重点施策項目別ウエイト \times \frac{部門重点施策項目別の評価結果}{5}$$

② 部門業績評価得点の計算

a 部門重点施策

$$部門重点施策ウエイト \times \frac{部門重点施策得点}{100}$$

b その他部門業績評価項目

$$部門業績評価項目別ウエイト \times \frac{部門業績評価項目別の評価結果}{5}$$

【図表３−83】 部門業績評価得点の計算

区分		部門重点施策項目	ウエイト	評価	計算方法	得点
部門重点施策	1	A	30%	4	$30 \times \dfrac{4}{5}$	24
	2	B	20%	3	$20 \times \dfrac{3}{5}$	12
	3	C	20%	4	$20 \times \dfrac{4}{5}$	16
	4	D	20%	5	$20 \times \dfrac{5}{5}$	20
	5	E	10%	4	$10 \times \dfrac{4}{5}$	8
合計						80

部門業績評価項目	ウエイト	評価	計算方法	得点
部門重点施策	30	80	$30 \times \dfrac{80}{100}$	24
定常業務の質と量	10	3	$10 \times \dfrac{3}{5}$	6
他部門への支援度	10	3	$10 \times \dfrac{3}{5}$	6
部門売上高目標達成率	20	4	$20 \times \dfrac{4}{5}$	16
部門貢献利益目標達成率	30	3	$30 \times \dfrac{3}{5}$	18
計	100			70

7　チャレンジ加点

チャレンジ加点は、第Ⅱ章2(2) 通常の評価では把握しきれないところも把握できるような仕組みを考える。(36～37ページ)
　① チャレンジングな成果を上げたらキチンと評価する
　② 評価者がいないところでの行動や結果をキチンと評価する
　③ 評価期間の途中で発生した仕事もキチンと評価する
に対応する仕組みである。

　上司が参加していないプロジェクトで高い貢献したとか、目標に掲げていること以外で高い貢献をしたとか、特許、著作、講演で高い貢献をしたとか、営業で売上目標・利益目標を大幅に上回って達成したとかは、通常の業績評価ではなかなか把握しづらいものである。これらは目標に設定して評価したらよいではないかと思われるが、目標にすると達成しなければ達成率が低くなり減点になる。また、やることが義務ではなく、何もないのが当たり前であるが、やったら素晴らしいというものがある。これは加点にした方がよい。チャレンジ加点はこのような考えに基づいている。チャレンジ加点は各企業・組織が独自の考えで構築すればよいが、A社の例を示すと図表3－84のとおりである。

【図表3－84】　チャレンジ加点の内容

チャレンジ加点	内　　容
プロジェクト加点	プロジェクトの遂行結果、卓越したパフォーマンスを挙げた場合、その業績貢献度を評価し加点する。
パーソナル加点	個人が上げた卓越したパフォーマンス（特許・実用新案出願、技術開発、商品・サービスの開発、新規顧客開拓、出版、講演、学会等での研究発表、卓越した個人目標の達成、期初に設定した個人目標以外で卓越した成果を上げた場合等）を評価し加点する。
エクセレント加点	担当の売上高・粗利益目標の超過達成等で、会社業績に大きく貢献した場合、その業績貢献度を評価し加点する。

チャレンジ加点は自己申告により行う。（自己申告がなければ、いかに卓越した成果を上げたとしても加点はない）チャレンジ加点に挙がるものは、当然個人目標に挙がっており、そこで高い評価を受けていると思われるが、更にそれを加点しようというものである。積極的にチャレンジしていく社員にはうまい制度であるが、何もしない社員には相対的に厳しくなる制度である。

（1）　プロジェクト加点

　社内で結成された各種プロジェクトチームで行ったプロジェクトについて、これが達成されたとき、プロジェクトリーダーが**別紙―4（巻末資料）「プロジェクト加点申告書」**によって申告する。メンバーには牽引役・責任者としてプロジェクトを成功に導いた者や、プロジェクトに参加しただけの者もいる。貢献度に応じて加点することが必要である。

　その場合、プロジェクトの内容でまず評価し、その次に各人の貢献度を評価する。各人の評価はプロジェクトの内容による評価を上回らないことにする。プロジェクトの内容に基づく加点がBランク、5点であった場合は、各人の加点は5点以下になる。当然、貢献度が低い場合は、メンバーであっても加点はないこともある。

【図表３−85】 プロジェクト加点 評価基準の例

ランク	テーマの重要性	自分の貢献度	テーマの達成状況	加点
A	全社的見地からみて会社業績上、極めて貢献度の高いテーマ ・全社的経営システムを根本的に変えるテーマ（改革テーマ） ・基本的経営戦略にかかわるテーマ ・今後の当社の基幹となることが期待される新規事業 ・社会的意義の極めて高く、当社の社会的評価を高めるテーマ　等	プロジェクトチームの真の牽引役・責任者としてプロジェクトを成功に導いた	所期の目的を十二分に達成	10点
B	・全社的経営システムの効率アップ等の改善テーマ ・全社的見地からみて有望な新規事業 ・部門内の運営システムを根本的に変えるテーマ（改革テーマ）	プロジェクトチームの一員として積極的に参画し、プロジェクトの成功に極めて多くの貢献		5点
C	部門の業績向上に極めて貢献度の高いテーマ ・部門内の運営システムの効率アップ等改善テーマ ・部門内の各種問題解決テーマ ・部門内で行う新規事業	プロジェクトチームの一員として積極的に参画し、プロジェクトの成功に貢献した		3点

(2) パーソナル加点

　パーソナル加点は誰でもが加点の対象となる使いやすい加点である。パーソナル加点評価基準に上っているようなテーマを達成した場合、加点する。

　パーソナル加点のテーマは個人目標に目標として設定することが多いと思われるが、これを達成した場合、個人目標でも高い評価となるが、その上に加点するというものである。

【図表3-86】 パーソナル加点　評価基準の例

ランク	テーマの重要性	テーマの達成状況	加点
A	全社的見地からみて会社業績上、極めて貢献度の高いテーマ 例えば、 ・今後当社の柱となるような技術の特許・実用新案 ・今後当社の柱となるような技術の開発 ・今後の当社の基幹となることが期待される商品・サービスの開発 ・今後の当社の基幹となることが期待される新規顧客の開拓 ・社会的意義の極めて高く、当社の社会的評価を高める出版、講演、学会等での研究発表等	所期の目的を十二分に達成	10点
B	部門の技術・運営システムを根本的に変えるテーマ 例えば、 ・部門を根本的に変えるような特許・実用新案、技術の開発 ・部門を根本的に変えるような商品・サービスの開発 ・今後の部門の基幹となることが期待される新規顧客の開拓 ・社会的意義が高く、当社の社会的評価を高める出版、講演、学会等での研究発表等		5点
C	部門の業績向上に極めて貢献度の高いテーマ 例えば、 ・部門内の重要技術の開発 ・部門内で行う商品・サービスの開発 ・部門内の重要な新規顧客の開拓 ・当社の社会的評価を高める出版、講演、学会等での研究発表　等		3点

　また個人目標に設定していないテーマでチャレンジして達成した場合もパーソナル加点として申告してよい。これはチャレンジングなテーマであるが、達成はかなり難しい場合、目標に設定すると達成しなければ、達成率が悪くなり、評価を下げることになり、目標設定を逡巡させることもある。これを救済しようということもある。期の途中で入った仕事で、これをしっかりやって業績に貢献した場合もパーソナル加点を使うことが出来る。パーソナル加点は**別紙－5**（巻末資料）「パーソナル加点申告書」で申告する。

(3) エクセレント加点

営業職には売上高目標、粗利益目標は必須であり、これを個人目標に設定している。目標を達成したら、期待どおりということで「5」と評価するとしよう。その場合、100％を超えて達成した場合はどうするのかという問題が出てくる。100％、「5」が最高で、それ以上がないという場合は、手を抜くか、売上を来期に回すかと考える者もあり得る。折角のチャンスなのであるから、これは超過して評価しましょうというのがエクセレント加点である。部門業績評価の項でも述べたが、100％を超える達成を「6」「7」評価で対応する仕組みにしている場合（**200ページ参照**）は、この加点は不要になるかもしれない。

エクセレント加点は**別紙―6**（巻末資料）「エクセレント加点申告書」で申告する。

【別表3-87】　エクセレント加点　評価基準の例

ランク	営業職	加点
A	担当の売上高・粗利益合算目標160％以上達成	10点
B	担当の売上高・粗利益合算目標140％以上達成	5点
C	担当の売上高・粗利益合算目標120％以上達成	3点

(4) 評価委員会

チャレンジ加点の評価は**図表3-88**に示すように、最終評価を評価委員会で行う。評価委員会は取締役以上のメンバーで構成することが多い。

【別表3-88】　チャレンジ加点の評価

チャレンジ加点	一次評価者	最終評価
プロジェクト加点	プロジェクトリーダー	評価委員会
パーソナル加点	直属の上司	評価委員会
エクセレント加点	―	評価委員会

8　能力評価

　評価は成果の評価を中心とするが、これだけでは不十分である。昇格や昇給を考えた場合、能力を評価することは必要である。特に昇格させるかどうかを判断するとき、現在の仕事をキチンとやっており成果を上げていることは必須であるが、上の仕事をやらせた場合、出来るのかどうかが重要なポイントになる。成果を上げているのであるが、「そんなことも知らなかったの」と、しっかりした知識技能の裏付けがなく成果を上げている者もいる。そのような者を上に上げて部下を育成しなさいと言っても、いささか不安である。しっかりした知識技能力の裏付けがあって仕事の成果を上げているかを見極める必要がある。そういう意味で成果だけでなく、能力を評価することが必要であるのである。

(1)　トライアングル人事システムでの能力評価

　トライアングル人事システムでの能力評価は、本人が担当している職務を評価し、また本人が保有している知識技能力がどの程度の水準に達しているかを評価し、もって昇格の可能性を評価することをいう。能力評価と役割能力要件との関係は**図表３－89**のとおりである。

【図表3-89】 役割能力要件と能力評価との関係

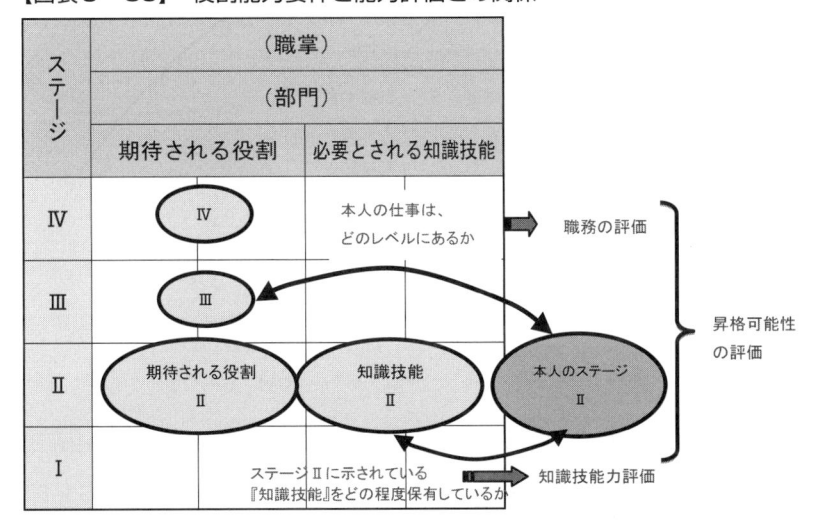

ステージ	(職掌)		
	(部門)		
	期待される役割	必要とされる知識技能	
Ⅳ	Ⅳ	本人の仕事は、どのレベルにあるか → 職務の評価	
Ⅲ	Ⅲ		昇格可能性の評価
Ⅱ	期待される役割 Ⅱ	知識技能 Ⅱ	本人のステージ Ⅱ
Ⅰ		ステージⅡに示されている『知識技能』をどの程度保有しているか → 知識技能力評価	

(2) 職務の評価

　能力を評価するのは難しい。その人の顔を見ても能力がどれくらいかは分からない。何かやって見せてくれれば、やった様子から能力がある程度分かる。

　能力主義は能力を中心に人事制度を組み立てており、評価は能力評価が中心になる。しかし能力を直接評価するのは難しいので、能力の発露である行動・結果を評価することによって間接的に能力を評価していることは、第Ⅰ章1（8）能力を評価するのは難しい（11～13ページ）で述べたとおりである。行動・結果を評価するのは「成果の評価」であり、何も「能力評価」としないで「業績評価（成果評価）」とすればよいというのが筆者の考えである。（図表3-90）

【図表３−90】 能力考課の考え方

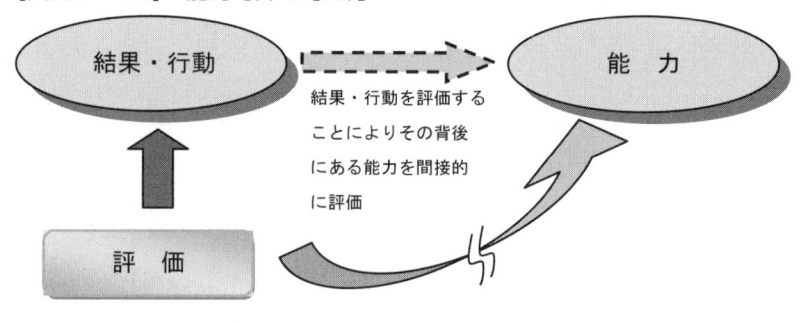

結果・行動 → 能力

結果・行動を評価することによりその背後にある能力を間接的に評価

評価

能力を直接的に評価するのは難しい

① 「職務の割り当て」は「能力評価」

　能力を評価するのは難しいのであるが、実際の場面で能力を評価していることは、よく起こっている。それは図表３−91のように上司が部下に仕事を割り当てる時である。その時、上司は「彼ならこの仕事は出来るだろう」「次にこのような仕事を彼に経験させたい」と思って仕事の割り当てを行っているのである。知らず知らずのうちに能力を評価しているのである。

【図表３−91】 職務の割り当て

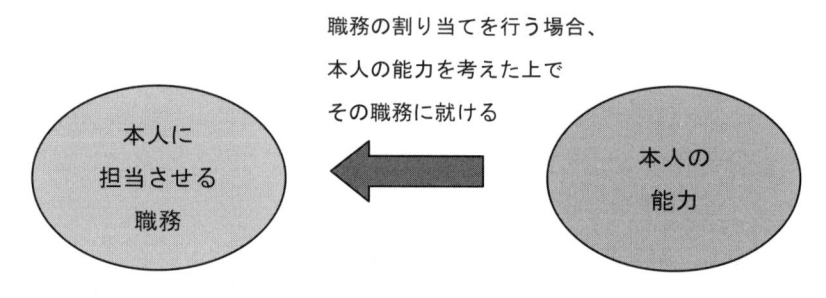

職務の割り当てを行う場合、本人の能力を考えた上でその職務に就ける

本人に担当させる職務 ← 本人の能力

　そうであるなら、図表３−92のように、逆もありうるのではないか。今どのような仕事をしているかによってその者の能力を評価できるのではないか、ということである。実際よく経験する

ことであるが、同じような仕事を与えても、人によってその仕事が光って見える場合と、沈んで見える場合がある。担当する者の能力によって仕事が光ったり、沈んだりするのである。また職務も担当する人の能力、取り組み姿勢で、深さと幅が変わるものである。例えば経理の仕事といっても、場合によっては戦略部門になることもあれば、地味な部門になることもある。

　本人の仕事を評価することによって、本人の能力を評価しようというのが「職務の評価」の考えである。

【図表３－92】　職務の評価

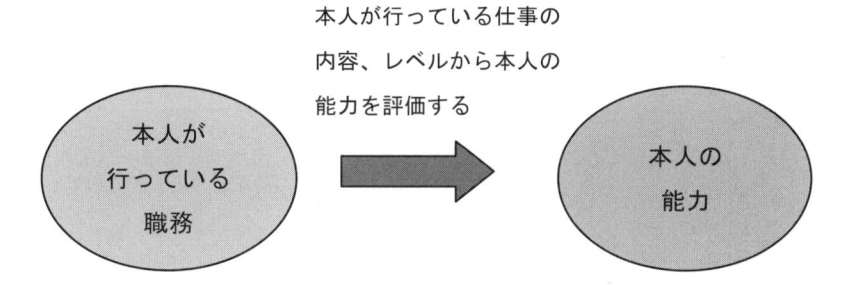

本人が行っている仕事の内容、レベルから本人の能力を評価する

本人が行っている職務　→　本人の能力

② 「職務の評価」の考え方　──　昇格の場合

　このように本人の能力を考えて職務の割り当てを行っても、本人の能力と職務のアンマッチは当然起こり得る。職務より能力が高いと感じるならば、不満を感じるであろうし、職務より能力のほうが低ければ力不足を感じ、やる気をなくすか、あるいは猛烈な能力開発の闘志をかき立てるかと思う。また職務より能力が高いと感じるならば、同じ職務を行うにしても改善に力を入れるというように職務を掘り下げる方向に向かうかもしれない。また職務を拡大する方向に向かうかもしれない。また全社的なプロジェクトに参加するようになるかもしれない。

　アメリカの場合は職務給の世界であり、仕事の範囲はキチンと

決まっているが、日本の場合は仕事の範囲があまり明確になっていない。日本の仕事の進め方はアバウトなところがあり、融通無碍のところがある。その結果「仕事は出来る人に集まる」という状態になりやすい。実際、出来る人（能力の高い人）には仕事が集まり、それでもスイスイと仕事をこなしている。逆に出来ない人からは仕事が逃げ、仕事がますますやせ細っていくという現象も起る。その人の仕事の内容を見れば大体その人の能力が分かる

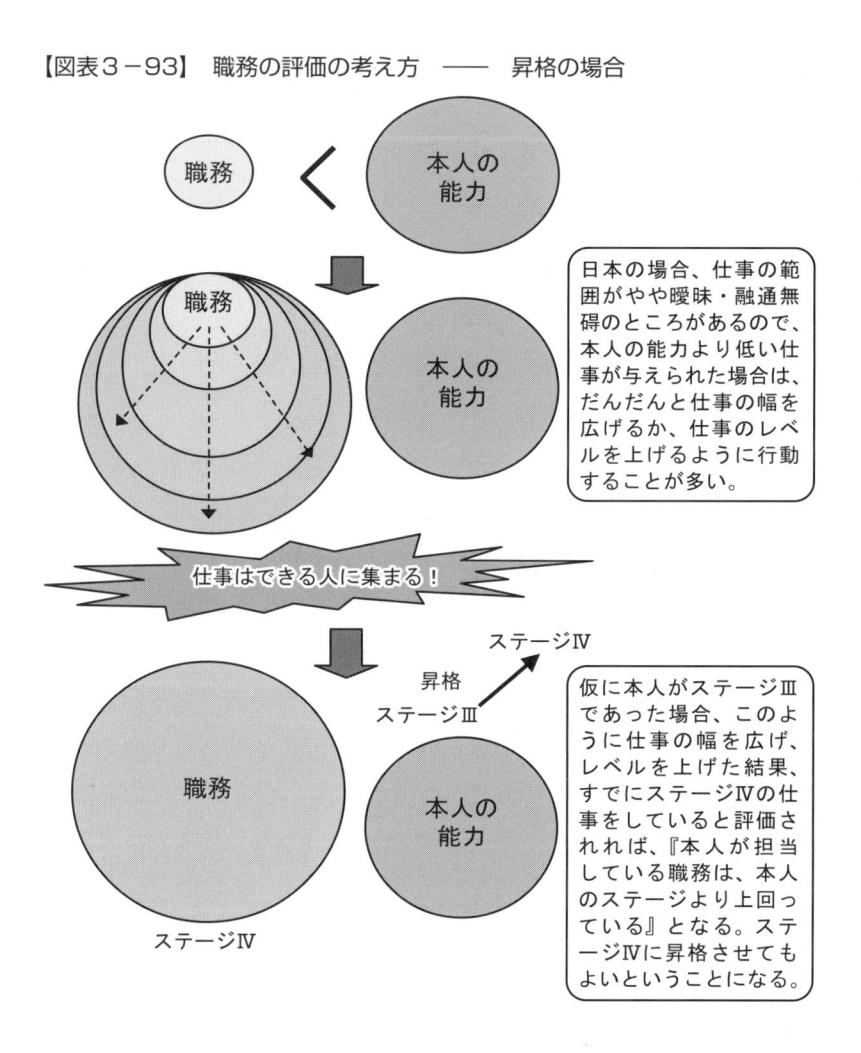

【図表３－93】 職務の評価の考え方 ―― 昇格の場合

日本の場合、仕事の範囲がやや曖昧・融通無碍のところがあるので、本人の能力より低い仕事が与えられた場合は、だんだんと仕事の幅を広げるか、仕事のレベルを上げるように行動することが多い。

仕事はできる人に集まる！

仮に本人がステージⅢであった場合、このように仕事の幅を広げ、レベルを上げた結果、すでにステージⅣの仕事をしていると評価されれば、『本人が担当している職務は、本人のステージより上回っている』となる。ステージⅣに昇格させてもよいということになる。

と言ってもよい。「職務の評価」というのはその人の仕事のレベルを評価してどのくらいの能力を保有しているかを評価するものである。

例えば本人のステージがⅢであったとき、本人が現在行っている仕事の内容を評価するとステージⅣのレベルの仕事をしていると評価されたときは、ステージⅣに昇格させてもよいとなる（図表３－93）。

③ 「職務の評価」の考え方 ―― 降格の場合

降格のケースもあり得る。例えば本人のステージがⅢであり、当初はステージⅢに見合った仕事を与えていたとする。しかし本人は仕事に取り組む意欲が低い。したがって周りの人は本人に仕事を頼まなくなってくる。そうなると本人の仕事はやせ細ってくる。そのような時、本人が現在行っている仕事の内容を評価するとステージⅡレベルの仕事しかしていないと、「職務の評価」で評価されたとする。ステージⅢレベルの仕事に対してステージⅢの賃金を支払っているのであって、ステージⅡレベルの仕事をし

【図表３－94】 職務の評価の考え方 ―― 降格の場合

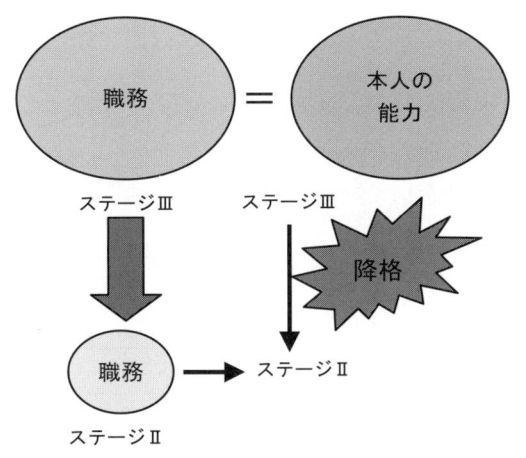

ているのにステージⅢの賃金を支払う必要はないということになる。その場合はステージⅡへ降格させるのが至当ということになる（図表３－94）。

④ 「職務の評価」の評価基準

「職務の評価」の評価基準は図表３－95に示すとおりである。「３　現在本人が担当している職務は、本人のステージに見合っている」であれば、何ら問題はない。「３」が基準になる。しかし「３」では、昇格することは難しい。昇格するためには「４　やや上回っている」「５　上回っている」に評価されることが必要である。逆に「２　やや下回っている」「１　下回っている」は問題である。「１　下回っている」が続くようでは降格もあり得る。

【図表３－95】　職務の評価　評価基準

	職　務　の　評　価	評価
5	現在本人が担当している職務は、本人のステージより上回っている	
4	現在本人が担当している職務は、本人のステージよりやや上回っている	
3	現在本人が担当している職務は、本人のステージに見合っている	
2	現在本人が担当している職務は、本人のステージよりやや下回っている	
1	現在本人が担当している職務は、本人のステージより下回っている	

それでは「職務の評価」で「見合っている」「上回っている」「下回っている」をどのように判定したらよいのであろうか。図表３－96に示すとおり本人に「期待される役割」は役割能力要

件表に表示されている。本人がステージⅡであれば、役割能力要件表のステージⅡに展開されている「期待される役割」は「やらねばならない」のである。従ってステージⅡに展開されている「期待される役割」が「出来る」か「ほぼ出来る」状態が「3 現在本人が担当している職務は、本人のステージに見合っている」になる。

　それでは「上回っている」という状態はどのような状態であろうか。ステージⅡに展開されている「期待される役割」が「出来る」か「ほぼ出来る」状態であり、それに加えてステージⅢ、ステージⅣに展開されている「期待される役割」のいくつかが「出来る」か「ほぼ出来る」状態が「やや上回っている」「上回っている」ということになる。

　「下回っている」という状態は、ステージⅡに展開されている「期待される役割」が「今一歩」か「ほとんど出来ない」が数個あるという状態となる。

　ここに「出来る」ということは、能力評価であるので、評価時点（年度末等）で次にやらせれば出来ると判定されることである。つまり再現性があることである。このことについては、第Ⅱ章2（7）③能力の評価（53～56ページ）を参照願いたい。

　この「職務の評価」の判定をスムーズに行うために**別紙－8（巻末資料）**の「職務の評価ワークシート（315ページ）」を用意する。これは役割能力要件表の本人のステージ・職掌の「期待される役割」を抜き出して書き込んだものである。太字が全職掌共通、細字が当該職掌固有の「期待される役割」である（これはエクセル等のソフトを使えば簡単に作成出来る）。まず本人がそれぞれの項目について自己評価し、次に上司が評価する。評価は**図表3－97**に示す基準で行う。

【図表3-96】 職務の評価 「見合っている」「上回っている」「下回っている」

ステージ	（職掌）	
	（部門）	
	期待される役割	必要とされる知識技能
Ⅳ	Ⅳ	
Ⅲ	Ⅲ	
Ⅱ	期待される役割 Ⅱ	
Ⅰ	Ⅰ	

やってもよい ➡ 積極的に挑戦

やらねばならない

本人のステージ Ⅱ

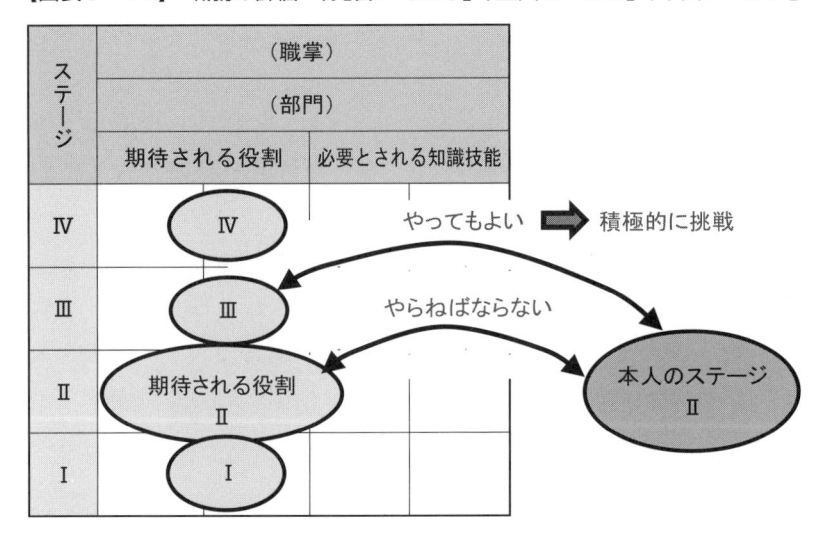

【図表3-97】 職務の評価ワークシートの評価基準

評価	評価基準
◎	出来ている
○	ほぼ出来ている
△	もう一歩
×	ほとんど出来ていない

　職務の評価ワークシートでの評価の目安は**図表3-98**に示すとおりである。エクセルソフトで職務の評価ワークシートに示されているのは、本人のステージの「期待される役割」だけであり、上位ステージの「期待される役割」は表示されていないため、それが「出来ている」「ほぼ出来ている」場合は手書きで付け加える。

【図表3-98】 職務の評価ワークシートでの評価の目安

	職務の評価	
5	現在本人が担当している職務は、本人のステージより上回っている	
	期待される役割の評価は全て◎で、かつ上位ステージで期待される役割が数個上がっており、その評価は○以上	
4	現在本人が担当している職務は、本人のステージよりやや上回っている	
	期待される役割の評価は全て○以上で、かつ上位ステージで期待される役割が数個上がっており、その評価は○以上	
3	現在本人が担当している職務は、本人のステージに見合っている	
	期待される役割の評価はほとんど○以上で、△はあっても数個、×はない	
2	現在本人が担当している職務は、本人のステージよりやや下回っている	
	期待される役割の評価はほとんど○以上であるが、△や×が散見される	
1	現在本人が担当している職務は、本人のステージより下回っている	
	期待される役割の評価は○以上がほとんどなく、△、×が多い	

(3) 知識技能力評価

① 役割能力要件表と知識技能力評価の関係

　知識技能力評価は役割能力要件表に示されている「必要とされる知識技能」を保有しているかどうかを評価するものである。本人のステージがⅡである場合、役割能力要件表のステージⅡに示されている「必要とされる知識技能」をキチンと保有することが必要である。キチンと保有しているかを評価するのが知識技能力評価である（図表3-99）。

Ⅲ　トライアングル人事システムの具体的内容

【図表3−99】 役割能力要件表と知識技能力評価の関係

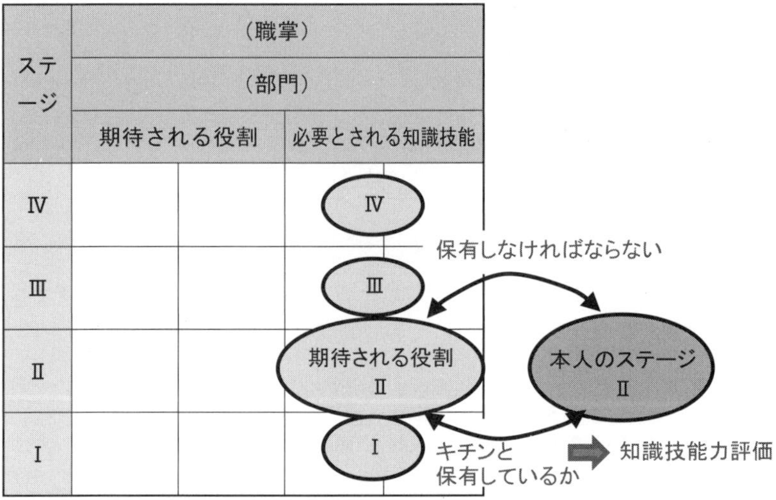

ステージ	（職掌）	
	（部門）	
	期待される役割	必要とされる知識技能
Ⅳ		Ⅳ
Ⅲ		Ⅲ
Ⅱ		期待される役割Ⅱ
Ⅰ		Ⅰ

保有しなければならない
本人のステージⅡ
キチンと保有しているか
知識技能力評価

河合コンサルのQ&Aその4

Q 役割能力要件表の「必要とされる知識技能」をよく読んでみると、漏れがあったり、自分の仕事に必要のない知識技能が出ていたりするのですが、それでも役割能力要件表の「必要とされる知識技能」に即して評価しなければならないのでしょうか。

A ご指摘のとおり役割能力要件表の「必要とされる知識技能」は完璧ではありません。全てが網羅されているわけでもなく、抜けもあります。中には本人の仕事の遂行には必要ない知識があるかもしれません。実際の評価に当たっては、役割能力要件表の「必要とされる知識」を基準にしながら、本人の仕事に即して「必要とされる知識」を選び出して評価する必要があります。

② 知識技能力評価基準

キチンと保有しているということは、図表3－100の知識技能力評価基準に示すように知識技能を知っている、理解しているだけでなく、部下・下級者に体系立って教えることができるレベルであること、実際の業務に活用していることを意味している。

他の評価項目は5段階評価であるが、知識技能力評価だけ0.5刻みの評価を認めている。これは昇給評価得点を計算する場合、5段階であると1段階が20点刻みになり、点数差が大きくなるため、図表3－101に示すように知識技能力評価得点を10点刻みにするからである。

【図表3－100】 知識技能力評価基準

知識技能力	自らの職責を果たし、期待される成果を生み出すために必要となる業務知識及びその知識を踏まえ処理する技能の保有と活用の程度を評価する項目	保有の程度				
		知っている	理解している	説明することが出来る	教えることが出来る	実際に行っている	業務に活用している
5	期待どおりのレベルで保有している						
4.5							
4	ほぼ期待どおりのレベルで保有している						
3.5							
3	必要最低限の基本的レベルで保有している						
2.5							
2	ほとんど保有していない						
1.5							
1	全く保有していない						

※知識技能は現在実際に従事している業務に関する知識技能だけが評価の対象になる

【図表3-101】 知識技能力評価の得点

知識技能力　9段階評価	知識技能力評価得点
5	100点
4.5	90点
4	80点
3.5	70点
3	60点
2.5	50点
2	40点
1.5	30点
1	20点

③　知識技能力評価ワークシート

　知識技能力評価は別紙－9（巻末資料）「知識技能力評価ワークシート（316ページ）」を活用して評価する。知識技能力項目毎に図表－102に示す評価基準で自己評価する。この場合、別表－3「必要とされる知識技能の具体的内容（全職掌共通）（304ページ）」、別表－4「必要とされる知識技能の具体的内容（職掌固有、この場合は人事課）（305ページ）」をよく読み込み、一つひとつ丁寧に保有を評価することが大切である。「知識技能力評価ワークシート」での一つひとつの知識技能力項目の評価は図表3－102に示す5段階で行う。

　次に上司が同じ評価基準で一つひとつの知識技能力項目の評価は5段階で行い、全体がどうであったかを図表3－100に示す0.5刻みの9段階評価で行う。

【図表3-102】 知識技能力評価ワークシートの評価基準

評価	評価基準
5	期待どおりのレベルで保有している
4	ほぼ期待どおりのレベルで保有している
3	必要最低限の基本的レベルで保有している
2	ほとんど保有していない
1	全く保有していない

(4) 昇格可能性の評価

「職務の評価」と「知識技能力評価」を勘案して、上位ステージへの昇格可能性を図表3-103の5つのどれに該当するかで評価する。

「5 上位ステージへ昇格するための能力は十分備わっている」状態になるとは、概ね次のような状態をいう。

① 「職務の評価」では、「4」評価以上、現ステージの職務を超える職務を担当していること
② 「知識技能力評価」では、「4」評価以上であること

【図表3-103】 昇格可能性の評価

	上位ステージへの昇格の可能性	評価
5	上位ステージへ昇格するための能力は十分備わっている	
4	上位ステージへ昇格するための能力はほぼ備わっている	
3	上位ステージへ昇格するための能力は備わってきつつある	
2	上位ステージへ昇格するための能力は現状やや不十分である	
1	上位ステージへ昇格するための能力は現状不十分である	

Ⅲ　トライアングル人事システムの具体的内容

河合コンサルのQ&A その5

Q 「5　上位ステージへ昇格するための能力は十分備わっている」状態で、「職務の評価」では、「4」評価以上、現ステージの職務を超える職務を担当していることとなっていますが、管理職の一歩手前ステージの者は管理職に発令されていないので管理職の仕事は出来ません。こういう場合どう考えればよいのでしょうか。

A 部下の人事評価を行うこと等は管理職に発令されていなければ、行うことが出来ません。しかし管理職の権限が与えられてなくても行うことが出来ることもあります。例えば部下・後輩を指導育成するとか、部門目標策定に積極的に参画するとか、課内のまとめ役を積極的に買って出るとか、課内会議をリードする等です。「職務の評価」では、このような行動をしていれば「4　やや上回る」「5　上回る」の評価をしてよいと思います。

また「昇格可能性の評価」で「5　上位ステージへ昇格するための能力は十分備わっている」状態とは、**概ね**次のような状態と、**「概ね」**と表現しています。その意味は、権限が与えられていない場合、上の仕事が出来ないこともあるので「職務の評価」で「3　見合っている」でも「昇格可能性の評価」で「5　上位ステージへ昇格するための能力は十分備わっている」と評価することは可能としています。

9　昇格

　昇格とはステージが上がることをいう。トライアングル人事システムでは、昇格しなければそれほど賃金は上がらない仕組みになっているので、昇格が一番重要になってくる。評価は**図表3－104**のように現場でなければ出来ないので現場主義で行うが、昇格は全社的見地から中央で厳格に行う必要がある。昇格しなければ役割給はステージの上限までであり、それほど賃金が上がることはない。賞与においてもステージによって業績賞与指数が決まるのでステージの違いは決定的になる。乱暴に言えば評価は現場主義を貫いて、部門間・評価者間に少々の甘辛があってもかまわない。全体のバランスを崩すことにはならない。昇格をしっかり管理していけばよいということになる。

【図表3－104】　　評価と昇格

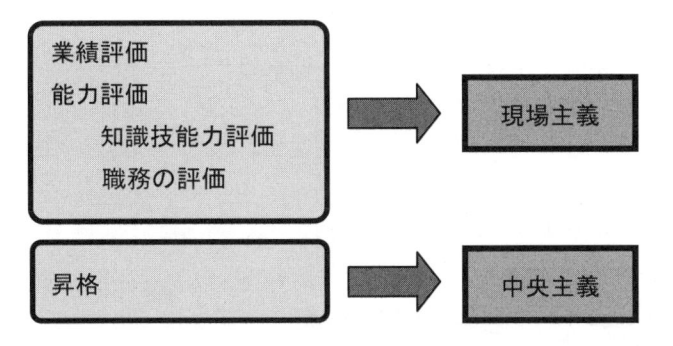

業績評価　能力評価　　知識技能力評価　　職務の評価	→	現場主義
昇格	→	中央主義

　昇格の要件となる業績評価、知識技能力評価、職務の評価は現場主義で行うことになるが、その場合どうしても部門間の甘辛、評価者間の甘辛、評価者の能力不足等の問題が出てくる。中央でポストの空き具合はどうか、全社的な共通した基準に対して十分クリアしているか、管理職としての資質はあるのか、必要な研修・通信教育を受けているか、必要な資格は持っているか、人

格・識見はどうか等を審査して全体のバランスを考えて昇格させることが必要となる。

　次に昇格するための要件を考えてみる。役割能力要件表と評価制度との関係は**図表３－105**のとおりである。仮に本人のステージがⅡであったとする。ステージⅡに展開されている「期待される役割」は、これをキチンと果たしていなければステージⅢに昇格させるわけにはいかない。つまり『業績評価』があるレベル以上であることが必要となる。またステージⅡに展開されている「必要とされる知識技能」は、これをキチンと保有している必要がある。保有していなければステージⅢに昇格させるわけにはいかない。つまり『知識技能力評価』があるレベル以上であることが必要となる。本人のステージがⅡであるならば、上のステージの仕事がある程度できる者でなければ上に上げるわけにいかない。つまり『職務の評価』で上位ステージの仕事を行っていることが必要となる。

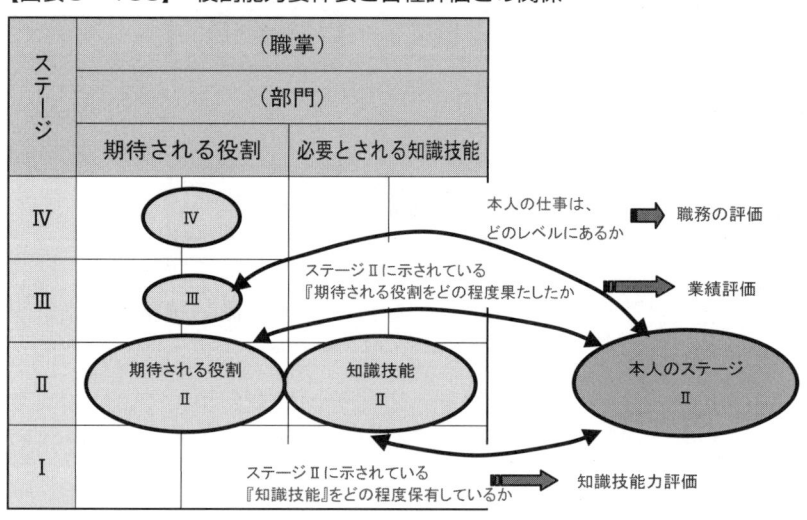

【図表３－105】　役割能力要件表と各種評価との関係

ステージ	（職掌）		
	（部門）		
	期待される役割	必要とされる知識技能	
Ⅳ	Ⅳ		本人の仕事は、どのレベルにあるか　➡ 職務の評価
Ⅲ	Ⅲ		ステージⅡに示されている『期待される役割をどの程度果たしたか　➡ 業績評価
Ⅱ	期待される役割 Ⅱ	知識技能 Ⅱ	本人のステージ Ⅱ
Ⅰ			ステージⅡに示されている『知識技能』をどの程度保有しているか　➡ 知識技能力評価

昇格基準としては図表3－106に示すとおり三つの基準を設ける。昇格基準1は業績評価、昇格基準2は能力評価（知識技能力評価、職務の評価）、昇格基準3は審査ということになる。

【図表3－106】　昇格の仕組み

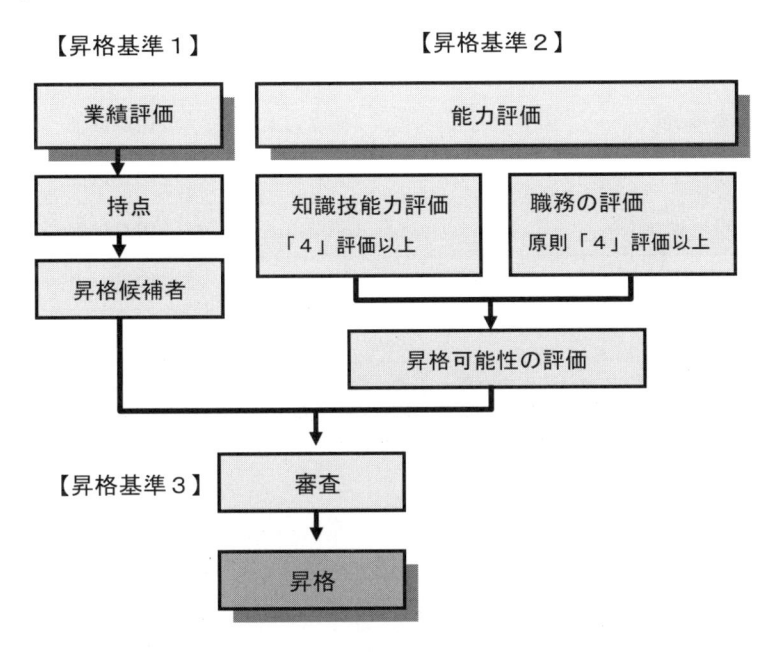

```
【昇格基準1】              【昇格基準2】

  ┌──────┐          ┌──────────────────┐
  │ 業績評価 │          │      能力評価      │
  └──┬───┘          └──────────────────┘
     ↓              ┌──────────┐  ┌──────────┐
  ┌──────┐      │ 知識技能力評価 │  │  職務の評価  │
  │  持点  │      │ 「4」評価以上 │  │ 原則「4」評価以上│
  └──┬───┘      └─────┬────┘  └────┬─────┘
     ↓                    └──────┬──────┘
  ┌──────┐                    ↓
  │昇格候補者│            ┌──────────┐
  └──┬───┘            │ 昇格可能性の評価 │
     │                  └──────┬─────┘
     └──────────┬──────────┘
【昇格基準3】        ↓
                 ┌──────┐
                 │  審査  │
                 └──┬───┘
                    ↓
                 ┌──────┐
                 │  昇格  │
                 └──────┘
```

（1）　昇格基準1　──　業績評価

　昇格基準1は業績評価である。業績評価は本人に期待される役割をいかに果たしたかを評価する。これがあるレベル以上でないと上に上げるわけにはいかない。業績評価得点が高い者は早く昇格できるようにし、低い者はそれ相当の年数がかかるものとする。これを図表3－107のようにステージ経験年数と業績評価得点の持点の組み合わせによって行う。同ステージにある年数経験すれば自動昇格するというようなことは行わない。

【図表3-107】 昇格基準1　　業績評価

ステージ	経験年数 1年間の持点	経験年数 2年間の持点	経験年数 3年間の持点
Ⅷ⇒Ⅸ		160点以上	210点以上
Ⅶ⇒Ⅷ		160点以上	210点以上
Ⅵ⇒Ⅶ		160点以上	210点以上
Ⅴ⇒Ⅵ		160点以上	210点以上
Ⅳ⇒Ⅴ		160点以上	210点以上
Ⅲ⇒Ⅳ		160点以上	210点以上
Ⅱ⇒Ⅲ		160点以上	210点以上
Ⅰ⇒Ⅱ		160点以上	210点以上

① 経験年数（持点計算上必要とする、遡ってみるべき年数）
② 持点（経験年数期間中の業績評価得点の合計）
③ 年度業績評価得点（下期・上期業績評価得点の平均）

　図表3-107によれば1年間での昇格はない。2年間の持点が160点以上であるから年度業績評価得点が80点平均であれば2年間で昇格基準1をクリアできることになる。3年間の持点が210点以上であるから年度業績評価得点が70点平均であれば3年間で昇格基準1をクリアできることになる。年度業績評価得点が70点平均未満であれば昇格できないことになる。

　図表3-108のようにA君、B君、C君、D君、E君が同じ年度にステージⅢに昇格し、その次からの各年度業績評価得点が図表3-108に示すとおりであったとき、ステージⅣに昇格する昇格基準1をクリアするのは○で囲った年度ということになる。

【図表3－108】 昇格基準1をクリアする者

年度業績評価得点	A君	B君	C君	D君	E君
第1年度	80	70	60	45	68
第2年度	⑧⓪	70	65	45	68
第3年度	80	⑦⓪	70	80	68
第4年度	82	70	⑦⑤	⑧⓪	68
第5年度	84	70	80	50	70
第6年度	86	70	85	80	70
第7年度	86	70	85	50	68
第8年度	86	70	85	80	70
第9年度	86	70	85	50	70

※A君は第2年度で第1年度からの2年間の持点が160点になり昇格基準1をクリアしている
※B君は第3年度で第1年度からの3年間の持点が210点になり昇格基準1をクリアしている
※C君は第4年度で第2年度からの3年間の持点が210点になり昇格基準1をクリアしている
※D君は第4年度で第3年度からの2年間の持点が160点になり昇格基準1をクリアしている
※E君はどの年度をとっても2年間で160点以上、3年間で210点以上の昇格基準1をクリアしておらず昇格はない

(2) 昇格基準2 —— 能力評価

　昇格基準2は能力評価である。まず知識技能力評価で80点以上（5段階評価で「4」以上）をとる必要がある。知識技能力評価は役割能力要件表の本人のステージに展開されている知識技能をキチンと保有しているかどうかを評価するものである。

　職務の評価は役割能力要件に照らしてどのレベルの仕事をしているかを評価するものである。当然上に上げるのであるから上のステージの仕事が出来る者である必要がある。職務の評価では「4」以上、「現ステージを超える職務を担当している者」という

ことが必要になってくる。

　昇格基準2は知識技能力評価と職務の評価の条件をクリアしている者ということになり、「昇格可能性の評価」が「5　上位ステージへ昇格するための能力は十分備わっている」に評価されていることになる。

　ちなみに「5　上位ステージへ昇格するための能力は十分備わっている」状態になるとは、概ね（※）次のような状態をいうとなっている。

①「職務の評価」では「4」以上、「現ステージを超える職務を担当している者であること
②「知識技能力評価」では「4」以上であること

※「概ね」の意味については、230ページの河合コンサルのQ&Aその5を参照のこと

（3）　昇格基準3　──　審査

　昇格基準3は審査である。昇格基準1、昇格基準2は現場主義で現場の評価を尊重して行う。しかしそこには評価者間の甘辛、部門間の甘辛、評価者の評価能力という問題がある。昇格基準3は中央で全社的見地から審査するものである。昇格基準1、昇格基準2の足りないところを補完するという意味もある。ポストの空き具合はどうか、全社的な共通した基準に対して十分クリアしているか、管理職としての資質はあるのか、必要な研修・通信教育を受けているか、必要な資格は持っているか、人格・識見はどうか等を審査して最終的に昇格者を決定する。

　審査は図表3－109のようなものを組み合わせて行う。

【図表3-109】 審査の内容

```
レポート・論文
試験
研修・通信教育
面接
適性検査　　等
```

　審査では社内のポストの空き具合も勘案する。ポストがないのにむやみに昇格させるわけにはいかないからである。ポストは現職と新人を競わせ、新人の方が出来るということになれば新人をポストにつけ、現職はポストを降りてもらうということになる。丁度プロ野球のポジション争奪と同じで二軍に出来る選手がおれば一軍に引上げ、一軍の現職と競わせるというやり方である。従ってポストがないから上に上げないというのではなくて、上に上がれる能力と実績があれば上に上げることも必要になってくる。

　昇格基準1、昇格基準2はパスしたが、昇格基準3でダメだったという者が出てくる可能性がある。その場合はできる限りなぜパスしなかったのか、どこが足りなかったのかを丁寧に説明することが重要である。昇格基準3をブラックボックスにすると人事制度そのものに不信感を抱くようになる。それではいけない。

(4) 降格

　能力主義では一旦身についた能力は減退しないとして降格という考えがないが、日進月歩の現代においては知識の陳腐化もあり、旧い知識にしがみついていることが、かえって業務の妨げになることもありうる。降格がある方が組織に緊張感を与える。降格は次のような場合に行う。

① 業績評価

業績評価は本人に期待されている役割をキチンと果たしたかを評価するものである。2年連続して年度業績評価得点が40点以下の場合等、本人に期待される役割をキチンと果たせない状態であれば降格もやむを得ないであろう。

② 職務の評価

職務の評価は現在本人が行っている仕事のレベルがどのくらいかを評価するものである。職務の評価で「1　現在本人が担当している職務は、本人のステージより下回っている」という評価を2年連続で受けた場合は降格もやむを得ないであろう。

③ その他

その他、能力・気力・体力の著しい減退、あるいは就業規則の懲戒事由に該当した場合は降格もやむを得ないであろう。

10　賃金体系

　昇給・賞与をどのように考えるかの前に賃金をどのように考えるかを説明しておく必要がある。トライアングル人事システムの賃金構成の基本は**図表３−110**に示す通りである。「役割給」「ステージ手当」「職位手当」についての基本的な考えと「賃金組替え」とそれに伴って発生する「調整手当」について説明する。

【図表３−110】賃金構成

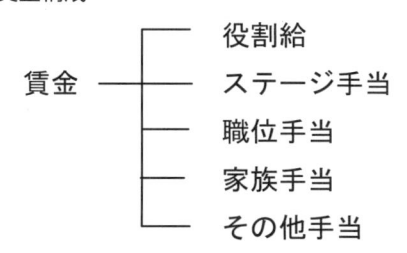

```
              ┬── 役割給
              ├── ステージ手当
賃金 ─────────┼── 職位手当
              ├── 家族手当
              └── その他手当
```

（1）　役割給

　役割給は基本的賃金（通常は基本給と呼ばれることが多い）である。ステージは役割つまり仕事のレベルと能力に応じて区分される。ここではステージに対応する賃金という意味で役割給（※）と名づける。

　※世間一般的に役割給と呼ばれているものと若干意味が違うので注意していただきたい。

　役割給は**図表３−111**、**図表３−112**に示すようにステージごとに上限・下限があり、幅（レンジ）をもって対応させる。ステージごとに上限・下限を設定するだけで賃金表はない。賃金表がないので号俸もなく、定期昇給・ベースアップという考えもない。年齢給とか勤続給という年功要素もない。

【図表３−111】 役割給のレンジ（Y社）

ステージ	役割給	
	下　限	上　限
Ⅷ	340,000円	500,000円
Ⅶ	290,000円	440,000円
Ⅵ	260,000円	390,000円
Ⅴ	240,000円	360,000円
Ⅳ	220,000円	330,000円
Ⅲ	200,000円	300,000円
Ⅱ	180,000円	270,000円
Ⅰ	160,000円	240,000円

【図表３−112】 役割給レンジのグラフ（Y社）

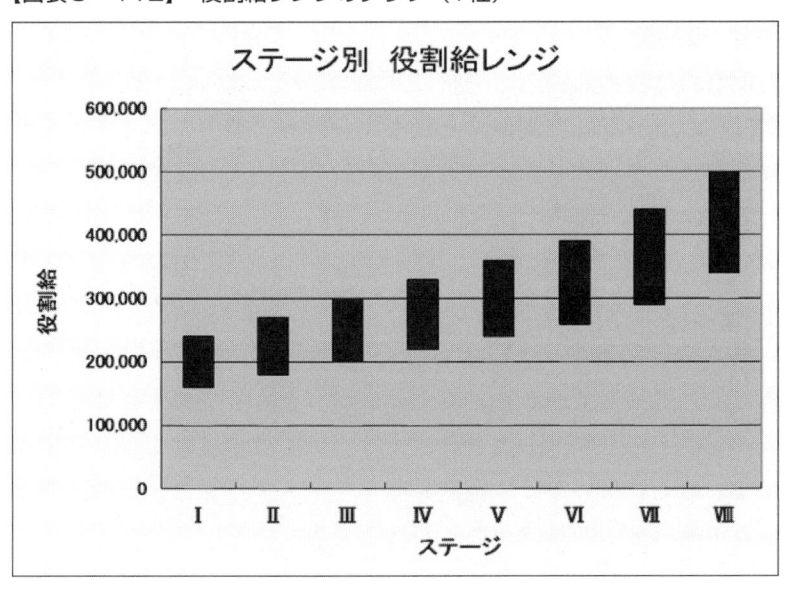

① 賃金表による賃金管理と賃金表なしの賃金管理の違い

能力主義における基本給管理にはいろいろな形態があるが、図表３－113のような形態をとっているところが多い。

【図表３－113】　能力主義における基本給管理

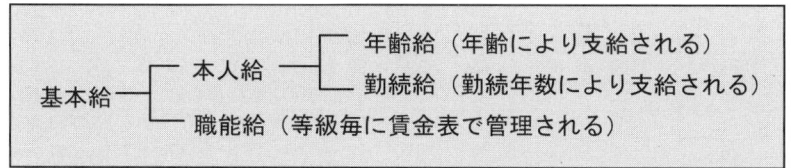

```
基本給 ┬ 本人給 ┬ 年齢給（年齢により支給される）
       │        └ 勤続給（勤続年数により支給される）
       └ 職能給（等級毎に賃金表で管理される）
```

職能給は図表３－114のような賃金表で管理される。号は１・２・３…となっているが、ここでは５号毎に表示している。「ピッチ」とは１号上がる毎の金額である。「張出し」とは上限に達したあと一定の号まで半額で昇給させる額である。「昇格昇給」とは昇格したときに昇給させる額である。昇格したときの職能給は現行の職能給に昇格昇給額を加え、昇格後の資格等級の賃金表で金額が一番近いところの上位のところになる。

賃金表によるベア・定昇は図表３－115のとおりに行われる。昇給前の職能給はＡにあったとする。そのときの号はａである。これがその年度の昇給でｂまで号が上がったとする。その場合職能給は現行の賃金表のｂ号に対応するところ、つまりＢまで上がる。職能給がＡからＢまで上がることを定期昇給（定昇）という。一方ベースアップ（ベア）というのは賃金表の書換えである。書換え後の賃金表が図表３－115のとおりであったとした場合、ベースアップ後の職能給は書換え後の賃金表のｂ号に対応するところ、つまりＣになる。ベースアップ（ベア）による昇給分はＣとＢの差額分ということになる。結局ベア・定昇後の職能給はＡ⇒Ｃに上昇する。これが賃金表によるベア・定昇のやり方である。

これをレンジで示せば図表３－115の右側に示すようになる。

【図表3－114】 能力主義における職能給賃金表（K社）

ピッチ	520	580	640	700	780	860	940	1,040	1,040
張出し		290	320	350	390	430	470		
昇格昇給		5,000	5,000	5,000	10,000	12,500	15,000	17,500	20,000

号	1等級	2等級	3等級	4等級	5等級	6等級	7等級	8等級	9等級
1	7,600	35,800	52,150	69,400	90,100	119,700	153,900	197,400	238,200
6	10,200	38,700	55,350	72,900	94,000	124,000	158,600	202,600	243,400
11	12,800	41,600	58,550	76,400	97,900	128,300	163,300	207,800	248,600
16	15,400	44,500	61,750	79,900	101,800	132,600	168,000	213,000	253,800
21	18,000	47,400	64,950	83,400	105,700	136,900	172,700	218,200	259,000
26	20,600	50,300	68,150	86,900	109,600	141,200	177,400	223,400	264,200
31	23,200	53,200	71,350	90,400	113,500	145,500	182,100	228,600	269,400
36	25,800	56,100	74,550	93,900	117,400	149,800	186,800	233,800	274,600
41	28,400	59,000	77,750	97,400	121,300	154,100	191,500	239,000	279,800
46	31,000	61,900	80,950	100,900	125,200	158,400	196,200	244,200	285,000
51	33,600	64,800	84,150	104,400	129,100	162,700	200,900	249,400	290,200
56	36,200	67,700	87,350	107,900	133,000	167,000	205,600	254,600	295,400
61	38,800	69,150	88,950	111,400	136,900	171,300	210,300	259,800	300,600
66	41,400	70,600	90,550	114,900	140,800	175,600	215,000	265,000	305,800
71	44,000	72,050	92,150	118,400	144,700	179,900	219,700	270,200	311,000
76	46,600	73,500	93,750	120,150	148,600	184,200	224,400	275,400	316,200
81	49,200	74,950	95,350	121,900	152,500	188,500	229,100	280,600	321,400
86	51,800	76,400	96,950	123,650	154,450	192,800	233,800	285,800	326,600
91		77,850	98,550	125,400	156,400	197,100	238,500		
96		79,300	100,150	127,150	158,350	199,250	240,850		
101		80,750	101,750	128,900	160,300	201,400	243,200		
106		82,200	103,350	130,650	162,250	203,550	245,550		
111		83,650	104,950	132,400	164,200	205,700	247,900		
116			106,550	134,150	166,150	207,850	250,250		
121			108,150	135,900	168,100	210,000	252,600		
126			109,750	137,650	170,050	212,150	254,950		
131			111,350	139,400	172,000	214,300	257,300		
136				141,150	173,950	216,450	259,650		
141				142,900	175,900	218,600	262,000		
146				144,650	177,850	220,750	264,350		
151				146,400	179,800	222,900	266,700		
156				148,150	181,750	225,050	269,050		
161				149,900	183,700	227,200	271,400		
166					185,650	229,350	273,750		
171					187,600	231,500	276,100		
176					189,550		278,450		
181					191,500		280,800		
186					193,450		283,150		
191					195,400		285,500		
196									

【図表3-115】 賃金表によるベア・定昇の考え方

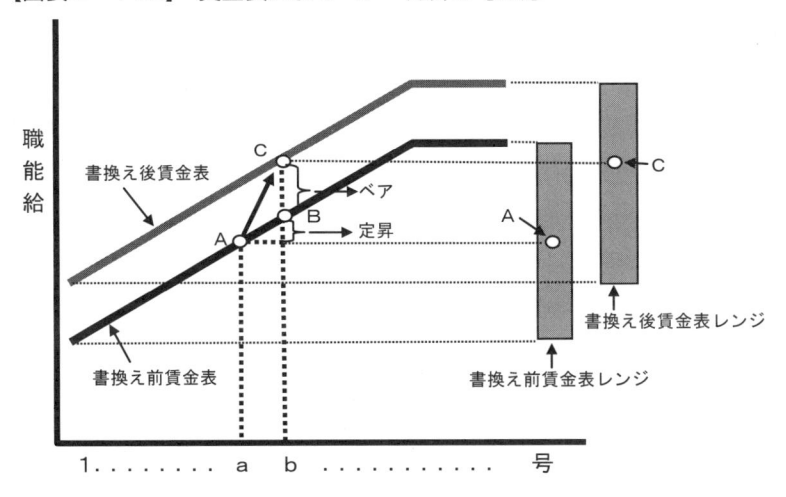

一方、賃金表なしで賃金を管理する方法は**図表3-116**に示すとおりである。

賃金表がないので号もなく、張出しという考えもない。ベア・定昇という考えもない。年齢給とか勤続給という年功要素もない。単にステージごとに上限・下限を設定し（ここではこれを役割給と呼ぶ）その中で管理するだけである。ベースアップはないが、物価が著しく上昇した場合は、レンジを上に上げることがある。その場合は、レンジだけが上に上がるだけで役割給はそれに対応して上がることはない。そのところがベースアップと考えが異なる。賃金表によるベースアップは号が同じなので、ベースアップがあれば職能給は上昇する。

② **役割給は重なり合うように設定する**

役割給は**図表3-112**（240ページ）のようにステージ毎のレンジは重なり合うようになっている。役割や仕事のレベルが違うからステージが異なるのであり、そのことを考えれば、**図表3-117**のように重なり合うことを避けるように設計するのが理にかなっていると思われる。これは役割主義の賃金の考え方であ

る。しかし次のとおり運用が極めて窮屈になり避けた方がよい。人事制度では理屈どおりに運用することは難しいところもある。その場合は運用を取るべきである。

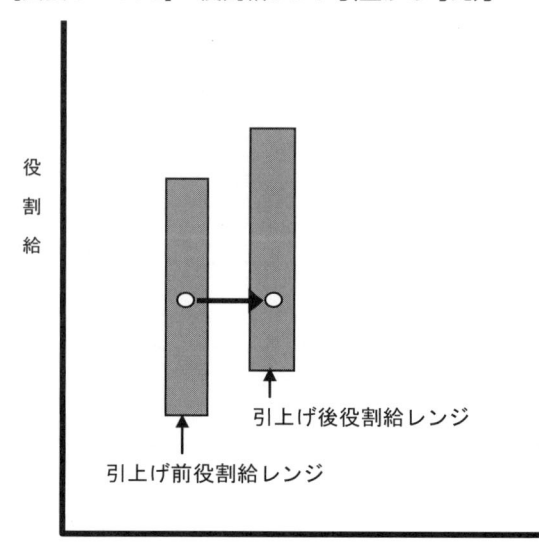

【図表３−116】　役割給レンジ引上げの考え方

（役割給 縦軸、ステージ 横軸のグラフ。引上げ前役割給レンジと引上げ後役割給レンジを示す）

- a　ステージ毎のレンジの幅が狭くなり、同一ステージでの昇給はすぐ上限に達してしまい、運用が極めて窮屈になる。
- b　旧来の人事制度が能力主義で、賃金表で管理しており、これを役割給に切り替えることを考えている企業・組織では、ステージ毎のレンジは重なり合う方が移行が容易である。賃金表の多くは**図表３−118**の左図のような構造になっている。これを上限・下限のレンジで表現すると**図表３−118**の右図のようになる。賃金表はステージ毎に重なり合っている構造になっている。このような賃金表で職能給を管理している企業・組織が、役割給に切り替える場

合はステージ毎のレンジは重なり合う方が移行が容易である。

【図表３－117】 役割主義の賃金の考え方（レンジが重なり合わないような設計）

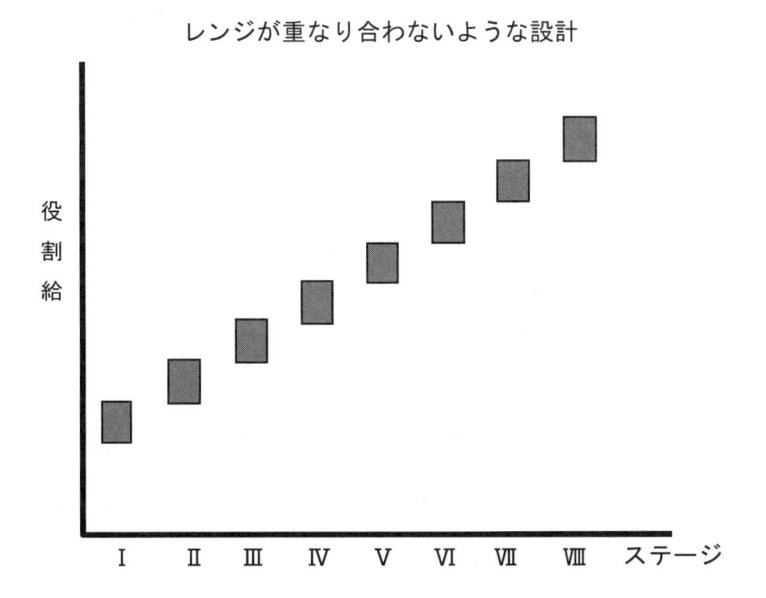

レンジが重なり合わないような設計

（グラフ：縦軸　役割給、横軸　ステージ Ⅰ～Ⅷ）

c　ステージ手当（251～252ページで説明）はステージに対応しており、必ず支給されるのでこれを加える必要がある。**図表３－119**はステージ手当を加えたものである。ステージ手当を加えれば重なり合う部分はかなり少なくなる。時間外手当、諸手当、賞与を加えた年収ベースで見れば**図表３－120**のとおりステージによる賃金の格差は顕著になる。結局ステージが上がらなければ年収ベースでみると賃金は上がらない構造になっている。

Ⅲ　トライアングル人事システムの具体的内容

【図表3-118】 賃金表の構造

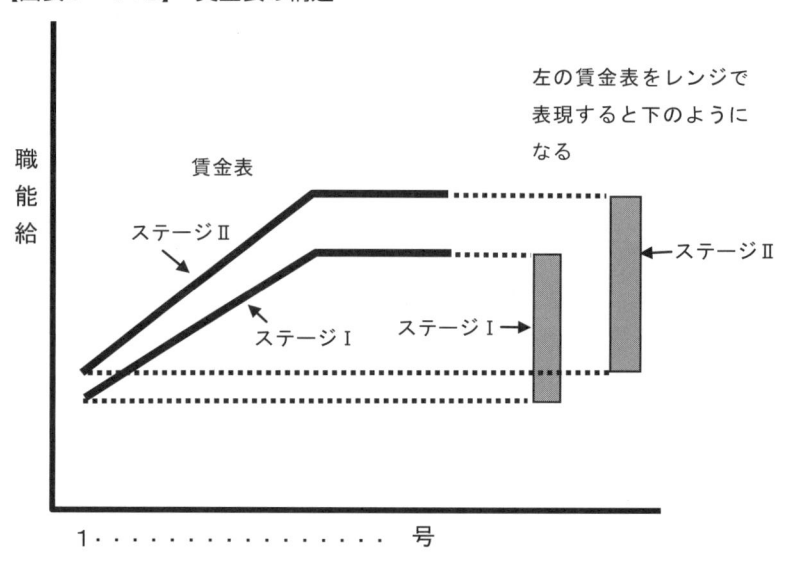

縦軸：職能給
横軸：1 ～ 号

賃金表
ステージⅡ
ステージⅠ

左の賃金表をレンジで表現すると下のようになる

ステージⅡ
ステージⅠ

【図表3-119】 ステージ別 役割給+ステージ手当

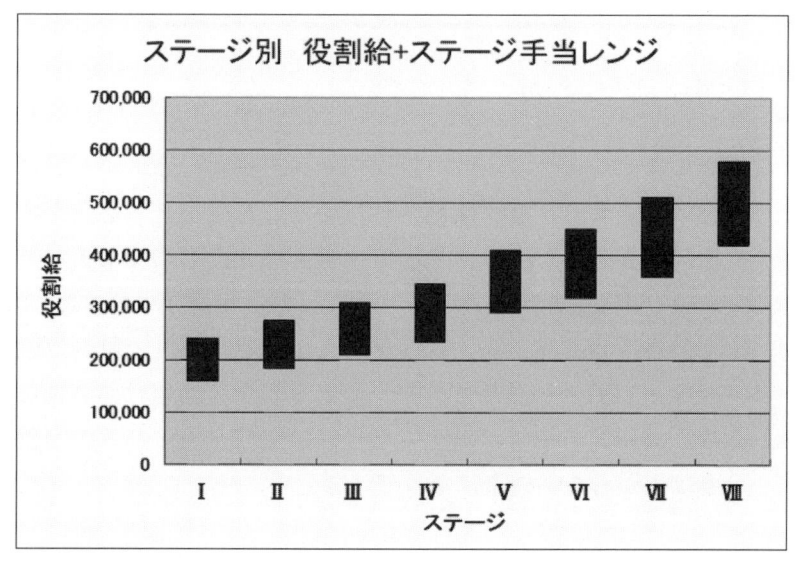

ステージ別 役割給+ステージ手当レンジ

縦軸：役割給（0～700,000）
横軸：ステージ Ⅰ Ⅱ Ⅲ Ⅳ Ⅴ Ⅵ Ⅶ Ⅷ

【図表3-120】 ステージ別 年収レンジ

ステージ別 年収レンジ（グラフ：縦軸 年収（千円）、横軸 ステージ Ⅰ～Ⅷ）

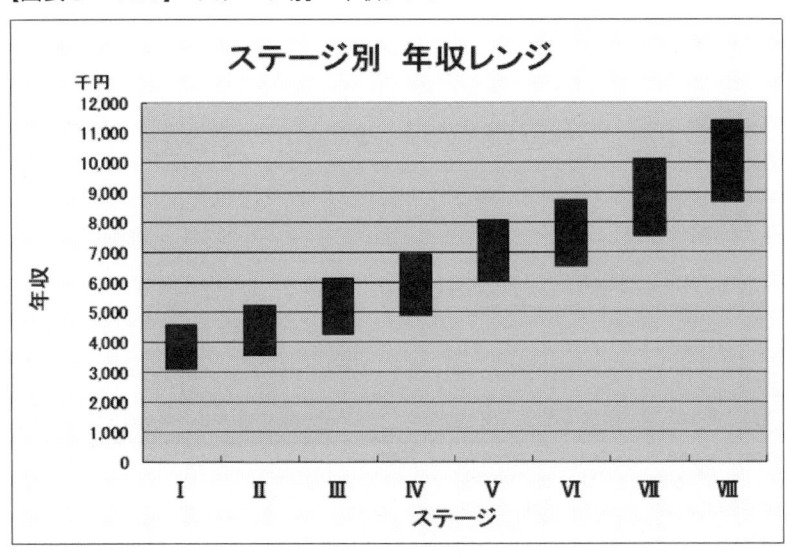

【図表3-121】 役割給　上限の場合の年収の算定の例（Y社）

ステージ	上限	ステージ手当	職位手当	家族手当	住宅手当	時間外手当	時間外を含む賃金	賞与年間5ヶ月	年収	年収上昇
Ⅰ	240,000	0			10,000	38,278	288,278	1,200,000	4,659,330	
Ⅱ	270,000	5,000			10,000	43,860	328,860	1,375,000	5,321,316	661,986
Ⅲ	300,000	10,000		15,000	15,000	49,442	389,442	1,550,000	6,223,301	901,986
Ⅳ	330,000	15,000		22,000	20,000	55,024	442,024	1,725,000	7,029,287	805,986
Ⅴ	360,000	50,000	30,000	29,000	20,000		489,000	2,200,000	8,068,000	1,038,713
Ⅵ	390,000	60,000	30,000	29,000	20,000		529,000	2,400,000	8,748,000	680,000
Ⅶ	440,000	70,000	50,000	29,000	20,000		609,000	2,800,000	10,108,000	1,360,000
Ⅷ	500,000	80,000	70,000	15,000	15,000		680,000	3,250,000	11,410,000	1,302,000

Ⅲ　トライアングル人事システムの具体的内容

【図表３−122】役割給　下限の場合の年収の算定の例（Y社）

ステージ	下限	ステージ手当	職位手当	家族手当	住宅手当	時間外手当	時間外を含む賃金	賞与年間5ヶ月	年収	年収上昇
I	160,000	0			10,000	25,518	195,518	800,000	3,146,220	
II	180,000	5,000			10,000	29,506	224,506	925,000	3,619,067	472,847
III	200,000	10,000		15,000	15,000	33,493	273,493	1,050,000	4,331,914	712,847
IV	220,000	15,000		22,000	20,000	37,480	314,480	1,175,000	4,948,761	616,847
V	240,000	50,000	30,000	29,000	20,000		369,000	1,600,000	6,028,000	1,079,239
VI	260,000	60,000	30,000	29,000	20,000		399,000	1,750,000	6,538,000	510,000
VII	290,000	70,000	50,000	29,000	20,000		459,000	2,050,000	7,558,000	1,020,000
VIII	340,000	80,000	70,000	15,000	15,000		520,000	2,450,000	8,690,000	1,132,000

時間外20時間、1ヵ月所定労働時間156.75時間
家族手当（配偶者あり15,000円　子1人につき7,000円）
住宅手当（独身10,000円　配偶者あり15,000円　子供あり20,000円）
ステージ手当は図表３−127　職位手当は図表３−129

③　モデルを設定して賃金カーブを想定してみる

　賃金表がないと将来の賃金がどのようになるのかよく分からない、不安だという人がいる。確かに賃金表があれば自分の給料がどのようになるのかを想定しやすいが、それでも昇給率や昇格がどのようになるのかがよく分からないので実際問題としては確固たるものが想定できるものでもない。

　賃金表がなくても、昇給率や昇格を想定して将来の賃金を想定できる。図表３−123はモデルを設定して賃金の想定したものであり、図表３−124は年収を想定したものである。

④　各ステージの役割給の上限・下限をどのように設定するか

　各ステージの役割給の上限・下限は次のように考えて決める。

　　a　最初に決まるのはステージⅠの下限である。これは高卒の初任給にすればよい。

　　b　次に決まるのは最高ステージ（図表３−125ではステージⅧ）の上限である。これは社員としての年収の最高をど

の程度にするかを考えて、賞与分、諸手当分を差し引いて逆算して算定する。社員としての年収の最高は企業・組織によって異なる。役員の年収も参考にして想定する。

【図表３－123】　Ｙ社　年齢別賃金グラフ

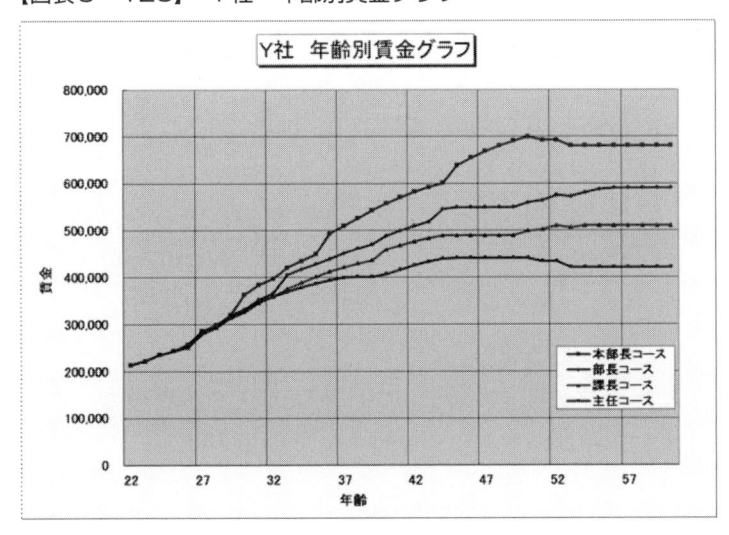

【図表３－124】　Ｙ社　年齢別年収グラフ

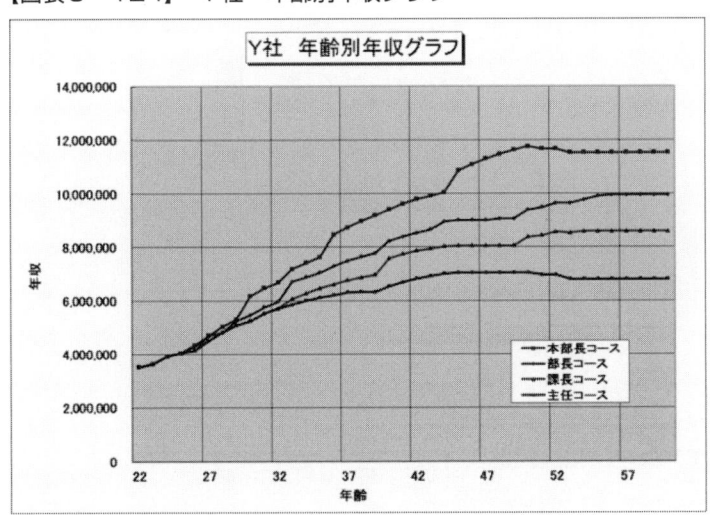

c 次に最高ステージ（図表３－125ではステージⅧ）の下限を想定する。最高ステージに到達した社員は最低でもこのくらいの年収を支払いたいと考える。これから賞与分、諸手当分を差し引いて逆算して役割給の下限を算定する。

d ステージⅠと最高ステージの下限が決まったので、この間のステージの下限は法則性を考えて設定する。

e 次にステージⅠの上限を決める。ステージⅠの仕事のレベルで最高どのくらいの年収かを想定する。これから賞与分、諸手当分を差し引いて逆算して役割給の上限を算定する。またステージⅠに標準的に何年経験させるか、昇給率をどの程度に想定するか、からも算定・検算して妥当な額を設定する。ステージⅠの上限・下限の幅は大体６万円から８万円の間になる。

f ステージⅠと最高ステージの上限が決まったので、この間のステージの上限は法則性を考えて設定する。

【図表３－125】 各ステージ役割給の上限・下限の設定

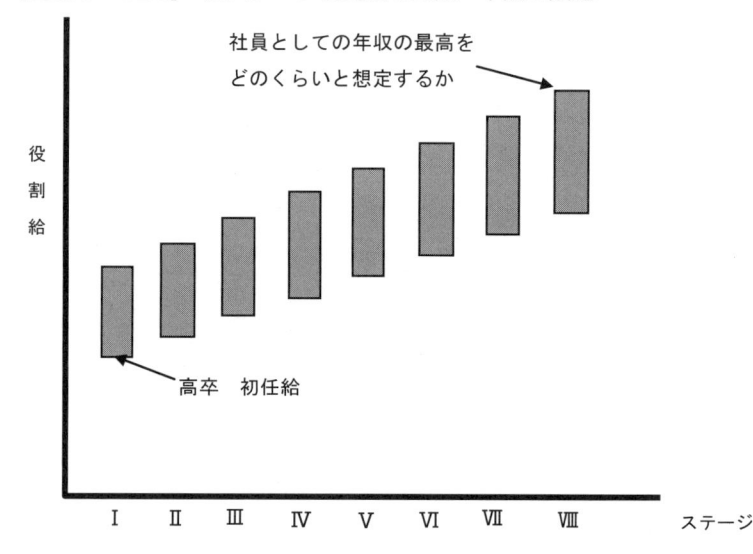

（2） ステージ手当

　昇格したとき役割給は**図表３－126**に示すように、昇格後のステージの役割給に同じ額で横滑りして増加しない。但し昇格前の役割給が上位ステージの下限より下にある場合は、昇格によって上位ステージの下限まで昇給する。

【図表３－126】　昇格時の役割給

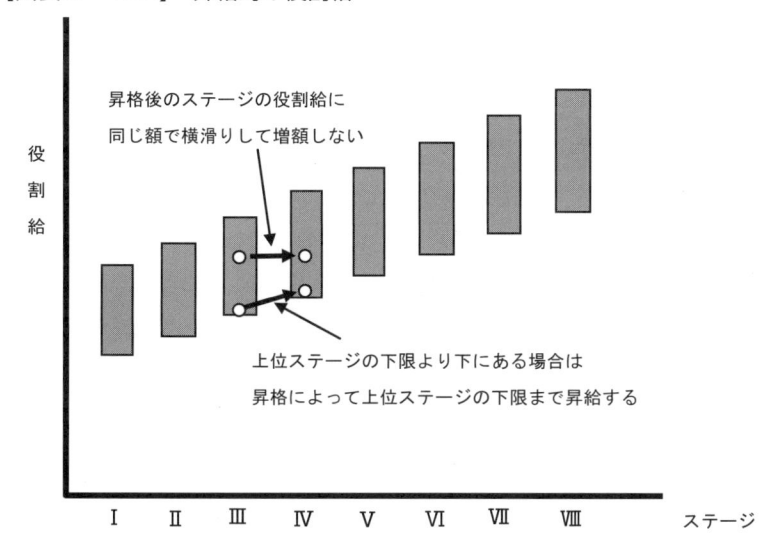

（縦軸：役割給、横軸：ステージ Ⅰ～Ⅷ）

昇格後のステージの役割給に同じ額で横滑りして増額しない

上位ステージの下限より下にある場合は昇格によって上位ステージの下限まで昇給する

　昇格したとき役割給は増加しないので、昇格昇給をステージ手当で行っている。ステージ手当は**図表３－127**のとおりである。この例ではステージⅠ⇒Ⅳの一般社員層では5,000円、ステージⅤ⇒Ⅷの管理職層では10,000円の昇格昇給があるように設計している。ステージⅣ⇒Ⅴのところではステージ手当が大きく増加するが、これはステージⅤからは管理職となり、時間外手当がつかなくなることに対しての処置である。ステージ手当は役割給と一体となって運用されるので役割給のレンジを考える場合は**図表３－119（246ページ）**のように役割給＋ステージ手当として見ることが必要である。

【図表3－127】ステージ手当の例（Y社）

ステージ	ステージ手当
Ⅷ	80,000円
Ⅶ	70,000円
Ⅵ	60,000円
Ⅴ	50,000円
Ⅳ	15,000円
Ⅲ	10,000円
Ⅱ	5,000円
Ⅰ	0円

Ⅷ⇔Ⅶ 10,000円
Ⅴ⇔Ⅳ 35,000円
Ⅱ⇔Ⅰ 5,000円

(3) 職位手当

　職位手当は職位に対応して支給する手当である。いまY社のステージと職掌・職位の関係が**図表3－128**の通りであったとした場合の職位手当は**図表3－129**のようになる。職位手当は、ステージ手当の額を勘案しながら額を決めるようにする。

(4) 賃金組み替え

　人事制度を再構築すると、人事制度のいろいろな仕組みも変わってくる。賃金に関する考え方も変わってくる。ここでは賃金の組替えをどのように行うか、それに先立って行う必要があるステージへの移行格付けをどのように行ったらよいかを説明する。

【図表3—128】ステージと職掌・職位の関係表（Y社）

ステージ	呼称	一般職				管理職			専門職
Ⅷ								本部長	シニアエキスパート
Ⅶ							部長		
Ⅵ						課長			エキスパート
Ⅴ									
Ⅳ	リーダー	営業職	事務職	技術職	技能職				
Ⅲ	チーフ								
Ⅱ									
Ⅰ									

【図表3—129】職位手当の例

職　位	職位手当
本部長	70,000円
部長	50,000円
課長	30,000円
シニアエキスパート	40,000円
エキスパート	20,000円

① **移行格付け**

　能力主義では資格等級という言葉が使われ、能力の発展段階と定義づけられている。トライアングル人事システムでは役割と能力の区分としてステージという言葉にしている。このように資格等級とステージでは考え方が違うので、資格等級をステージに移行させる時は、いろいろと検討する必要がある。

移行格付けは次のような方法が考えられる。
- a　現行処遇を尊重して横滑り格付けする
- b　現行処遇よりそれぞれワンランク下げて格付けし、向こう１年間の業績評価、能力評価に基づき上位ステージに見合う役割・能力を示した者を昇格させる
- c　役割能力要件に照らして各人毎に評価し格付けする

　最も合理的な方法はｃの方法であろう。その場合、**図表３－130**のように役割能力要件表に基づいて自己評価表でまず自己評価させ、直属上司評価を経て会社が決定する方法をとる会社もある。

　ｂの方法は現状を肯定しつつも、現状の格付けがやや甘くなっている者をステージへの格付けの機会に調整しようというものである。この方法をとるとき困るのは管理職と一般職の境目の者である。管理職の一番下のクラスはワンランク下げると一般社員になり時間外手当がつくことになる。その場合は現行賃金から時間外手当相当分を減額して一般社員のステージに格付けするか、そのまま管理職の一番下のステージに格付けするかになる。

　ａの方法が一番スムーズであるが、既得権が尊重される分、現状の格付けが甘くなっている者をそのままにするので、出来る社員から不満が上がる可能性がある。

【図表3-130】移行格付けにおける自己評価表の例

ステージ格付け　自己評価表

役割能力要件表から、あなたが相当すると思われるステージの『期待される役割』を上げてください。それをどの程度行っているかを自己評価してください。

氏名		二次評価者	
あなたが考えるステージ		一次評価者	
職掌			

【評価】　◎出来ている　○ほぼ出来ている　△今一歩　×ほとんど出来ていない

番号	あなたが考えるステージの期待される役割		本人自己評価	一次評価者	二次評価者
1	全職掌共通				
2					
3					
4					
5					
6					
7					
8					
9					
10					
11					
12					
13	当該職掌固有				
14					
15					
16					
17					
18					
19					
20					
21					
22					
23					

上位ステージの期待される役割で既に出来ていると思う役割を上げてください。但し上記に上がっている『期待される役割』は上げないでください。つまり、上位ステージでレベルが上がっているもの、上位ステージで新たに加わったもののみ上げてください。

1	上位ステージ				
2					
3					
4					

Ⅲ　トライアングル人事システムの具体的内容

あなたが相当すると思われるステージの『必要とされる知識技能』を役割能力要件表から上げてください。それをどの程度保有しているかを自己評価してください。

【評価】　◎　体系立って教えることが出来るレベルで保有している
　　　　　○　業務を遂行する上で必要最低限の基本的レベルで保有している
　　　　　△　ほとんど保有していない

番号	あなたが考えるステージの必要とされる知識技能	本人自己評価	一次評価者	二次評価者
1				
2				
3				
4				
5				
6				
7				
8				
9				
10				
11				
12				
13				
14				
15				
16				
17				
18				
19				
20				
21				
22				
23				
24				
25				

所見	一次評価者	二次評価者

本人申告ステージ	一次評価者	二次評価者	決定

② **賃金組み替え**

賃金組み替えにあたっては、賃金総額は変えないことが原則である。現行30万円の者は組み替え後も30万円ということにする。もしも賃金が減少する者があるということになれば、新しい人事制度は賃金を減らすために行っていると取られ、社員から支持されない恐れが出てくる。

賃金組み換えは、図表3−131のように行う。

現行の賃金総額からステージ手当、職位手当、家族手当等を差し引いて残額を役割給にする。ステージ手当は本人がどのステージに格付けされるかによって定まっており、職位手当は本人がどの職位に就いているかによって定まっている。家族手当等も給与規程に定める額で決まってくる。

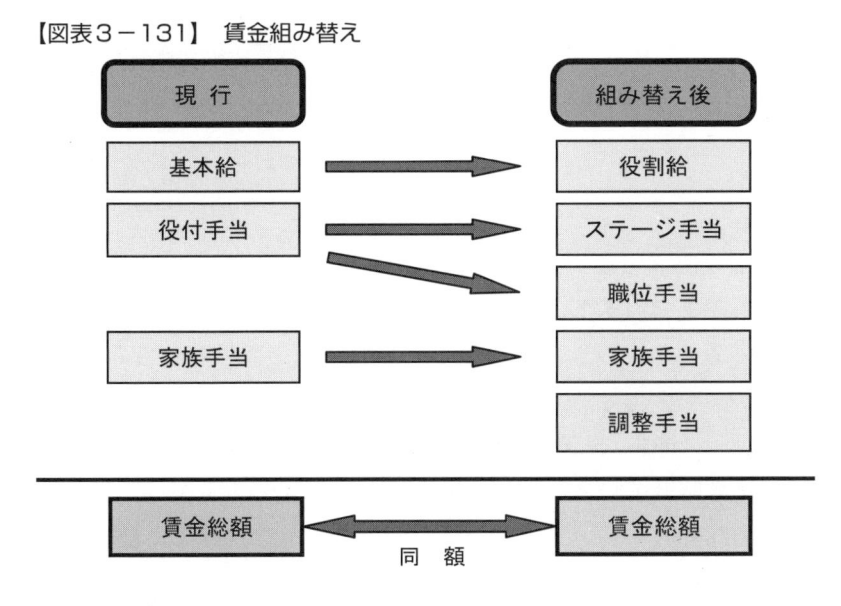

【図表3−131】 賃金組み替え

現 行		組み替え後
基本給	→	役割給
役付手当	→	ステージ手当
	→	職位手当
家族手当	→	家族手当
		調整手当
賃金総額	←同額→	賃金総額

役割給は現行賃金総額から諸手当を差し引いて算出する。その場合、それぞれのステージの役割給の上限・下限の中に収まってくれれば問題はないのであるが、上限をこえた者、下限を下回っ

た者も発生することがある。**図表３－132**はある会社の賃金組み換えを行った後、役割給をプロットしたものである。上限を上回っている者もいれば下限を下回った者も発生している。

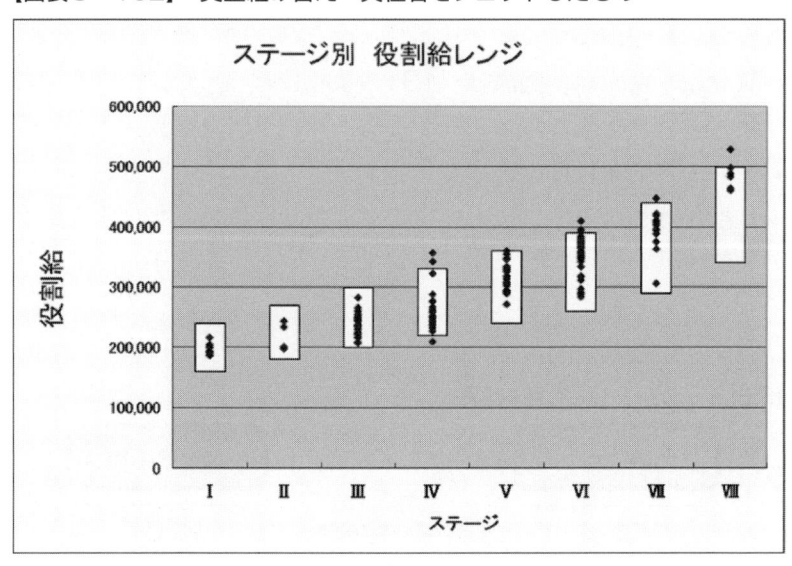

【図表３－132】　賃金組み替え　実在者をプロットしたもの

ステージ別　役割給レンジ

　上限を上回っている場合は、**図表３－133**で示すように役割給を上限まで引き下げる。但し賃金総額は変えないことを原則としているので、引き下げた額を何か引き当てなければならない。これが調整手当である。調整手当が発生している者は「あなたの賃金は、今のあなたの仕事のレベルに比べて多いですよ」ということを意味している。調整手当が発生する者は年功賃金の企業・組織の高齢者に多い。年功で賃金がドンドン上がるが、賃金に仕事の内容が追いついていないという場合である。調整手当が発生している者は、役割給は上限に張り付いているので、今後の昇給はゼロということになる。その場合全く今後の昇給ゼロということでなく、本人が努力して昇格すれば、昇給もあり得ることにな

る。要は本人の努力次第ということになる。

　下限を下回っている場合は、賃金総額は変えないということとすれば、マイナスの調整手当が発生するが、多くの企業・組織ではマイナス調整手当を発生させないで、組み替え時にマイナス調整手当分だけ賃金を引き上げている。賃金組み替えにあたっては、賃金総額は変えないことが原則であるとしたが、下限を下回っている場合だけは例外となる。下限を下回っている者は、若くして仕事が出来る者である。仕事の内容に賃金が追いついていない場合に発生する。

【図表３−133】　調整手当

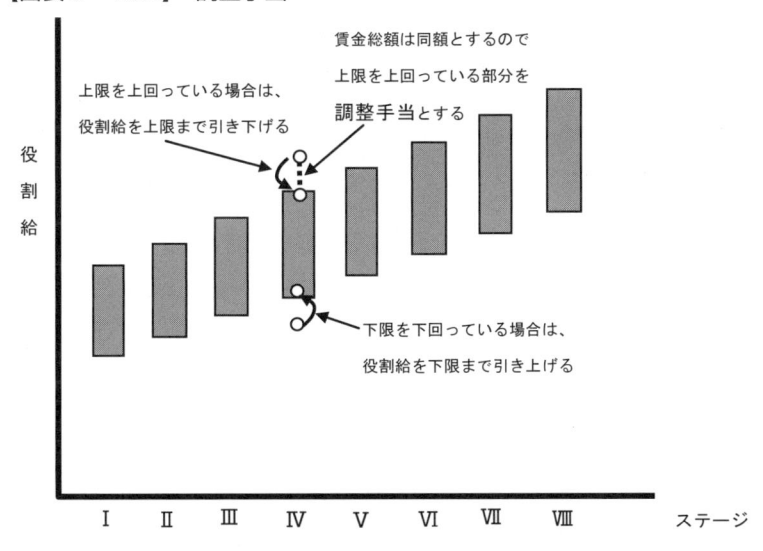

上限を上回っている場合は、役割給を上限まで引き下げる

賃金総額は同額とするので上限を上回っている部分を調整手当とする

下限を下回っている場合は、役割給を下限まで引き上げる

役割給／ステージ（Ⅰ〜Ⅷ）

　上限を上回った場合は調整手当が発生するが、この調整手当をどのように扱うかが問題となる。仕事のレベルに応じてステージがあり、ステージに応じて上限・下限の幅を持った役割給があるということから考えれば、賃金は役割給の中で対応するのが筋である。役割給レンジをはみ出た部分である調整手当は出来る限り速やかにゼロにするのが妥当である。しかし本人は調整手当分を

含めて賃金として得ており、これで生活しているのも事実である。そういうところも配慮する必要がある。その場合次のような方策が考えられる。

   a 償却する（調整手当を減額していく）
    ・何年後に一括して償却する
    ・何年かかけて少しずつ償却していく
     例えば－5年均等償却
       －2年据え置き3年均等償却、但し1年の償却額は10千円を超えないものとする
   b 償却しない（調整手当を減額しない）

　bの償却しないというのも一つの方策である。調整手当が発生している者の多くは高齢者であり、あと10年もすれば定年で退職する。波風を立てないでそっと過ぎるのを待つというのも一つの方策である。

11　昇給

(1)　賃金表によらない昇給計算の仕組み

　ステージは役割・能力のレベルを表わしており、役割給はステージ毎に上限・下限のレンジをもって対応している。昇給はステージごとに設定されている役割給レンジの中の上昇である。当然レンジの上限に達すれば、それ以上の昇給はない。

　役割給による昇給計算の仕組みは図表３－134に示す通りである。

【図表３―134】役割給の昇給

> 昇給額＝基本昇給額　×　ステージ係数　×　逓減率　×　補正比率

①　賃金表に基づかない昇給管理の狙い・長所

　役割給はステージ毎に上限・下限のレンジがあるだけで、賃金表はない。賃金表に基づかない昇給管理の狙い・長所は次のとおりである。

a　ベースアップがない

　役割給には賃金表がないので、当然ベースアップという概念もない。ベースアップという概念は賃金表で管理する場合の固有の概念である。ベースアップは賃金表の書き換えであり、ベースアップがあるとすべての社員がベースアップ分だけ昇給する。ベースアップは業績貢献度や能力や役割に関係なく、全社員に満遍なく昇給させるというやり方であり、人件費管理という面ではやや問題があるやり方である。

　賃金表がない役割給にはベースアップという概念はないが、インフレが起きた場合は上限・下限のレンジを上方へ移動させることがある。しかしこれはレンジの移動であってレンジの中にいる一人ひとりの社員の役割給を上方に移動させることはない。但し

下限近くの者がレンジ移動後の下限を下回る場合は移動後の下限まで昇給させることはある。

また年齢給、勤続給といった年功のみで昇給させる要素も排除している。

b　弾力的に昇給管理ができ、昇給原資との調整が容易にできる

賃金表による昇給の場合は、賃金表の号俸ピッチが数百円単位で粗い場合は昇給原資とぴったりと調整することが難しく、また評価は分布を考えた相対評価によらなければ昇給原資どおりに収めるのが難しいが、本方式で行えばピッチは円単位であると考えることもでき、また絶対評価で行っても昇給原資内にキチンと収めることができる。

②　基本昇給額

昇給評価は図表３－135に示すように業績評価と知識技能力評価の二つの要素で行うのがよいと思う。賞与は成果性を重視して業績評価だけで行うが、昇給は毎月の賃金に関するものであり、安定的に支給されるものであるので、成果の要素に能力の要素を若干加えた方がよいと思われる。具体的には業績評価と知識技能力評価の得点を80％、20％の割合で計算する。

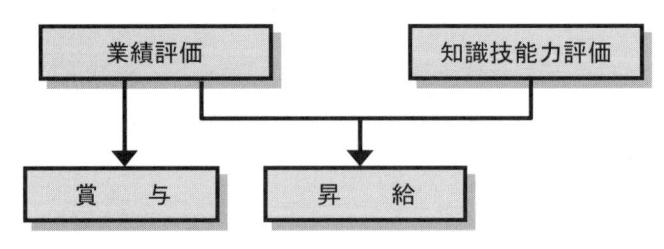

【図表３－135】評価システムと処遇の関係

例えば業績評価得点83点、知識技能力評価得点80点の場合の昇給評価得点計算は図表3－136とおりになる。

【図表3－136】昇給評価得点の計算

$$83 \times \frac{80}{100} + 80 \times \frac{20}{100} = 82.4$$

基本昇給額は昇給評価得点に応じて図表3－137に示すような直線式を用意しておく。図表3－138はこれをグラフに表わしたものであり、図表3－139は昇給評価得点に対応させて基本昇給額を表示したものである。

【図表3－137】基本昇給額の算式

$Y = 100\chi - 2,000$
　Y：基本昇給額
　χ：昇給評価得点

【図表3－138】基本昇給額グラフ

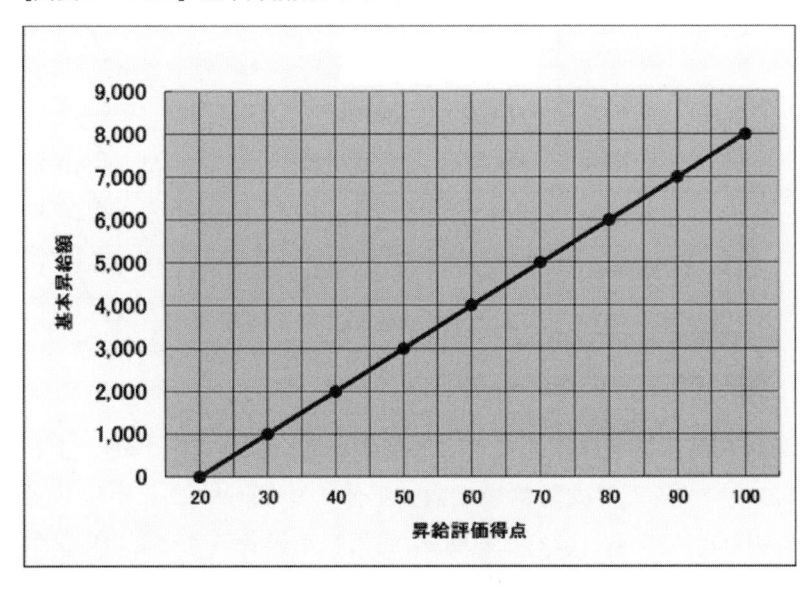

【図表3－139】昇給評価得点に対応した基本昇給額

昇給評価得点	20点	40点	60点	80点	100点
基本昇給額	0円	2,000円	4,000円	6,000円	8,000円

③ ステージ係数

　基本昇給額は昇給評価得点に対応しており、新入社員も部長も昇給評価得点が同じであれば同じ昇給額になる。しかし新入社員と部長では賃金のベースが異なっている。同じ昇給評価得点で同じ昇給額では昇給率は新入社員の方が高くなってしまう。昇給率のことを考えれば分母となる賃金ベースを考慮することが必要である。これがステージ係数である。

【図表3－140】ステージ係数

| ステージ | 役割給 | | | 粗ステージ係数 | ステージ係数 | 格差 |
	下限	上限	中位数			
Ⅷ	340,000円	500,000円	420,000円	2.1000	2.1	0.2
Ⅶ	290,000円	440,000円	365,000円	1.8250	1.9	0.2
Ⅵ	260,000円	390,000円	325,000円	1.6250	1.7	0.2
Ⅴ	240,000円	360,000円	300,000円	1.5000	1.5	0.2
Ⅳ	220,000円	330,000円	275,000円	1.3750	1.3	0.1
Ⅲ	200,000円	300,000円	250,000円	1.2500	1.2	0.1
Ⅱ	180,000円	270,000円	225,000円	1.1250	1.1	0.1
Ⅰ	160,000円	240,000円	200,000円	1.0000	1.0	

　ステージ係数は次のようにして求める。**図表3－140**によればステージⅠの役割給の上限・下限の中間、つまり中位数は200,000円になる。これを1.0000と置く。次に各ステージの中位数

を求めてステージⅠの中位数との比を求める。これが粗ステージ係数になる。この粗ステージ係数に法則性を持たせて、まるめて、ステージ係数を算定する。

ステージ係数はいわば役割給のステージ毎の格差構造を現していると言える。

④ 逓減率

各ステージ毎に設定されている役割給のレンジの上限に達すると昇給はゼロになる。いきなり昇給がゼロというのも衝撃が強すぎるので、上限の手前で徐々にブレーキを効かすようにする。これが逓減率である。

逓減率は**図表3－141**に示すように設定する。役割給の上限と下限の中間をAとする。下限とAの間はブレーキがなく、逓減率は1.00である。上限とAの中間をBとする。AとBの間は20%ブレーキをきかせて逓減率を0.80とする。上限とBの中間をCとする。BとCの間は逓減率を0.60とする。Cと上限の間は逓減率を0.40とする。上限に達すれば0.00となる。

逓減率を設定する理由として上限に達すると昇給はゼロになり衝撃が強すぎるということを挙げたが、その他の理由として次のことが挙げられる。

  a 中位数をそのステージの役割給の基準と考えている。中位数に上がるまでは出来る限り早く上げるようにし、中位数を過ぎれば昇給のペースを落とすようにする。

  b 中位数を過ぎた者はそのステージに留まってもあまりメリットがないようにし、早く昇格するように促す。

  c 中位数を過ぎた者の昇給は少なくなるが、それでも少しずつでも昇給するので昇給する期間が長くなり、モチベーションの維持に寄与できる。

【図表3－141】 逓減率

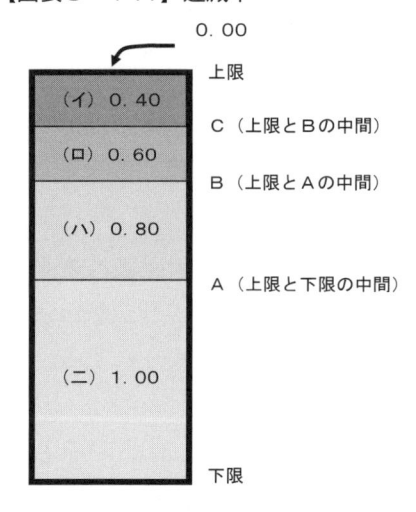

```
                    0.00
                    上限
   (イ) 0.40
                    C（上限とBの中間）
   (ロ) 0.60
                    B（上限とAの中間）
   (ハ) 0.80
                    A（上限と下限の中間）


   (ニ) 1.00



                    下限
```

【図表3－142】 逓減率早見表（表示されている金額と同額の場合は、以上と考える）

区分	ステージ								逓減率
	I	II	III	IV	V	VI	VII	VIII	
	240,000	270,000	300,000	330,000	360,000	390,000	440,000	500,000	0.00
イ									0.40
	230,000	258,750	287,500	316,250	345,000	373,750	421,250	480,000	
ロ									0.60
	220,000	247,500	275,000	302,500	330,000	357,500	402,500	460,000	
ハ									0.80
	200,000	225,000	250,000	275,000	300,000	325,000	365,000	420,000	
ニ									1.00
	160,000	180,000	200,000	220,000	240,000	260,000	290,000	340,000	

⑤ 補正比率

補正比率は図表３－143に示すとおりの算式で計算する。

分母の「補正前昇給額合計」は基本昇給額×ステージ係数×逓減率で計算した全社員合計額である。このようにして算出された補正比率を使うことにより昇給額を絶対評価で行いながらも昇給原資どおりに収めることができる。

【図表３－143】補正比率

$$\text{補正比率} = \frac{\text{予定昇給額合計}}{\text{補正前昇給額合計}}$$

(2) 若年層の昇給

若年層（大体30歳以下）に対しては初任給が低いということもあり、稼ぎ高に追いつくまではしっかり昇給させていくことが必要である（※）。逓減率や補正比率による調整は行わない。優先してしっかり昇給させていく。昇給評価得点の差による格差はしっかり昇給させていくという意味ではあまり大きくしない方がよい。若年層の昇給は図表３－144に示すようなものでよいのではないかと考える。但し一般層の昇給額と乖離が大きいようであれば多少調整することが必要である。

※第Ⅱ章 ９ (４)初任給が稼ぎに比べて低いので稼ぎに追いつくまでは昇給が必要である（100～102ページ参照）

【図表３－144】若年層の昇給

昇給評価得点	40点未満	40点以上	60点以上	70点以上	80点以上	90点以上
基本昇給額	0円	3,000円	6,000円	6,500円	7,000円	7,500円

(3) 昇給原資の配分

　昇給はまず昇給率・昇給原資をどのくらいにするかを決める。これは世間の動向、その企業の経営成績、経営者の考えを総合して決めることになる。労働組合がある企業では労働組合との交渉の中で決まっていく。

　次にこのように決まった昇給原資をどのような順序で取っていくかであるが、これは**図表３－145**に示すように①昇格昇給分、②若年層昇給分、③一般層昇給分の順序で取っていく。

　昇格昇給というのは昇格に伴うステージ手当の増加分をいう。ステージ手当は**図表３－127（252ページ）**に示すとおりである。管理職のステージに昇格するとき時間外手当を吸収するため大きくなっているが、時間外手当相当分は昇格昇給分から除く必要がある。昇格によって役職につき職位手当が新たに発生することがあるが、職位手当分は昇格昇給分には入れない。職位手当は昇給・昇格の時期以外のときも発生するからである。

　昇格者の昇給を昇格前のステージのレンジ・ステージ係数で行うのか、昇格後のステージのレンジ・ステージ係数で行うのかであるが、これは昇格後のステージのレンジ・ステージ係数で行う方がよいと思われる。

(4) 昇給計算の実際

　以上の昇給計算を実際の例で行うと**図表３－146**に示すようになる。この昇給計算では計算を簡単にするため昇格昇給、若年層昇給の計算は省略している。

【図表3―145】昇給原資の配分

①昇格昇給分
②若年層昇給分
③一般層昇給分

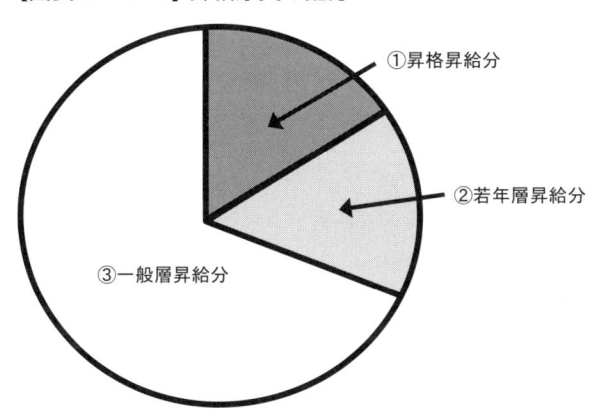

【図表3―146】昇給計算の実際

昇給率	2%	基準内賃金平均	300,000円
平均昇給額	6,000円	社員数	100人
昇給原資	600,000円		

$$補正比率 = \frac{600,000円}{500,000円} = 1.2$$

	ステージ	昇給評価	役割給	基本昇給額	ステージ係数	逓減率	補正前昇給額	補正比率	補正後昇給額
A君	Ⅱ	80点	230,000円	6,000円	1.1	0.8	5,280円	1.2	6,336円
B君	Ⅲ	70点	280,000円	5,000円	1.2	0.6	3,600円	1.2	4,320円
⋮							⋮		⋮
合計							500,000円		600,000円

Ⅲ　トライアングル人事システムの具体的内容

12　賞与

(1)　賞与計算の仕組み

賞与計算は図表3－147に示すように基本賞与と業績賞与に分けて行う。基本賞与というのは評価と関係なく賞与算定基礎額に応じて安定的に支給される。いわば生活見合い的な要素が強い配分である。業績賞与は業績評価に対応して支給される。基本賞与と業績賞与の配分割合は60％、40％とする企業が多い。

【図表3－147】　賞与の構成

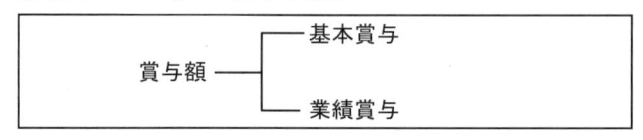

```
              ┌── 基本賞与
    賞与額 ──┤
              └── 業績賞与
```

①　基本賞与

基本賞与は賞与算定基礎額に一定比率を乗じて計算する。賞与算定基礎額は役割給＋ステージ手当＋職位手当が基本である。ステージ手当、職位手当が加わっている分、高ステージの者に厚く配分される仕組みになる。昇給では若年層に配慮し、賞与では高ステージの者に厚く配分することによりバランスをとるようにする。

②　業績賞与

業績賞与は業績評価によって増減する部分である。図表3－148～図表3－150に示すようにあらかじめステージが上になるほど、業績評価得点が高いほど業績賞与指数が高くなるような一次方程式を用意しておく。業績賞与平均に各人の業績賞与指数を乗じた額の全社員合計が、予定した業績賞与原資と差異がある場合は補正比率を使用して収まるようにする。

【図表3−148】 業績賞与指数グラフ

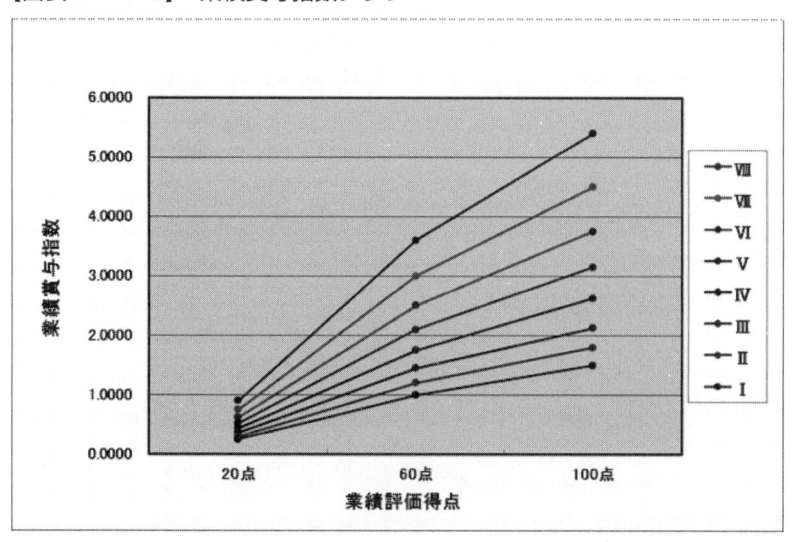

【図表3−149】 業績賞与指数（一次方程式）

ステージ	60点以上		60点以下	
	a（傾き）	b（切片）	a（傾き）	b（切片）
Ⅷ	0.0450000	0.9000000	0.0675000	−0.4500000
Ⅶ	0.0375000	0.7500000	0.0562500	−0.3750000
Ⅵ	0.0312500	0.6250000	0.0468750	−0.3125000
Ⅴ	0.0262500	0.5250000	0.0393750	−0.2625000
Ⅳ	0.0218750	0.4375000	0.0328125	−0.2187500
Ⅲ	0.0169375	0.4337500	0.0271875	−0.1812500
Ⅱ	0.0150000	0.3000000	0.0225000	−0.1500000
Ⅰ	0.0125000	0.2500000	0.0187500	−0.1250000

※ a（傾き）とb（切片）は下記一次方程式のaとbを指している

$$y = aX + b$$

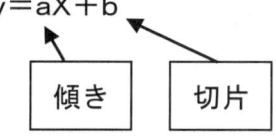

傾き　切片

Ⅲ　トライアングル人事システムの具体的内容

【図表３−150】 業績賞与指数（業績評価得点別に表示）

ステージ	100点	90点	80点	70点	60点	50点	40点	30点	20点
Ⅷ	5.40000	4.95000	4.50000	4.05000	3.60000	2.92500	2.25000	1.57500	0.90000
Ⅶ	4.50000	4.12500	3.75000	3.37500	3.00000	2.43750	1.87500	1.31250	0.75000
Ⅵ	3.75000	3.43750	3.12500	2.81250	2.50000	2.03125	1.56250	1.09375	0.62500
Ⅴ	3.15000	2.88750	2.62500	2.36250	2.10000	1.70625	1.31250	0.91875	0.52500
Ⅳ	2.62500	2.40625	2.18750	1.96875	1.75000	1.42188	1.09375	0.76563	0.43750
Ⅲ	2.12750	1.95813	1.78875	1.61938	1.45000	1.17813	0.90625	0.63438	0.36250
Ⅱ	1.80000	1.65000	1.50000	1.35000	1.20000	0.97500	0.75000	0.52500	0.30000
Ⅰ	1.50000	1.37500	1.25000	1.12500	1.00000	0.81250	0.62500	0.43750	0.25000

（2） 賞与計算の実際

Y社では２ヵ月の賞与を支給することにした。賞与算定基礎額（役割給＋ステージ手当＋職位手当）平均は350千円、社員数を100人とすると一人当たり平均は700千円になり、賞与原資は70,000千円になる。これを基本賞与60％、業績賞与40％の割合で配分すると図表３−151に示すとおりになる。

【図表３−151】 賞与の構成

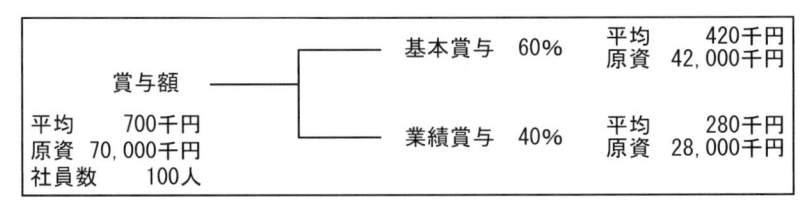

```
                            ┌─ 基本賞与  60%   平均    420千円
                            │                   原資 42,000千円
        賞与額 ─────────────┤
平均       700千円           │
原資   70,000千円            └─ 業績賞与  40%   平均    280千円
社員数     100人                                原資 28,000千円
```

① 基本賞与の計算

賞与算定基礎額（役割給＋ステージ手当＋職位手当）の全社員

平均額が350千円であるので基本賞与の支給率は**図表３－152**に示すように1.2と計算される。

各人の基本賞与額は各人の賞与算定基礎額に基本賞与支給率を乗じることによって計算される。全社員の基本賞与合計額は当然予定していた基本賞与原資に納まる。

【図表３－152】　基本賞与支給率の計算

$$\text{基本賞与支給率} = \frac{\text{基本賞与配分額平均　420千円}}{\text{賞与算定基礎額平均　350千円}} = 1.2$$

例えばステージⅡのＡ君の賞与算定基礎額が250千円であった場合は**図表３－153**のとおり計算する。

【図表３－153】ステージⅡ　Ａ君の基本賞与の計算

```
基本賞与 ＝ 賞与算定基礎額 × 基本賞与支給率
基本賞与＝　　250千円　　×　　1.2　　　　＝ 300千円
```

② 業績賞与の計算

　a　業績賞与指数の算出

各人の業績評価得点を**図表３－149**に示すような業績賞与指数の一次方程式に代入して業績賞与指数を算出する。

例えばステージⅡのＡ君の業績評価得点が80点であった場合は**図表３－154**のとおり計算する。

【図表３－154】ステージⅡ　Ａ君の業績賞与指数の計算

```
Y ＝ 0.015χ ＋ 0.3
    Y：業績賞与指数
    χ：業績評価得点
業績賞与指数 ＝ 0.015 × 80点 ＋ 0.3 ＝ 1.5
```

Ⅲ　トライアングル人事システムの具体的内容

b 粗業績賞与の算出

各人の業績賞与指数に業績賞与平均を乗じて粗業績賞与を算出する。例えばステージⅡのA君の粗業績賞与は**図表3－155**のとおり計算する。

【図表3－155】ステージⅡ　A君の粗業績賞与の計算

```
粗業績賞与 ＝ 業績賞与指数 × 業績賞与平均
粗業績賞与 ＝     1.5     ×   280千円   ＝ 420千円
```

c 補正比率の算出

業績賞与原資に納めるために**図表3－156**の通り業績賞与原資を粗業績賞与の全社員合計額（例えば56,000千円になったとする）で除して補正比率を計算する。

【図表3－156】補正比率の計算

$$補正比率 = \frac{業績賞与原資\quad 28,000千円}{粗業績賞与の全社員合計額\quad 56,000千円} = 0.5$$

d 業績賞与の算出

各人の粗業績賞与に補正比率を乗じて業績賞与を算出する。例えばステージⅡのA君の業績賞与は**図表3－157**のとおり計算する。当然のことながら、全社員の業績賞与の合計額は当初予定していた業績賞与原資28,000千円に収まる。

【図表3－157】ステージⅡ　A君の業績賞与の計算

```
業績賞与 ＝ 粗業績賞与 × 補正比率
業績賞与 ＝  420千円  ×  0.5   ＝ 210千円
```

③ 基本賞与と業績賞与を合計して各人の賞与を算出する

各人の基本賞与と業績賞与を合計して賞与を算出する。例えばステージⅡのA君の業績賞与は図表3－158のとおり計算する。当然のことながら、全社員の賞与の合計額は当初予定していた賞与原資70,000千円に納まる。

【図表3－158】ステージⅡ　A君の賞与の計算

```
賞与 ＝ 基本賞与 ＋ 業績賞与
賞与 ＝ 300千円 ＋ 210千円 ＝ 510千円
```

(3) 賞与計算の実際のまとめ

賞与計算の実際をまとめると図表3－159のようになる。

【図表3－159】　賞与計算の実際

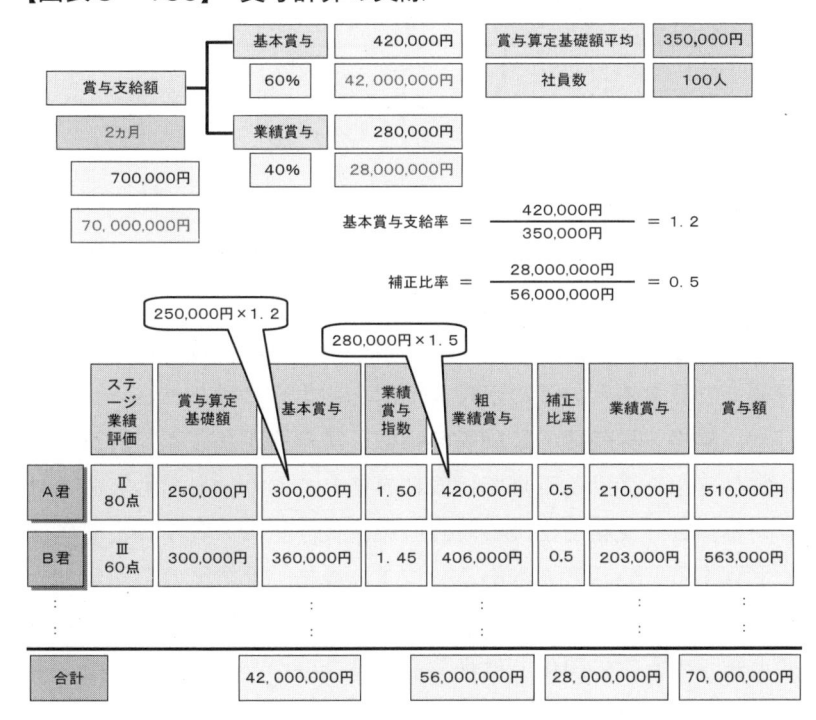

賞与支給額			基本賞与	420,000円		賞与算定基礎額平均	350,000円
			60%	42,000,000円		社員数	100人
2ヵ月			業績賞与	280,000円			
700,000円			40%	28,000,000円			
70,000,000円							

$$\text{基本賞与支給率} = \frac{420,000円}{350,000円} = 1.2$$

$$\text{補正比率} = \frac{28,000,000円}{56,000,000円} = 0.5$$

250,000円×1.2　　　280,000円×1.5

	ステージ業績評価	賞与算定基礎額	基本賞与	業績賞与指数	粗業績賞与	補正比率	業績賞与	賞与額
A君	Ⅱ 80点	250,000円	300,000円	1.50	420,000円	0.5	210,000円	510,000円
B君	Ⅲ 60点	300,000円	360,000円	1.45	406,000円	0.5	203,000円	563,000円
⋮	⋮	⋮	⋮	⋮	⋮	⋮	⋮	⋮
合計			42,000,000円		56,000,000円		28,000,000円	70,000,000円

Ⅲ　トライアングル人事システムの具体的内容

（4） 昇格者の賞与計算

 3月期決算の企業で、図表3－160に示すように4月にステージⅢからⅣに昇格した者の夏の賞与はステージⅢの業績賞与指数で計算すべきであろうか、ステージⅣの業績賞与指数で計算すべきであろうか。また昇給前の賞与算定基礎額で計算すべきであろうか、昇給後の賞与算定基礎額で計算すべきであろうか。

【図表3－160】 昇格者の賞与

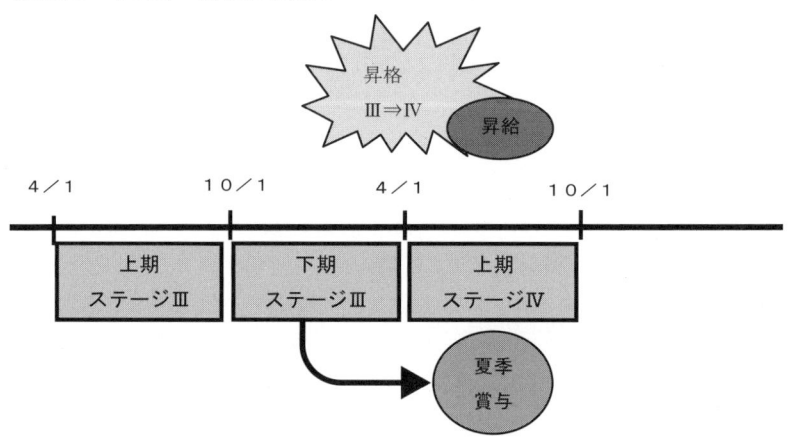

この場合考え方は二つある。

① 昇格・昇給前の業績賞与指数、賞与算定基礎額で計算する

 ステージⅢで評価を受けた下期（10／1～3／31）の業績に対しての賞与であるから昇格・昇給前の業績賞与指数、賞与算定基礎額で計算するというのが理論的であるように思われる。

② 昇格・昇給後の業績賞与指数、賞与算定基礎額で計算する

 賞与支給を受ける時点では既に昇格しており、昇給も実施されている。賞与支給を受ける時点の業績賞与指数、賞与算定基礎額で計算するという考えもある。つまり昇格・昇給後の業績賞与指数、賞与算定基礎額で計算するということである。業績評価の時期と賞与の支給の関係では理論的ではないが、昇格のメリットを

実感してもらうという意味で昇格・昇給後の業績賞与指数、賞与算定基礎額で計算するという考えも肯けるところがる。

実務的にはコンピュータの数字は夏季賞与支給の時期では昇格・昇給後の数字になっているので、②の方がやりやすい。

13　退職金

退職金は会社業績貢献に対する賃金の後払いである。まとまった資金が一度に入ることによる退職後の生活再設計資金といえる。これにより老後の準備資金にしてもよいし、定年後の再出発資金にしてもよい。

現在も相当数の企業・組織では図表3－161のように退職金を基本給と連動させているが、基本給との連動はやめるべきであろう。

【図表3－161】　基本給と連動した退職金

> 退職金＝基本給×勤続年数別支給率×退職事由別係数

基本給が年功的に上がる企業では退職金もますます年功的に上昇する。また勤続年数別支給率も勤続年数が20年を超えるあたりから加速度的に上昇しているものが多い。これは長期勤続を優遇しようという意図が読み取れるが、これも改めるべきであろう。

退職金は企業・組織業績貢献に対する賃金の後払いという観点に立てば基本給との連動を断ち切る方式に転換することが望ましい。その場合のやり方としてはポイント制や勤続年数別定額×退職時ステージ係数等が考えられるがポイント制がよいのではないかと思われる。ポイント制にする場合、図表3－162に示すような要素でポイントを加算するのが多く行われている。

【図表3－162】 ポイント制の要素の例

ステージ	ポイント
Ⅷ	450
Ⅶ	400
Ⅵ	350
Ⅴ	300
Ⅳ	250
Ⅲ	200
Ⅱ	150
Ⅰ	100

勤続年数	ポイント
2年以上	20
5年以上	50
10年以上	100
20年以上	150
30年以上	200

職位	ポイント
課長	100
部長	150
本部長	200

　退職金の外部積立として規約型企業年金、キャッシュバランスプラン、確定拠出型年金（日本型401K）が用意されている。また中小企業であれば中小企業退職金共済（中退共）の活用も一策であろう。これらを使う場合はポイント制に切り替えることが肝要である。

　図表3－163は基本給×支給率で行っている退職金をポイント制に切り替えた場合のシミュレーションの例である。

　現行の退職金は大卒男子順調昇進モデルと大卒男子一般モデルを設定して行った。基本給は賃金表で管理しており、モデルに合わせた資格等級・昇給号俸で基本給を想定した。

　新退職金はポイント制にして、現行モデルとほぼ同じスピードで昇格するものとしてポイントを累積させていく。ポイントは現行退職金とほぼ同じ水準になるように設定する。

　ポイント制に切り替え時は現行退職金計算式で計算し、その額を切り替え時のポイントの持点とする。従ってポイント制に切り替え時には有利不利は生じない。

【図表3-163】 退職金のポイント制への切り替えの例（A社）

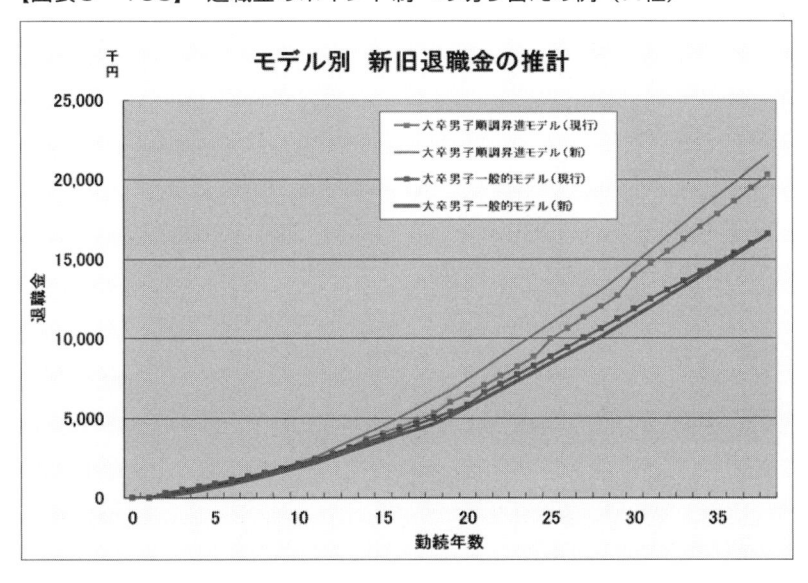

モデル別 新旧退職金の推計

縦軸：退職金（千円）／横軸：勤続年数

凡例：
- 大卒男子順調昇進モデル（現行）
- 大卒男子順調昇進モデル（新）
- 大卒男子一般的モデル（現行）
- 大卒男子一般的モデル（新）

Ⅳ トライアングル人事システムの鳥瞰

　本章では、『トライアングル人事システム』の全体像を示し、まとめとする。

　また第Ⅰ章で指摘した　能力主義、役割主義、成果主義の良いところや問題点がトライアングル人事システムで、どのように生かされ、克服されたのかを対比表形式でまとめてみた。

　『トライアングル人事システム』全体像を見ると、鉄筋コンクリート造りのビルのようで、複雑だなと感じられるかもしれない。木造住宅程度でよいのだがと思われるかも知れない。

　そこで、それに応えて簡素化したトライアングル人事システムを示した。

Ⅳ　トライアングル人事システムの鳥瞰

1　トライアングル人事システムの全体像

　これまで述べてきたトライアングル人事システムの全体を鳥瞰すれば図表4－1のとおりとなる。

(1)　経営理念・大切にすべき価値観

　全体像の一番上に「経営理念・大切にすべき価値観」がある。これは意味があるのである。「経営理念・大切にすべき価値観」を社員に行動に促すものが人事制度なかんずく評価制度であるからである。「経営理念・大切にすべき価値観」に基づいて評価制度を構築すれば、自然と社員はそこに謳われている行動をするようになる。

(2)　経営目標

　経営理念は時間の観念があまりないが、経営目標は時間の観念がある。「わが社は5年以内に株式を公開する」「5年以内に経営品質賞を受賞する」「わが社は10年以内に○○の市場においてシェアがトップになっている」等が経営目標である。ビジョンといってよい。

(3)　部門の目的

　経営目標つまりビジョンをより効率的・効果的に達成するために企業では組織化が行われ、営業部門、製造部門、管理部門、開発部門等の部門が設置される。部門を設置するのは必要性があるから設置するのである。部門の必要性、部門の存在意義、使命を部門の目的という。そして部門の目的の達成度合いを部門の業績という。

【図表4－1】 トライアングル人事システム　全体像

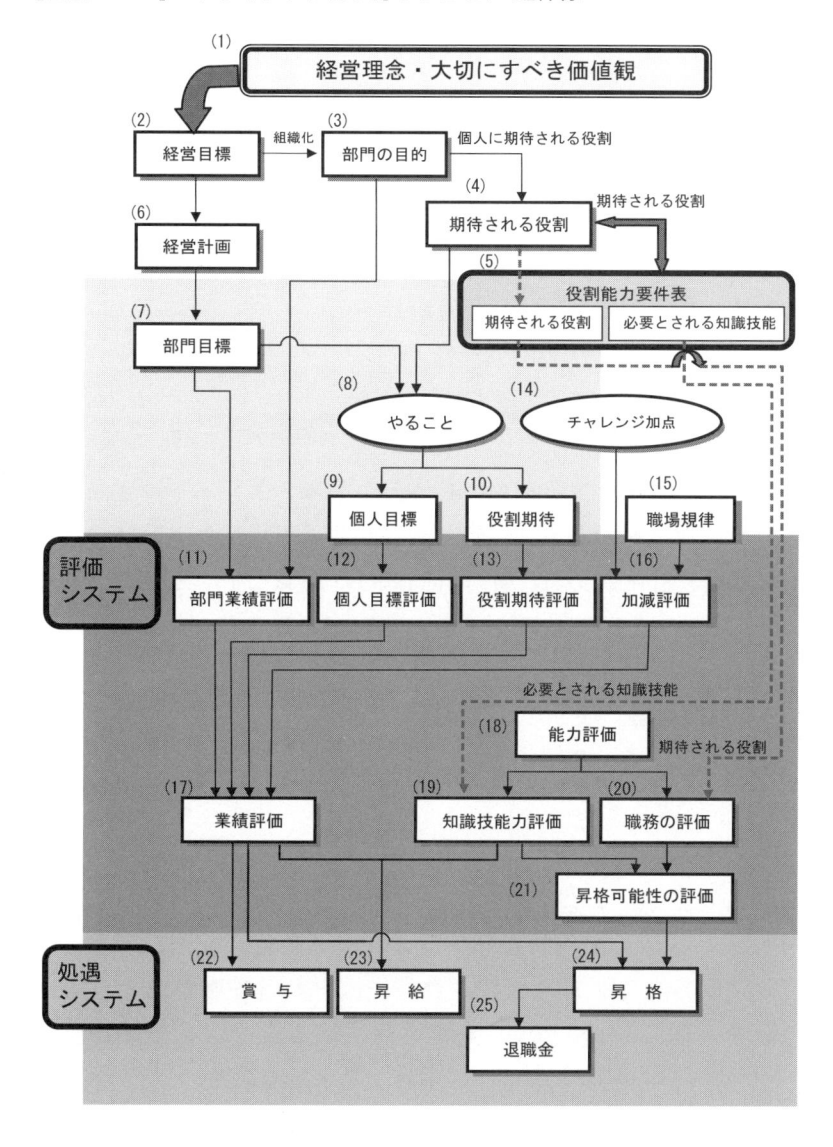

(1) 経営理念・大切にすべき価値観

(2) 経営目標 →（組織化）→ (3) 部門の目的 →（個人に期待される役割）→ (4) 期待される役割 ←（期待される役割）— (5) 役割能力要件表（期待される役割／必要とされる知識技能）

(6) 経営計画

(7) 部門目標

(8) やること

(14) チャレンジ加点

(9) 個人目標　(10) 役割期待　(15) 職場規律

【評価システム】
(11) 部門業績評価　(12) 個人目標評価　(13) 役割期待評価　(16) 加減評価

必要とされる知識技能　　期待される役割

(18) 能力評価

(17) 業績評価　(19) 知識技能力評価　(20) 職務の評価

(21) 昇格可能性の評価

【処遇システム】
(22) 賞与　(23) 昇給　(24) 昇格
(25) 退職金

Ⅳ　トライアングル人事システムの鳥瞰　283

(4) 期待される役割

部門の中には個人がいる。その個人は部門の目的を達成するためにそれぞれ役割を与えられている。この個人に期待される役割をキチンと果たしたかどうかが個人の業績である。

(5) 役割能力要件表

役割能力要件表は、ステージに期待される役割と必要とされる知識技能を明確化し、示したものである。

関連個所　131～140ページ

(6) 経営計画

経営目標を達成するための具体的手順やスケジュールを表したものが経営計画である。経営計画には3ヵ年程度の中期経営計画や年度経営計画がある。経営計画は付加価値を中心とした付加価値経営計画（115～119ページ）を策定することが重要である。

(7) 部門目標

年度経営計画に基づいて各部門では部門目標を設定する。

(8) やること

個人の「やること」は「部門目標」と「個人に期待される役割」から導き出す。個人のやることは「変化、前進、向上、改善、完成させるような特定業務、売上・利益等数値化できる業務」を「個人目標」で、「定常業務、基本業務、必須業務」は「役割期待」で把握するようにすれば効果的である。

関連個所　44～50ページ

(9) 個人目標

「やること」の中で「変化、前進、向上、改善、完成させるよ

うな特定業務、売上・利益等数値化できる業務」は個人目標を設定して行う。個人目標は部門目標に基づいて、部門の中で自分に期待される役割をよく考えて設定する。

　　関連個所　89〜93ページ　168〜177ページ

（10）　役割期待

「やること」の中で「定常業務、基本業務、必須業務」は「役割期待」で把握するようにする。

　　関連個所　44〜46ページ　155〜160ページ

（11）　部門業績評価

部門目標をどの程度達成したか、部門の目的をどの程度達成したかを評価するのが部門業績評価である。

　　関連個所　38〜44ページ　178〜210ページ

（12）　個人目標評価

個人目標の達成度合いを評価するのが個人目標評価である。

　　関連個所　89〜93ページ　168〜177ページ

（13）　役割期待評価

「定常業務、基本業務、必須業務」は「役割期待」で把握するようにする。期初に上司部下で確認した「役割期待」をどの程度果たしたかを評価するのが役割期待評価である。

　　関連個所　44〜46ページ　155〜160ページ

（14）　チャレンジ加点

チャレンジすれば加点するというのがチャレンジ加点である。プロジェクト加点、パーソナル加点、エクセレント加点などがある。チャレンジングな組織風土の醸成が目的である。

　　関連個所　36〜37ページ　211〜215ページ

(15) 職場規律
職場規律は守って当たり前である。守らなければ減点とする。
関連個所　37〜38ページ　161〜162ページ

(16) 加減評価
加減評価は、チャレンジ加点と職場規律の減点から構成される。
関連個所　161〜162ページ

(17) 業績評価
業績評価は「部門業績評価」「個人目標評価」「役割期待評価」「加減評価」で構成される。
関連個所　152〜167ページ

(18) 能力評価
能力評価は知識技能力評価と職務の評価で構成される。
関連個所　50〜56ページ　216〜230ページ

(19) 知識技能力評価
知識技能力評価は役割能力要件表の「必要とされる知識技能」をどの程度保有しているかを評価する。
関連個所　225〜229ページ

(20) 職務の評価
職務の評価は、担当している仕事のレベルはどの程度かを評価するものである。
関連個所　217〜225ページ

(21) 昇格可能性の評価
知識技能力評価、職務の評価を勘案、昇格の可能性を評価する。
関連個所　229〜230ページ

（22） 賞与

　賞与は、成果性を重視し、業績評価の評価結果を反映させる。

　　関連個所　122～124ページ　270～277ページ

（23） 昇給

　昇給は、能力の要素も加えて、業績評価と知識技能力評価の評価結果を反映させる。

　　関連個所　120～121ページ　261～269ページ

（24） 昇格

　昇格は、ステージが上がることである。昇格しなければそれほど賃金は上がらない仕組みになっている。昇格は、業績評価、昇格可能性の評価（知識技能力評価、職務の評価）の評価結果を反映させる。

　　関連個所　231～238ページ

（25） 退職金

　退職金は基本給との連動は断ち切る方式に転換することが必要である。その場合のやり方としてはポイント制がよいと思われる。ポイントはステージに対応して設定するので、昇格と関係する。

　　関連個所　124～125ページ　277～279ページ

2 トライアングル人事システムは能力主義、役割主義、成果主義の問題点をどのように克服したか

トライアングル人事システムは、能力主義、役割主義、成果主義の良いところは活かし、問題点を克服するようにした。これをまとめると図表4-2のとおりである。

【図表4-2】 トライアングル人事システムは、能力主義、役割主義、成果主義の良いところをどのように活かし、問題点をどのように克服したか

(1) 能力主義-1

	良いところ／問題点	トライアングル人事システム
良いところ	**能力主義は、組織変更や人事異動を柔軟に行うことが出来る** 能力主義は、役割主義のように役割が変わってもそれで直ちに等級が変わるということはない。賃金も確保される。役割が変わっても社員は安心であり、組織変更や人事異動を柔軟に行うことが出来る。	トライアングル人事システムでは、異動してもステージや賃金を変えない仕組みにしており、人事異動や組織変更を柔軟に行うことが出来るようにしている。この考え方は、能力主義と同じである。
	評価と処遇は分離されている 能力主義は、賞与評価、昇格・昇給評価と、評価と処遇を直接結び付けることはない。能力主義の評価は成績考課、情意考課、能力考課で構成され、その特質に従って昇給・昇格、賞与に反映させている。	トライアングル人事システムも賞与評価、昇格・昇給評価と、評価と処遇を直接結び付けることはなく、評価は業績評価、能力評価で構成し、評価の論理と処遇の論理は明確に区分するようにしている。
	バランスよく評価することができる 成績考課、情意考課、能力考課で構成され、本人の行動・結果や能力をバランスよく把握する仕組みになっている。	トライアングル人事システムも評価システムは業績評価（個人目標評価、部門業績評価、役割期待評価、加減評価）、能力評価（知識技能力評価、職務の評価）で構成し、余すところなくバランスよく評価出来るようになっている。
	賃金は安定的に運用され、社員の生活の安定によく配慮した賃金である 基本的賃金は賃金表に基づいた職能本給、年齢による生計費の増加に対応した年齢給で構成され、異動によって役割が変わっても等級・賃金は維持される。	賃金は社員の生活の安定に配慮した運用がなされるのが望ましい。トライアングル人事システムも能力主義の考え方と同じである。ただ年齢給は取り入れない、役割給の上限を厳格に運用する等、年功の要素は薄くしている。

(2) 能力主義－2

	良いところ／問題点	トライアングル人事システム
問題点	**成長経済にフィットしており、現在の経済状況にはフィットしない** 能力主義は、能力が高まれば等級が上がり、賃金体系・昇給も生活への配慮が行き届いており、安心して働くことが出来、成長経済にフィットした誠におおらかな人事制度であるが、現在の低成長時代には合わなくなっている。	トライアングル人事システムでは、総額人件費管理により昇給・賞与原資管理を厳密に行う。ステージ毎に役割給の上限を設け、昇格しなければ賃金はそれほど上がらないようにした。しかも昇格は役割の要素を加えて厳格に行うようにし、年功の要素を極力抑え、低成長時代の経済にフィットするように設計した。
	昇格が年功化 最短と最長の在級年数が設定されており、昇格が年功化しやすい構造になっている。	トライアングル人事システムでは、最長在級年数の自動昇格は取り入れていない。昇格基準を厳格に設定し、基準に達しなければ昇格出来ないようにしている。
	降格がない 能力主義では、一旦身につけた能力は減退することはないと考え、基本的には降格がない。ただ日進月歩の今日、知識の陳腐化が激しく、過去の知識は役に立たず却って邪魔になることもある。	トライアングル人事システムでは、降格制度を設けている。期待どおりの成果を上げられない者、ステージに期待される役割を果たすことが出来なくなった者は、降格はやむを得ない。
	部門業績、個人目標に対する関心が低い 能力主義は視点が個人にあり、経営管理、部門業績に対する関心が低い。 個人目標を行っている場合も成績考課の参考資料に留めているところが多い。	トライアングル人事システムでは、経営理念、経営計画、部門目標、個人目標といった目標の連鎖を重視する。部門業績評価制度、個人目標制度を構築し、その評価結果を能力主義のように参考資料とするのではなく直接、（個人）業績評価に結びつけている。

(3) 能力主義－3

	良いところ／問題点	トライアングル人事システム
問題点	**能力を評価するのは難しい** 能力主義は能力に重点を置いて評価を行う。しかし能力を直接評価できないので、本人の行動や結果を評価して、そのような行動や結果を出す者は多分このような能力を持っていると推測して、間接的に評価するという形をとる。それでも能力評価は難しいのでアバウトになりやすい。	能力主義の場合、指導力、判断力、企画力、折衝力等の能力は行動・結果から間接的に評価するが、トライアングル人事システムではこのような間接的な評価はやめて行動・結果を業績評価で、直接評価することにする。 ただ能力評価を全く行わないということではない。昇格や昇給を考える場合、能力を評価することは必要である。従って能力のうち知識技能力は評価することができるので評価する。また現在担当している仕事のレベルから能力を「職務の評価」で評価する。
	賃金は年功化しやすい 昇給は賃金表に基づく定期昇給・ベースアップで行っている。各等級の賃金に上限を設けている企業・組織はあるが、昇格が年功的であれば賃金も年功化しやすい。各等級に上限を設けず、青天井の企業・組織もある。その場合は年功化しやすい。それに年齢給があると更に年功化が倍加する。	トライアングル人事システムでは、ステージ毎に役割給に上限を設けている。昇格を厳密に行い、年功化を極力抑えている。但し年功を全く無視しているわけではない。ステージのレンジの中では年功を認めている。但し上限に達すれば、それ以上の年功は認めないということである。 年齢給は行わない。但し初任給が低いことに伴う若年層の昇給は行う。
	人件費管理に対する関心が低い 能力主義は、賃金表に基づく定昇、年齢給の昇給、賞与算定基礎額の何ヵ月という賞与等により放っておけば人件費は膨らむ構造になっている。このような人件費圧力に対してコントロールするという意識は希薄である。	トライアングル人事システムでは、付加価値と適正労働分配率線で総額人件費管理を行う。そして昇給・賞与は「まず原資ありき」の考えに立ち、絶対評価を行いながらも、補正比率をもって昇給・賞与原資をキチンと守る仕組みにしている。

(4) 役割主義－1

	良いところ／問題点	トライアングル人事システム
良いところ	**理論的である** 役割主義は、役割・等級・賃金がリンクしており、役割のレベルが違うから賃金も違うのだと説明出来、理論的である。	人事システムが理論的で明快に説明出来ることは重要である。トライアングル人事システムも理論的で、システムを明快に説明出来る。ただ理論的であることとスムーズに運用出来ることは両立できなくてはならない。役割主義の運用に難点があるところは克服するようにしている。
	経営計画、部門目標、個人目標が連鎖している	トライアングル人事システムも目標の連鎖は重視している。
	評価は個人目標と行動評価で構成されており、本人の成果がバランスよく、余すところなく把握されるようになっている	トライアングル人事システムの業績評価は個人目標、部門業績、役割期待、加減項目で構成され、役割主義以上に本人の成果がバランスよく、余すところなく把握されるようになっている。
問題点	**運用が窮屈である** 役割・等級・賃金がリンクしているので、人事異動、組織変更で役割が変わった時、賃金や等級をどうするかという問題が出てきて、運用が窮屈である	トライアングル人事システムは、異動してもステージや賃金を変えない仕組みにしており、人事異動や組織変更を柔軟に行うことが出来るようにしている。この考え方は能力主義と同じである。
	基本的賃金は等級間のダブりを認めない 基本的賃金はダブりがないので上限・下限の幅が狭くなり、同等級に滞留が長くなるとすぐ上限に達してしまう。モチベーションの維持に苦労する。	トライアングル人事システムの役割給はステージ間でダブりがある。ステージのレンジの幅は広く、昇給がある程度続くことが出来るようにしており、モチベーションの維持もある程度出来るようにしている。
	部門業績に対する関心が高くない 個人の業績（成果）には関心は高いが、部門の業績にはさほど関心が高くない。従って部門業績評価制度を構築して運用するという発想もない。	トライアングル人事システムでは、部門業績評価制度を構築して（個人）業績評価のパーツとして取り入れている。
	評価項目にウエイトの観念がない 役割主義の行動評価項目にはウエイトの観念がないものも見受けられる。ウエイトがないので結果的には均等のウエイトになっている。評価項目には重要な項目とそうでない項目があるのではないか。	トライアングル人事システムでは業績評価項目にウエイトの観念を取り入れている。ステージ・職掌に期待される役割を濃淡つけて評価するようにしている。

(5) 役割主義－2

	良いところ／問題点	トライアングル人事システム
問題点	**評価項目の数が多い** ウエイトの観念がないことも関連するが、ちょうど100点になるように20項目設定するという例もあった。中にはそれほど重要でないと思われる項目があったり、1つの意味を敢えて2つの項目に分割するということもあった。	トライアングル人事システムでは、ウエイトの観念を取り入れて、重要性の高い評価項目に絞って評価するようにしている。ステージ・職掌によって評価項目数は異なるが、それでも10項目は上回らない。
	評価項目名が長い 行動を評価項目にしているために、評価項目名が「部下の能力を把握し、適切に人員配分し、業務能力が向上するよう育成する」と長いものも見受けられた。	トライアングル人事システムでは、評価項目は「人材育成」などと短い言葉で表現し、その評価項目の定義（意味）を「部下の能力・適性をよく掌握し、部下の能力開発に実績を上げたかを評価する項目」などと明確に設定している。
	能力が評価されない 役割主義は、能力は行動に表れるので行動を評価すればよいとして能力評価は行っていない。 知識技能力の評価は必要と思われる。また昇格を考えた場合、上の等級の役割を果たすことができる能力を保有しているかを評価する必要がある。	トライアングル人事システムでは昇格や昇給を考えると、能力評価は必要と考える。 従って能力のうち知識技能力は評価することができるので「知識技能力評価」で評価する。 また現在担当している仕事のレベルから、能力を「職務の評価」で評価する。
	仕事の結果は個人目標で評価している 役割主義は個人目標と行動評価で評価を行うので、「仕事の結果」は行動ではないため個人目標で評価している。しかしルーチンワークをミスなく行うことを個人目標で評価するのが適切かどうかは疑問である。個人目標は変化・前進・向上・改善・完成であるべきであり、個人目標の目標にするのは適切ではない。ルーチンワークをミスなく行うことは別途キチンとした評価項目を立てて評価した方がよい。	トライアングル人事システムではルーチンワークをミスなく行ったかを、「正確度」という役割期待評価項目で評価することにしている。個人目標は変化・前進・向上・改善・完成させるような特定業務、売上・利益等数値化できる業務を設定するようにしている。

(6) 成果主義－1

	良いところ／問題点	トライアングル人事システム
良いところ	**成果による動機づけが出来る** 成果中心であるので、モチベーションが上がり、個人業績、部門業績、企業・組織業績が上がる。 **成果を評価する。評価が明快である** 目標を達成したかで成果を評価する。能力主義の能力評価のように評価に曖昧さが少なく、明快である。	トライアングル人事システムは、成果の評価（業績評価）が評価の中心である。そして評価者と被評価者が評価のプロセスで協働することにより、評価の納得性を高め、被評価者のモチベーションを高めることを狙っている。
問題点	**個人目標で本人の仕事をカバーすることができない** 成果主義の評価は目標管理（個人目標）で行うが、目標は本人の仕事の一部に焦点を当てて特定化するものであり、本人の仕事の全部をカバーできない。漏れが出る。 **定常業務、基本業務、必須業務が漏れ、疎かになる** 評価を目標管理（個人目標）だけで行うと、定常業務、基本業務、必須業務に漏れが出る。管理職で言えば、部下の育成、人事評価、コミュニケーション等は必須項目であるが、これが抜け落ち、疎かになる恐れがある。 **目標管理（個人目標）の中にいろいろな要素が混在する** 個人目標が得意とする分野は、変化・前進・向上・改善・完成といった仕事および売上・利益といった数値化できる仕事である。ところが成果主義では、評価は個人目標だけで行うので、定常業務、基本業務、必須業務をしっかりやったことも評価してもらいたいと考え、それらの仕事も個人目標に入れるようになり、いろいろな要素が混在するようになる。	トライアングル人事システムの成果の評価は、個人目標、部門業績、役割期待で把握するようにし、それぞれ得意分野で本人の成果を余すところなく把握されるようにしている。 個人目標では、変化・前進・向上・改善・完成といった仕事および売上・利益と言った数値化できる仕事を把握し、定常業務、基本業務、必須業務は役割期待評価項目で把握し、個人目標では把握しないようにしている。 部門業績では、部門業績評価制度をキチンと構築して部門業績を把握するようにしている。 役割期待では、定常業務、基本業務、必須業務を評価するようにしている。

(7) 成果主義-2

	良いところ／問題点	トライアングル人事システム
問題点	**部門業績評価に対する関心はあるが、これを制度として構築し、評価制度に組み込むまでには至っていない** 評価は個人目標であり、部門業績という評価項目を立てて評価することは行っていない。部門業績は管理職の個人目標の中で展開される。管理職以外の者は個人目標の中に部門業績の要素を入れた目標は設定していない。あくまで部門目標を受けた個人の業績目標である。	トライアングル人事システムでは、部門業績評価制度を構築して（個人）業績評価の中に部門業績として組み込み反映するようにしている。管理職は部門業績責任者であるから当然高いウエイトになる。管理職以外の者も部門業績に対する責任の度合いに応じて相応のウエイトを賦課するようにしている。
	能力が評価されない 成果主義は成果の評価が主体であり、能力については意識されず抜け落ちている。	トライアングル人事システムでは「知識技能力評価」と「職務の評価」を行い、能力を評価する仕組みを設けている。
	処遇（昇給・昇格・賞与）を意識しすぎる評価になる 成果主義は「やったら出すよ！」という姿勢であり、評価も自然と処遇を考えて評価するようになる。評価は本来、企業・組織が定めた評価基準に従って、事実に基づいて評価すればよいものであり、処遇を考えると評価がゆがむ恐れが出る。	トライアングル人事システムでは、評価と処遇とは切り離して行う。評価の論理と処遇の論理を峻別する。 評価は業績評価（個人目標、部門業績、役割期待、加減項目）と能力評価（知識技能力評価、職務の評価）からなり、評価の特質によって適切に反映させるようにしている。
	目標は短期目標に重点を置き、長期的な目標がおざなりになる	短期的な目標が重視され、長期的な目標がおざなりになることは目標管理の運用上の欠点であり、これは成果主義に限ったことではない。 トライアングル人事システムでは、業績評価項目の中に「課題形成」「達成志向性」「人事管理」（これら評価項目の意味は156～157ページを参照のこと）の評価項目を設け、短期的な目標が重視され、長期的な目標がおざなりになるような状態に陥らないようにしている。また目標設定研修をしっかり行うことにより、長期的な目標も設定するように仕向けている。

3 トライアングル人事システムの簡素化

　トライアングル人事システムの鳥瞰図を見ると立派な鉄筋コンクリートのビルのようで少し立派すぎる、もう少し簡便な木造住宅程度にできないかと思われる読者もおられるのでないかと思い、簡素化について少々述べたいと思う。

　本書で紹介した人事制度は、トライアングル人事システムとしてフル装備のもので、必要性があってこのような仕組みになっているため、これで運用するのが最善である。見た目は複雑であるが、人事制度説明会等で丁寧に説明すると理解できると思う。

　ただ、この装備を全て入れなければ運用できないということではない。筆者が実際にコンサルティングする時も、企業・組織の状況によって適宜変えている。経営者の人事制度への理解と取組み姿勢、人事担当部門の運用力と熱意、評価者のレベルなど企業・組織によって違う。自企業・組織のレベルに合った人事制度を選択し、構築していけばよいのである。装備の簡素化では次のようなことが考えられる。

（1）　部門業績評価制度は構築せず、管理職の個人目標の中に部門業績の要素を入れる

　部門業績評価を強調していたのに、行わないのはどうしてかといぶかる方もいるかもしれない。しかし部門業績評価制度をキチンと運用することは、部門目標の設定、データの収集、集計等をキチンと行うことが必要であり、これを運用する組織が必要で、体力がかかる。これが出来ない企業・組織には、部門業績評価制度の導入は難しい。

　部門業績評価制度の導入が難しい企業・組織の場合は、管理職の個人目標の中に部門業績の要素を入れることも考えられる。例えば、個人目標が導入されておらず図表4－4のように「業務遂

行」という評価項目で仕事の結果を評価する場合、部門業績の要素を参考にして評価することも考えられる。いずれにしても管理職は部門業績責任者であるので、部門業績評価制度があるなしにかかわらず、部門業績に関する要素は評価に反映させる必要がある。

(2) 個人目標制度を導入しない。又は限られた層にだけ個人目標を導入する

　個人目標は、目標設定がポイントで、目標設定研修をしっかり行う必要がある。これがうまく運用できない場合は、個人目標制度を導入しないことも考えられる。またルーチンワークが主体の者は個人目標の対象にしない、管理職、営業職等個人目標設定になじむ者だけを対象とすることも出来る。個人目標制度を導入しない場合は、能力主義で行っているように「仕事の質と量」「正確度」等の評価項目で仕事の結果を評価することになる。図表4－4では「業務遂行」という評価項目にしている。

(3) 評価期間を、半年を1年にする

　賞与に対応させるために評価期間を半年としている企業・組織も多いと思う。ただ評価期間を半年とすると、目標設定、期中の面接、評価、フィードバックとかなりあわただしく、負担感も相当出てくる。中には1年単位で業務のサイクルが回っている企業・組織もある。そのような場合は評価期間を1年にすることも考えられる。

(4) 能力評価として独立した制度としては行わず、知識技能力評価だけを業績評価と同じタイミングで同じ用紙で行う（職務の評価は行わない）

　評価期間を1年にした場合、業績評価と能力評価は同じタイミ

ングになる。用紙も同じにすれば、簡素化出来る。その場合、期待される役割をどの程度行ったかが「業績評価」であり、期待される役割が出来るか（再現性があるか）が「職務の評価」ということになり、厳密にいうと違うのであるが、評価している側からは同じような評価を二回行っていると感じられるところもある。こういうところもあるので「職務の評価」を省略することも考えられる。この場合図表4－5のように「職務の評価」は昇格と関係するので評価制度として特に設けることはしなくて、昇格の場合の「所属長の推薦」に考慮させることによって代えることが出来る。

　知識技能力は評価することにする。その場合、図表4－4のように評価項目の一つに組み込むことも考えられる。その場合、能力の評価も含めて評価することになるので図表4－3、図表4－4では「業績評価」という言葉にしないで「人事評価」という言葉にしている。

(5)　役割能力要件表は全職掌だけ作成して、職掌固有のものは作成しない

　ステージに期待される役割、必要とされる知識技能を明確に示すことは、ステージの要件や能力開発の目標を示す上で絶対必要である。職掌固有のものを作成することは体力的に難しくても、最低限、全職掌共通は作成する必要がある。

(6)　チャレンジ加点制度は行わない

　チャレンジ加点制度は行えば効果のあるものであるが、特に行わなくても人事制度運用に差支えないものである。簡素化するならチャレンジ加点は行わなくてもよい。

　上記のような簡略化を行った場合、図表4－3、図表4－4の

ような人事システムが考えられる。相当な簡略化であるが、このような人事システムも考えられるということである。要は自企業・組織の運用力、評価者の能力に合わせて、身の丈に合った人事システムを構築すればよいということである。この人事システムから出発して、運用力が高まれば、個人目標制度、部門業績評価制度、チャレンジ加点制度、能力評価制度を順次組み入れていけばよい。

【図表4－3】 簡略化したトライアングル人事システム

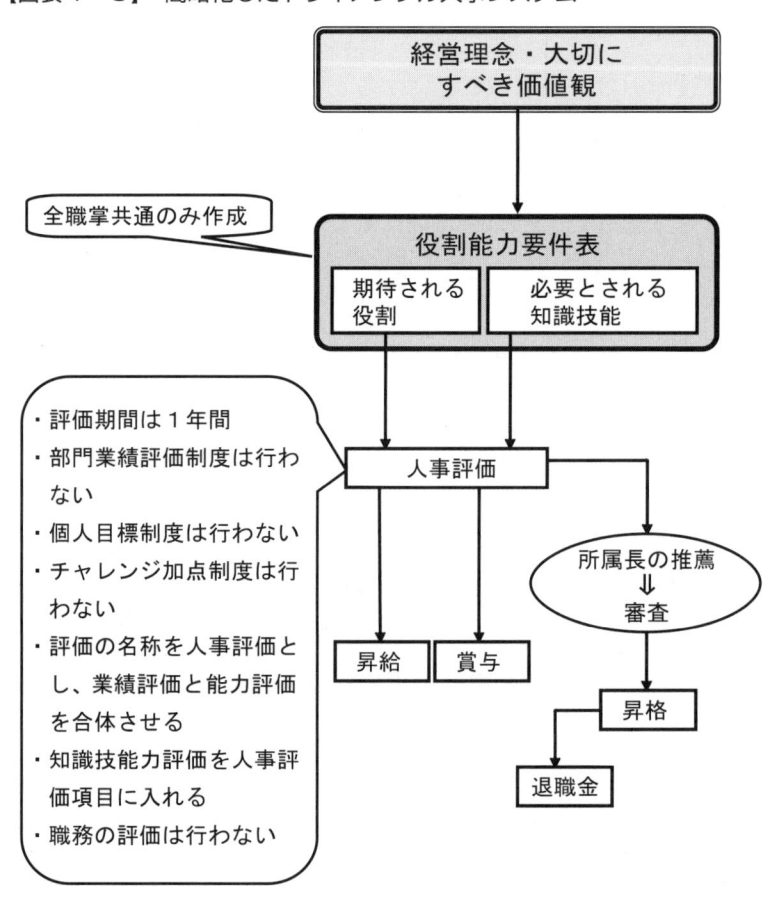

```
                    ┌──────────────────┐
                    │  経営理念・大切に  │
                    │  すべき価値観      │
                    └────────┬─────────┘
                             ↓
  ┌─全職掌共通のみ作成─┐  ┌──────────────────┐
                         │  役割能力要件表    │
                         ├─────────┬────────┤
                         │ 期待される│必要とされる│
                         │ 役割      │知識技能   │
                         └─────┬───┴────┬──────┘
                               ↓        ↓
  ・評価期間は1年間           ┌──────────────┐
  ・部門業績評価制度は行わ     │   人事評価    │
    ない                      └──────────────┘
  ・個人目標制度は行わない       ↓      ↓     ┌──────────┐
  ・チャレンジ加点制度は行              │     │所属長の推薦│
    わない                              │     │   ⇩       │
  ・評価の名称を人事評価と             │     │   審査    │
    し、業績評価と能力評価   ┌────┐ ┌────┐└─────┬────┘
    を合体させる             │昇給│ │賞与│       ↓
  ・知識技能力評価を人事評    └────┘ └────┘   ┌──────┐
    価項目に入れる                              │ 昇格 │
  ・職務の評価は行わない                        └───┬──┘
                                                   ↓
                                               ┌──────┐
                                               │退職金│
                                               └──────┘
```

【図表４−４】 簡略化した人事評価項目とウエイトの例

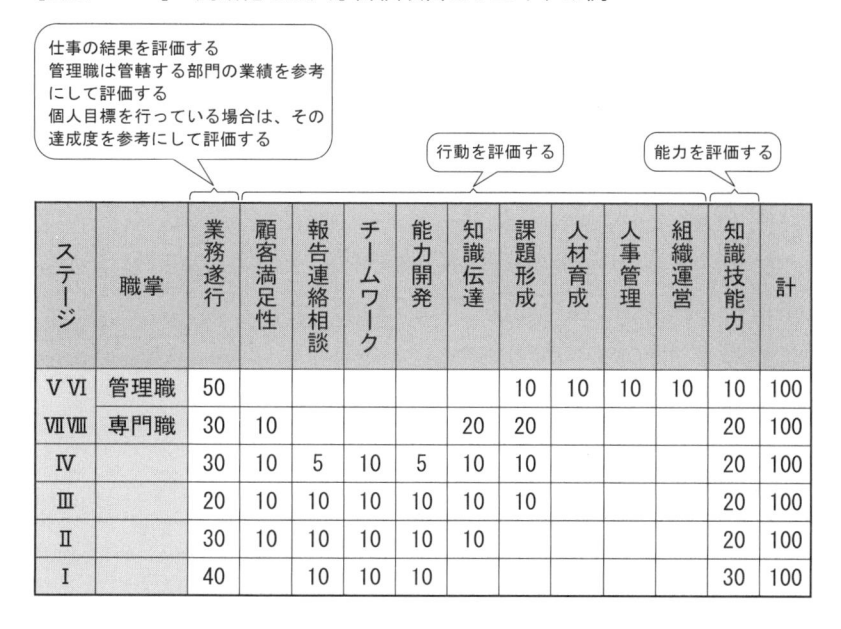

> 仕事の結果を評価する
> 管理職は管轄する部門の業績を参考にして評価する
> 個人目標を行っている場合は、その達成度を参考にして評価する

（行動を評価する）　（能力を評価する）

ステージ	職掌	業務遂行	顧客満足性	報告連絡相談	チームワーク	能力開発	知識伝達	課題形成	人材育成	人事管理	組織運営	知識技能力	計
Ⅴ Ⅵ	管理職	50						10	10	10	10	10	100
Ⅶ Ⅷ	専門職	30	10				20	20				20	100
Ⅳ		30	10	5	10	5	10	10				20	100
Ⅲ		20	10	10	10	10	10	10				20	100
Ⅱ		30	10	10	10	10						20	100
Ⅰ		40		10	10	10						30	100

【図表４−５】 能力評価の簡略化

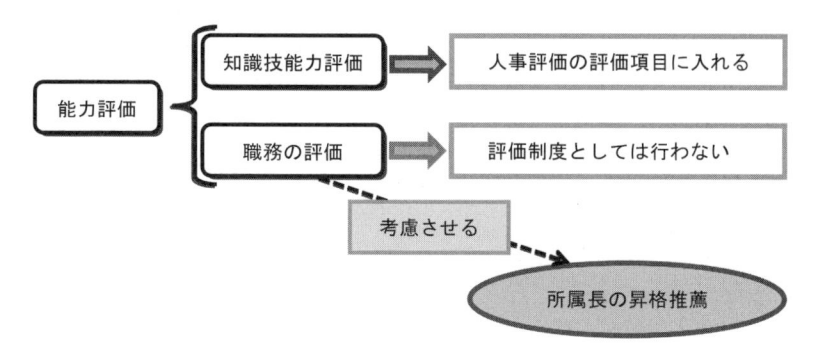

能力評価
├─ 知識技能力評価 ⇒ 人事評価の評価項目に入れる
└─ 職務の評価 ⇒ 評価制度としては行わない
         │
      考慮させる
         ⇣
    所属長の昇格推薦

Ⅳ　トライアングル人事システムの鳥瞰

巻末資料

【別表－1】役割能力要件表（一般社員）期待される役割

ステージ	事務職 人事課 全職掌共通	事務職 人事課 職掌固有
Ⅳ	①部門方針を理解して定型業務・非定型業務・判断業務について関係者を満足させながら確実・迅速に遂行する ②チャレンジングな個人目標を設定し、これを達成する ③自己の職責を果たし部門業績に貢献する ④チームの一員としてチームワークに貢献する ⑤情報の共有と「報告・連絡・相談」を行う ⑥業務遂行に必要な専門的知識・技能を習得する ⑦社内外の顧客のニーズを把握し、質の高いサービスを提供して顧客の満足を得る ⑧自分の知識・技能を積極的に部門メンバーに伝達し、部門内の知識・技能の蓄積・向上に貢献する ⑨定型業務・非定型業務について後輩の指導を行う ⑩担当業務・部門に関して問題を発見し、改善提案を行う ⑪チームの中心的役割を担いチームの業績に貢献する ⑫積極的に職務拡充の提案を行う ⑬部門の運営に関して上司の補佐を積極的に行う ⑭部門計画策定に関して必要な進言を行う	①人事管理制度規程集にのっとった運用と企画・立案・改廃等補助を行う ②採用計画・企画の補助を行う ③給与計算・賞与計算を行う ④派遣社員の書類管理及び基本契約書、個別契約書の確認・管理を行う ⑤社員教育（社外研修等）の企画・運営の補助を行う ⑥給与支払報告書、法定調書の作成を行う ⑦社内（新年顔合わせ、社員旅行、慰労会等）及び社外（懇親ゴルフ等）の福利関係業務の企画・運営の補助を行う ⑧社会保険・労働保険の対外業務を行う ⑨退職金関係書類の管理及び申請手続きを行う ⑩社員食堂管理業務を行う ⑪労働組合との業務全般の補助を行う
Ⅲ	①部門方針を理解して定型業務・非定型業務・判断業務を確実・迅速に遂行する ②チャレンジングな個人目標を設定し、これを達成する ③自己の職責を果たし部門業績に貢献する ④チームの一員としてチームワークに貢献する ⑤情報の共有と「報告・連絡・相談」を行う ⑥業務遂行に必要な一般的知識・技能を習得する ⑦社内外の顧客のニーズを把握し、質の高いサービスを提供して顧客の満足を得る ⑧自分の知識・技能を積極的にチームメンバーに伝達し、チームの知識・技能の蓄積・向上に貢献する ⑨定型業務・非定型業務について後輩の指導を行う ⑩担当業務に関して問題を発見し、改善提案を行う ⑪チームの中心的役割を担いチームの業績に貢献する ⑫積極的に職務拡充の提案を行う ⑬部門の運営に関して上司の補佐を積極的に行う	①人事管理制度規程集にのっとった運用と企画・立案・改廃等補助を行う ②採用計画・企画の補助を行う ③給与計算・賞与計算を行う ④派遣社員の書類管理及び基本契約書、個別契約書の確認・管理を行う ⑤社員教育（社外研修等）の企画・運営補助を行う ⑥給与支払報告書、法定調書の作成を行う ⑦社内（新年顔合わせ、社員旅行、慰労会等）及び社外（懇親ゴルフ等）の福利関係業務の企画・運営補助を行う ⑧社会保険・労働保険の非定型業務を行う ⑨退職金関係書類の管理及び申請手続きを行う ⑩社員食堂管理業務を行う
Ⅱ	①上長からの指示及び定められたマニュアルに従い定型業務及び非定型業務を確実・迅速に遂行する ②チャレンジングな個人目標を設定し、これを達成する ③自己の職責を果たし部門業績に貢献する ④チームの一員としてチームワークに貢献する ⑤情報の共有と「報告・連絡・相談」を行う ⑥業務遂行に必要な一般的知識・技能を習得する ⑦社内外の顧客のニーズを把握し、質の高いサービスを提供して顧客の満足を得る ⑧自分の知識・技能を積極的にチームメンバーに伝達し、チームの知識・技能の蓄積・向上に貢献する ⑨定型業務について後輩の指導を行う	①人事管理制度規程集にのっとり運用を行う ②採用業務を行う ③給与計算・賞与計算を行う ④派遣社員業務を行う ⑤通信教育の運営を行う ⑥年末調整を行う ⑦社内（新年顔合わせ、社員旅行、慰労会等）及び社外（懇親ゴルフ等）の福利関係業務を行う ⑧社会保険・労働保険の定型業務を行う ⑨退職金関係書類の管理及び申請手続き補助を行う ⑩社員食堂管理業務の補助を行う
Ⅰ	①上長からの具体的指示及び定められたマニュアルに従い定型業務を確実・迅速に遂行する ②設定した個人目標を達成する ③自己の職責を果たし部門業績に貢献する ④チームの一員としてチームワークに貢献する ⑤情報の共有と「報告・連絡・相談」を行う ⑥業務遂行に必要な基礎的知識・技能を習得する	①異動手続き、辞令手配、人事マスター作成を行う ②採用業務の補助を行う ③給与計算、賞与計算補助を行う ④派遣社員業務の補助を行う ⑤通信教育の運営補助を行う ⑥源泉税・住民税の手続き及び年末調整の補助を行う ⑦社内（新年顔合わせ、社員旅行、慰労会等）及び社外（懇親ゴルフ等）の福利関係業務の補助を行う

【別表−２】 役割能力要件表（一般社員）必要とされる知識技能

ステージ	事務職 人事課 全職掌共通	事務職 人事課 職掌固有
Ⅳ	①業務に関する一般知識 ②就業規則他社内ルールの一般知識 ③当社の概要 ④ビジネスマナーの基礎知識 ⑤個人目標設定の仕方に関する基礎知識 ⑥食品安全衛生に関する基礎知識 ⑦コンプライアンスに関する基礎知識 ⑧OJT後輩指導に関する基礎知識 ⑨顧客満足に関する基礎知識 ⑩政治・経済・社会の基礎知識 ⑪問題発見・問題解決技法に関する一般知識 ⑫リーダーシップ（マネジメント）に関する基礎知識	①人事制度に関する一般知識 ②採用に関する一般知識 ③賃金に関する一般知識 ④派遣に関する一般知識 ⑤社員教育に関する一般知識 ⑥源泉税・住民税に関する一般知識 ⑦労働基準法に関する一般知識 ⑧OA機器の基礎知識 ⑨ビジネスソフト、業務用ソフトに関する一般知識 ⑩ビジネス文書作成に関する一般知識 ⑪社会保険・労働保険に関する一般知識 ⑫退職金に関する一般知識 ⑬労働組合に関する基礎知識
Ⅲ	①業務に関する一般知識 ②就業規則他社内ルールの基礎知識 ③当社の概要 ④ビジネスマナーの基礎知識 ⑤個人目標設定の仕方に関する基礎知識 ⑥食品安全衛生に関する基礎知識 ⑦コンプライアンスに関する基礎知識 ⑧OJT後輩指導に関する基礎知識 ⑨顧客満足に関する基礎知識 ⑩政治・経済・社会の基礎知識 ⑪問題発見・問題解決技法に関する基礎知識 ⑫リーダーシップ（マネジメント）に関する基礎知識	①人事制度に関する一般知識 ②採用に関する一般知識 ③賃金に関する一般知識 ④派遣に関する一般知識 ⑤社員教育に関する一般知識 ⑥源泉税・住民税に関する一般知識 ⑦労働基準法に関する一般知識 ⑧OA機器の基礎知識 ⑨ビジネスソフト、業務用ソフトに関する一般知識 ⑩ビジネス文書作成に関する一般知識 ⑪社会保険・労働保険に関する一般知識 ⑫退職金に関する一般知識
Ⅱ	①業務に関する一般知識 ②就業規則他社内ルールの基礎知識 ③当社の概要 ④ビジネスマナーの基礎知識 ⑤個人目標設定の仕方に関する基礎知識 ⑥食品安全衛生に関する基礎知識 ⑦コンプライアンスに関する基礎知識 ⑧OJT後輩指導に関する基礎知識 ⑨顧客満足に関する基礎知識	①人事制度に関する基礎知識 ②採用に関する基礎知識 ③賃金に関する基礎知識 ④派遣に関する基礎知識 ⑤社員教育に関する基礎知識 ⑥源泉税・住民税に関する基礎知識 ⑦労働基準法に関する基礎知識 ⑧OA機器の基礎知識 ⑨ビジネスソフト、業務用ソフトに関する一般知識 ⑩ビジネス文書作成に関する一般知識 ⑪社会保険・労働保険に関する基礎知識 ⑫退職金に関する基礎知識
Ⅰ	①業務に関する基礎知識 ②就業規則他社内ルールの基礎知識 ③当社の概要 ④ビジネスマナーの基礎知識 ⑤個人目標設定の仕方に関する基礎知識 ⑥食品安全衛生に関する基礎知識 ⑦コンプライアンスに関する基礎知識	①人事制度に関する基礎知識 ②採用に関する基礎知識 ③賃金に関する基礎知識 ④派遣に関する基礎知識 ⑤社員教育に関する基礎知識 ⑥源泉税・住民税に関する基礎知識 ⑦労働基準法に関する基礎知識 ⑧OA機器の基礎知識 ⑨ビジネスソフト、業務用ソフトに関する基礎知識 ⑩ビジネス文書作成に関する基礎知識

【別表−3】 必要とされる知識技能の具体的内容（全職掌共通）

	知識技能項目	基礎知識	一般知識	高度知識	参考図書
1	業務に関する知識	各部門、各職務の基礎的な業務を行うことが出来る	各部門、各職務の判断業務を行うことが出来る		各部門マニュアル
2	就業規則他社内ルールの知識	就業規則、各種届出、セクハラ、非常時の対応等のルール、個人情報・給与規程・ステージ制度運用規程等人事管理制度関連規程	稟議規程、職務権限規程等、社内規程全般にわたる知識		就業規則、各種届出、セクハラ、非常時の対応等のルール、個人情報、給与規程、ステージ制度運用規程等人事管理制度関連規程、稟議規程、職務権限規程等
3	当社の概要	経営理念、創業、沿革、資本金、社員数、関連会社、取引銀行、役員構成、売上高、業務種目、組織(部門名と部門の主な業務)、当社取扱商品、主要ブランド			パンフレット、事業案内、当社ホームページ
4	ビジネスマナーの知識	職場のルール、整理整頓、身だしなみ、挨拶、言葉づかい、電話対応、苦情・クレーム対応、来客対応、訪問対応			『社員ハンドブック』（清和会出版）
5	個人目標設定の仕方に関する知識	個人目標制度運用規程、目標設定の5つのアプローチ			『人事管理制度の解説書』『個人目標制度運用規程』
6	食品安全衛生に関する知識	衛生管理運営基準、社内外の食品事故、『製品の品質と安全衛生の管理システム』			『製品の品質と安全衛生の管理システム』
7	コンプライアンスに関する知識	コンプライアンスに関する小冊子の内容の理解			『当社 コンプライアンスマニュアル』
8	OJT後輩指導に関する知識	OJTの進め方、OJTの実践ステップ			『これからのOJT-いかにして成果を出す人材を育てるか-』（PHPビジネス新書 寺澤弘忠）
9	顧客満足に関する知識	『顧客』とは社内外を問わない認識を前提に『CS』の言葉の意味を説明出来る			『顧客満足ってなあに？』（日本経済新聞社 佐藤和恭）
10	政治・経済・社会の知識	一般新聞をほぼ読みこなせる程度			一般新聞
11	問題発見・問題解決技法に関する知識	KJ法、ブレーンストーミング、特性要因図等QC7つ道具が分かる	KJ法、ブレーンストーミング、特性要因図等QC7つ道具が使いこなせる		『QC七つ道具(やさしいQC手法演習)』（日科技連 細谷克也）
12	リーダーシップ（マネジメント）に関する知識	目標達成、リーダーシップ、コミュニケーション、モチベーションアップ、信頼関係、相互理解			『リーダーシップのノウハウ・ドゥハウ』（PHP研究所 野口吉昭編）

【別表－4】 必要とされる知識技能の具体的内容（人事課）

	知識技能項目	基礎知識	一般知識	高度知識	参考図書
1	人事制度に関する知識	人事管理諸規程及び人事管理制度の解説書の基本を理解する	人事管理諸規程及び人事管理制度の解説書を理解する		『人事管理諸規程』『人事管理制度の解説書』
2	採用に関する知識	採用の基本ルール、セミナーの仕方、採用試験準備、会場手配等	『採用にあたって』、『公正な採用選考のために』		『採用にあたって』『公正な採用選考のために』
3	賃金に関する知識	就業規則、給与規程、賞与管理規程、給与計算ソフトマニュアルの基本等	関係規程を理解し、給与計算ソフトを使いこなせる		『就業規則』、『給与規程』、『賞与管理規程』『給与マニュアル』
4	派遣に関する知識	入社準備及び説明、派遣のルール、個人データ管理、依頼書等	個別契約書、基本契約書、抵触日等		『人材派遣がよくわかる本』（成美堂出版）
5	社員教育に関する知識	通信教育受講概要、各依頼団体について、コースの選定、申込み等	教育研修制度運用規程		『通信教育受講概要』『教育研修制度運用規程』
6	源泉税・住民税に関する知識	『源泉徴収のあらまし』、『年末調整のしかた』の基本を理解する	『源泉徴収のあらまし』、『年末調整のしかた』を理解する		『源泉徴収のあらまし』『年末調整のしかた』
7	労働基準法に関する知識	労働条件（賃金、労働時間、休暇など）等の労働基準法の基本がわかる	労働基準法がわかる		『労働基準法と就業規則がわかる本』（成美堂出版）
8	OA機器に関する知識	ビジネスフォン、ファックス、コピー、スキャナーの基本操作、Excel、Wordの基本操作、インターネット検索ができる			『オフィス事務の上手なすすめ方』（オダギリ展子）『できるWord』『できるExcel』
9	ビジネスソフトに関する知識	メールソフト、人事・就業・給与ソフト、人事管理ソフト等の基本操作が出来る	メールソフト、人事・就業・給与ソフト、人事管理ソフト等の活用		『人事・就業・給与ソフトマニュアル』『人事管理ソフトマニュアル』
10	ビジネス文書作成に関する知識	社内文、社外文、議事録等作成の基本が出来る	社内文、社外文、議事録等作成が出来る		『ビジネス文書文例集』（日本実業出版社）
11	社会保険・労働保険に関する知識	健康保険、介護保険、厚生年金保険、労災保険、雇用保険の取得、喪失、変更等の基本的な届出及び手続きが出来る	健康保険、介護保険、厚生年金保険、労災保険、雇用保険の特殊な届出及び手続きが出来る		『社会保険の手続き百科』（日本文芸社）
12	退職金に関する知識	退職年金規程、中小企業退職金共済制度規程集等の基本がわかる	退職年金規程、中小企業退職金共済制度規程集等がわかる		『退職年金規程』『中小企業退職金制度規程集』
13	労働組合に関する知識	組合員データ管理、関係書類及び資料の作成、労働協約等			『改正労働組合法の解説』（労働新聞社）

【別表-5】 役割能力要件表（管理職-課長）

ステージ	管理職 課長	
	期待される役割	必要とされる知識技能
Ⅴ・Ⅵ	①経営トップおよび上位部門の方針・戦略をよく理解し、また情報の収集・問題の発見を行い、機会損失の少ない担当部門の戦略・方針・目標を策定する ②担当部門の目標を、構成員を動機づけしながら達成する ③課長自身の個人目標を達成する ④部下の個人目標のチェック・フォロー・評価・フィードバックをする ⑤部下の業績評価・能力アセスメントを行い、必要なフィードバックをする ⑥部下の能力・特性に応じたOJTを行い、部下を育成する ⑦自分の保有する知識・スキルを積極的に部下および関係する者に伝え、所属する部門および会社全体の知識蓄積に貢献する ⑧経営戦略・方針および部門方針について必要な提言を行い、経営トップおよび上位部門長を補佐する ⑨他部門との調整を行う ⑩社内外の顧客との信頼関係を構築・維持発展させる ⑪健全な倫理観を持ち、企業人として責任ある行動をとる ⑫部下が行うことが適切でない例外事項・突発事項・クレーム処理等を行う	所管する部門・職掌のステージⅣに必要とされる知識技能に加えて ①マネジメントに関する一般知識 ②評価に関する一般知識 ③政治・経済・社会全体に関する一般知識 ④労務管理に関する一般知識 ⑤業界に関する一般知識 ⑥担当分野に関する一般知識 ⑦業務関連法規に関する一般知識

【別表-6】 必要とされる知識技能の具体的内容（管理職-課長）

	知識技能項目	基礎知識	参考図書
1	マネジメントに関する一般知識	管理者の役割（部門業績責任者としての役割・部門活性化推進者としての役割）、仕事の管理、人間の管理、部門目標の設定、機会損失	「真実の成果主義」河合克彦
2	評価に関する一般知識	評価の進め方（行動の選択、評価項目の選択、段階の選択）、評価において陥りやすいエラー（ハロー効果、期末効果、中心化傾向、寛大化傾向、論理誤差、対比誤差、逆算誤差）、業績評価項目の意味、フィードバック、目標設定面接	「評価者になったら読む本」河合克彦
3	政治・経済・社会全体に関する一般知識	一般新聞・日本経済新聞を読みこなせる 経済雑誌（東洋経済、ダイヤモンド、プレジデント等）を読んでいる	一般新聞・日本経済新聞 東洋経済、ダイヤモンド、プレジデント
4	労務管理に関する一般知識	賃金・解雇・残業・休日出勤・36協定・年次有給休暇・育児・介護休暇など労働基準法で定められていることを理解している	
5	業界に関する一般知識	業界専門誌を読みこなせる	
6	担当分野に関する一般知識	それぞれの担当分野に関する知識を体得しており、それらの知識を自部門の業績向上に活かすことができる	
7	業務関連法規に関する一般知識	食品衛生法、JAS法、危険物取扱法など業務に関連する法律知識を保有している	

【別紙-1】部門業績評価表

部門業績評価表

　　　　　　　年　　　期

部門名	総務部	部門責任者名	

	ウェイト	番号	目標項目	ウェイト	達成基準	実施方法	結果	結果評価 自己評価	結果評価 第一次評価	結果評価 委員会評価	得点
部門業績評価項目											
部門重点施策	30	1									
		2									
		3									
		4									
		5									
定常業務の質と量	10		裏面の「定常業務の質と量」		評価用紙で評価						
他部門への支援度	10		裏面の「他部門への支援度」		評価用紙で評価						
部門売上高目標達成率	20		部門売上高目標	千円	部門売上高実績	千円	部門売上高目標達成率	%			
部門貢献利益目標達成率	30		部門貢献利益目標	千円	部門貢献利益実績	千円	部門貢献利益目標達成率	%			
計											

定常業務の質と量　評価表

番号	業務項目			遂行結果検討	自己評価
	業務項目の具体的内容			評価に影響する具体的事実	
1					
2					
3					
4					
5					
6					
7					
8					
9					
10					
11					
12					
13					
14					
15					

自己評価総合

第一次評価

評価委員会評価

他部門への支援度　評価表

遂行結果検討	自己評価
評価に影響する具体的事実	

第一次評価

評価委員会評価

[別紙-2] 個人目標シート

個人目標シート
(年 期)

所属		職位	
ステージ		氏名	

計画時　年　月　日　一次　二次

計画時　年　月　日　一次　二次

計画時　年　月　日　一次　二次

計画時　年　月　日　一次　二次

区分	目標項目	ウェイト	達成基準	実施方法	中間時進捗状況	結果	評価 本人	評価 一次	評価 二次	評価得点 一次	評価得点 二次
1										点	
2										点	
3										点	
4										点	
5										点	
						得点合計				点	

上司への要望事項

上司のご了解事項

[別紙-3] 業績評価表（役割期待シート）

所属		商品開発課	職位		◇◇◇◇
ステージ		Ⅲ	氏名		○○○○

第一次評価者	○○○○
第二次評価者	

年期業績評価

評価項目	ウェイト	評価項目の定義	上司が特に期待すること（上司記入）	本人確認	中間時進捗状況（本人記入）	結果（本人記入）	評価 本人	評価 一次	評価 二次	評価得点
個人目標	30	個人目標の評価結果								
部門業績	10	部門業績の評価結果								
顧客満足性	10	社内外の顧客に明るく対応して好印象を与えており、またそれらの人々のニーズを的確に把握し、質の高いサービス（顧客の期待を上回るサービス、提案、素早いリアクション等）を提供して、顧客の満足を得ていたかを評価する項目	要点をついた話が出来なくて、お客様がイライラすることがあるので注意すること	○○	ー	ー				
報告連絡	5	指示事項の結果報告は適時、適切に行われているか、業務上の連絡は適時、適切に行われているかを評価する項目	報告は先に結論を言うなど手短に的確に行うこと	○○						
チームワーク	5	円滑な人間関係をベースに、上司・同僚と協調・協働し、仕事の隙間を埋めたり、他のメンバーを助けたりカバーしたりして、組織の構成員として組織業績達成に積極的に貢献しているかを評価する項目	△△君について、出来ないところがあれば、気を利かせて助け合ってやって欲しい。カバーして欲しい	○○						
能力開発	10	職務関連知識・技能の自主的開発を自主的に行い、これを自らの仕事に生かし、職務拡大したかを評価する項目	原価計算関連知識の習得はよい目標だ。自分の意思を的確に伝える話し方についてもう少し勉強する必要がある	○○						
達成志向性	10	個人目標の設定において、チャレンジングな目標を設定し、それを最終的に達成するまで諦めずに粘り強く取り組み、様々な方法を駆使しての質のある或いは量的に目標以上の成果を目指して取り組んでいたかを評価する項目	個人目標は部門目標達成に沿ったものであり、チャレンジングである。達成に向けて粘り強く頑張って欲しい	○○						
知識伝達	10	自ら得た知識・技能を自分だけのものとしてしまい込まないで、積極的に部門内外の者に伝達し、組織全体の知識蓄積、知識向上に貢献したかを評価する項目	営業との月１回の新商品勉強会は引き続き○○君が中心になってやって欲しい。君の指導を頼む	○○						
課題形成	10	会社および部門の運営、自分の業務について、常に問題意識、当事者意識をもって当たり、問題を発見、発掘していろか、必要な情報は感度よく収集・分析しているか、機会損失のない部門計画や提案を行っているかを評価する項目（減点）	商品開発は提案会議であるので、その点物足りない。いろいろなことに好奇心をもって、もっと提案してもらいたい	○○						
職場規律	ー	職場規律を守っているかを評価する項目	特にない	○○						

得点合計	

フィードバック面接	年　月　日　本人　　　　　　　印

【別紙-4】 チャレンジ加点申告書（プロジェクト加点申告書）

　　　　＿＿＿＿＿＿年　　　　　プロジェクト加点申告書

プロジェクト名		プロジェクトリーダー	

プロジェクトの期間	プロジェクトで達成した内容	自己評価	委員会評価
プロジェクトの開始 　年　月　日 プロジェクトの完了 　年　月　日			

プロジェクトメンバー

プロジェクトでの役割	氏名	ステージ	所属	貢献の程度	加点
リーダー					

※各人の加点はプロジェクトの内容に基づく加点を上回らないものとする。
　プロジェクトの内容に基づく加点がBランク、5点であった場合は、各人の加点は5点以下になる。
　当然、貢献度が低い場合は、メンバーであっても加点はないこともある。

【別紙-5】 チャレンジ加点申告書（パーソナル加点申告書）

＿＿＿＿＿＿年　　　パーソナル加点申告書

部　門		ステージ		氏　名	

　当期、あなたがあげた成果について、チャレンジ加点（パーソナル加点）事項があれば申告して下さい。

	内　　容	自己評価	一次評価	委員会評価
1				
2				

一次評価者所見

一次評価者	

【別紙-6】 チャレンジ加点申告書（エクセレント加点申告書）

＿＿＿＿＿年　　　エクセレント加点申告書

部　門		ステージ		氏　名	

　当期、あなたがあげた成果について、チャレンジ加点（エクセレント加点）事項があれば申告して下さい。

	目標	実績	達成率	合算達成率	自己評価	委員会評価
売上高	百万円	百万円	％	％		
粗利益						

一次評価者所見

一次評価者	

【別紙－7】　能力評価用紙

年度
能力評価

社員番号		ステージ		職位		職掌	
氏名				所属			

	評価		コメント
	一次評価	二次評価	
知識技能力評価			

			一次評価	二次評価
職務の評価	5	現在本人が担当している職務は、本人のステージより上回っている		
	4	現在本人が担当している職務は、本人のステージよりやや上回っている		
	3	現在本人が担当している職務は、本人のステージに見合っている		
	2	現在本人が担当している職務は、本人のステージよりやや下回っている		
	1	現在本人が担当している職務は、本人のステージより下回っている		
昇格可能性の評価	5	上位ステージへ昇格するための能力は十分備わっている		
	4	上位ステージへ昇格するための能力はほぼ備わっている		
	3	上位ステージへ昇格するための能力は備わってきつつある		
	2	上位ステージへ昇格するための能力は現状やや不十分である		
	1	上位ステージへ昇格するための能力は現状不十分である		

本人が希望する職務	今後経験させたい職務	能力開発必要点

一次評価者	印	二次評価者	印

【別紙－8】 職務の評価ワークシート

社員番号		ステージ	Ⅱ	職位		職掌	事務職
氏名				所属	人事課	評価者	

番号	期待される役割	自己評価	上司評価
1	上長からの指示及び定められたマニュアルに従い定型業務及び非定型業務を確実・迅速に遂行する		
2	チャレンジングな個人目標を設定し、これを達成する		
3	自己の職責を果たし部門業績に貢献する		
4	チームの一員としてチームワークに貢献する		
5	情報の共有と「報告・連絡・相談」を行う		
6	業務遂行に必要な一般的知識・技能を習得する		
7	社内外の顧客のニーズを把握し、質の高いサービスを提供して顧客の満足を得る		
8	自分の知識・技能を積極的にチームメンバーに伝達し、チームの知識・技能の蓄積・向上に貢献する		
9	定型業務について後輩の指導を行う		
10	人事管理制度規程集にのっとり運用を行う		
11	採用業務を行う		
12	給与計算・賞与計算を行う		
13	派遣社員業務を行う		
14	通信教育の運営を行う		
15	年末調整を行う		
16	社内(新年顔合わせ、社員旅行、慰労会等)及び社外(懇親ゴルフ等)の福利関係業務を行う		
17	社会保険・労働保険の定型業務を行う		
18	退職金関係書類の管理及び申請手続き補助を行う		
19	社員食堂管理業務の補助を行う		
20			
21			
22			
23			
24			
25			
26			
27			
全体評価		－	

期待される役割　各項目の評価
　出来ている ⇒ ◎　ほぼ出来ている ⇒ ○　もう一歩 ⇒ △
　ほとんど出来ていない ⇒ ×
全体評価
　現在本人が担当している職務は、本人のステージより
　　上回っている⇒ 5　やや上回っている⇒ 4　見合っている⇒ 3
　　やや下回っている⇒ 2　下回っている⇒ 1

【別紙－9】 知識技能力評価ワークシート

社員番号		ステージ	Ⅱ	職位		職掌	事務職
氏名				所属	人事課	評価者	

番号	期待される役割	自己評価	上司評価
1	業務に関する一般知識		
2	就業規則他社内ルールの基礎知識		
3	当社の概要		
4	ビジネスマナーの基礎知識		
5	個人目標設定の仕方に関する基礎知識		
6	食品安全衛生に関する基礎知識		
7	コンプライアンスに関する基礎知識技能力		
8	OJT後輩指導に関する基礎知識		
9	顧客満足に関する基礎知識		
10	人事制度に関する基礎知識		
11	採用に関する基礎知識		
12	賃金に関する基礎知識		
13	派遣に関する基礎知識		
14	社員教育に関する基礎知識		
15	源泉税・住民税に関する基礎知識		
16	労働基準法に関する基礎知識		
17	OA機器の基礎知識		
18	ビジネスソフト、業務用ソフトに関する一般知識		
19	ビジネス文書作成に関する一般知識		
20	社会保険・労働保険に関する基礎知識		
21	退職金に関する基礎知識		
22			
23			
24			
25			
26			
27			
28			
29			
全体評価（全体評価のみ0.5刻みの評価を認める）		―	

期待どおりのレベルで保有している ⇒ 5
ほぼ期待どおりのレベルで保有している ⇒ 4
必要最低限の基本的レベルで保有している ⇒ 3
ほとんど保有していない ⇒ 2　全く保有していない ⇒ 1

【別紙-10】 部門目標分担マトリックス表

部門名＿＿＿＿＿＿＿＿＿＿＿＿＿＿

	部門目標	○○課長	鈴木	近藤	林	上田	
部門重点施策	1						
	2						
	3						
	4						
	5						
部門売上高 目標達成率							
部門貢献利益 目標達成率							

≪参考文献≫

P・F・ドラッカー 『現代の経営』(ダイヤモンド社　野田一夫監修・現代経営研究会訳)

A・H・マズロー 『人間性の心理学』(産能大学出版部　小口忠彦訳)

D・マグレガー 『企業の人間的側面』(産能大学出版部　高橋達男訳)

C・I・バーナード 『新訳　経営者の役割』(ダイヤモンド社　山本安次郎・田杉競・飯野春樹訳)

F・ハーズバーグ 『仕事と人間性』(東洋経済新報社　北野利信訳)

エドワード・L・デジ／リチャード・フラスト 『人を伸ばす力』(新潮社　桜井茂男監督訳)

大藤裕康 『統合的人材活用システム』(ぎょうせい)

楠田丘 『賃金表の作り方　賃金ガイドシリーズ1』(経営書院)

楠田丘 『新しい人事考課　賃金ガイドシリーズ3』(経営書院)

楠田丘 『職能資格制度　賃金ガイドシリーズ4』(経営書院)

楠田丘 『賃金体系設計マニュアル　賃金ガイドシリーズ6』(経営書院)

元井弘 『役割主義人事システム』(生産性出版)

高橋俊介 『成果主義』(東洋経済新報社)

高橋伸夫 『虚妄の成果主義』(日経BP社)

溝上憲文 『隣の成果主義』(光文社)

太田隆次 『アメリカを救った人事革命　コンピテンシー』(経営書院)

河合克彦 『人事・賃金コンサルティング入門』(日本法令)

河合克彦 『被評価者のための評価の基礎知識』(日本生産性本部生産性労働情報センター)

河合克彦　『評価者になったら読む本　改訂増補版』（日本生産性本部生産性労働情報センター）

河合克彦　『管理部門生産性向上システム』（日本生産性本部生産性労働情報センター）

河合克彦　『一生懸命やっているのに評価されないと感じたとき読む本』（中央経済社）

河合克彦・石橋薫　『一次評価者のための目標管理入門』（日本経済新聞出版社）

河合克彦・石橋薫　『役割目標によるマネジメント』（日本生産性本部生産性労働情報センター）

河合克彦　『要員・総額人件費マネジメント』（社会経済生産性本部生産性労働情報センター）

河合克彦　『真実の成果主義』（中央経済社）

河合克彦　『賃金決定のための部門業績評価』（経営書院）

河合克彦　『業績貢献度測定マニュアル』（経営書院）

河合克彦　『業績貢献度別人事活用マニュアル』（経営書院）

《 索 引 》

あ
- 新しい評価観……………………………………… **93**
- 洗い替え方式の昇給……………………… **27**・**95**

い
- 移行格付け……………………………………… **253**
- 一次評価………………………………………… **165**
- 一般社員の成果………………………………… **149**

え
- 衛生要因…………………………………………… **87**
- エクセレント加点……………………………… **215**
- X理論…………………………………………… **170**

か
- 外発的動機づけ………………………………… **170**
- 外部購入価値…………………………………… **110**
- 課題形成…………………………… **143**・**157**
- 価値観の浸透…………………………………… **85**
- 管理職に期待される役割……………………… **141**
- 管理職の成果…………………………………… **141**
- 管理部門の部門損益計算……………………… **179**

き
- 機会損失………………………………………… **143**
- 期待される役割…………… **131**・**133**・152
- 規定評価項目………………………… **193**・196
- 基本業務……………………… **24**・44・152
- 基本昇給額……………………………………… **262**
- 基本賞与…………………………… **270**・**272**
- 基本的賃金……………………………………… 107
- 逆算誤差…………………………… 27・**72**
- キャリア開発…………………………………… **80**

狭義の評価	64・94	
業績賞与	270・273	
業績賞与指数	270	
業績とは	39・141	
業績評価	152	
業績評価項目とウエイト	45・154	
業績評価得点の計算	162	
業績評価表（役割期待シート）	158・310	
業績見合	124	
共通の目的	178	
協働	65	
協働意欲	178	

け

経営目標	282
経営計画	284
経営理念	282
月給＋賞与	96
減点項目	38・161

こ

号（号俸）	13・241
考課	11
降格	10・237
広義の評価	64・94
行動評価	18
個人業績	39・44
個人目標	18・23・44・168
コミュニケーション	178
コミュニケーションの促進	82
雇用形態	118

さ

再現性	52

索引　321

財務的成果	**193**
サポート	**142**

し

自己実現の欲求	**144**
自己評価	**31**・**61**・**90**
若年層の昇給	**267**
情意考課	**11**
昇格	**231**
昇格可能性の評価	**229**
昇格基準	**233**
昇格昇給	241・**251**・268
昇格評価	**59**
昇給	**261**
昇給計算	**261**・268
昇給原資	121・**262**・268
昇給評価	**59**・138
昇給評価得点の計算	**263**
上司が特に期待するところ	**160**
賞与	**270**
賞与原資	122・**272**
賞与算定基礎額	122・**272**
賞与は成果性	**97**
賞与評価	**59**・138
職位手当	**252**
処遇の論理	**59**
職掌	**34**・131
職掌固有	**132**
職能本給	**107**
職場規律	**37**・161
職務の評価	**136**・219
職務の評価ワークシート	**223**・315

職務の割り当て	218
自由評価項目	195
人件費原資	107
審査	236
人事の基本ファクター	8・128

す

ステージ	130
ステージ係数	264
ステージ手当	245・251
ステージ別人件費レート	183

せ

成果主義	23
生活見合	124
成果とは	39・141
成果の評価	54
成績考課	11
制度の壁	73
絶対評価	57・91
セルフコントロール	90・168
全職掌共通	132

そ

総額人件費	109
相対評価	91
粗業績賞与	274
組織活性化	142
損益計算書	53

た

貸借対照表	53
退職金	124・277
大切にすべき価値観	282
宝の山	80

達成基準	**175**
達成志向性	**156**・**177**
他部門への支援度	**205**・308

ち

知識技能力評価	**136**・**225**
知識技能力評価ワークシート	**228**・**316**
チャレンジ加点	**211**
調整手当	**258**
賃金体系	**239**
賃金の組み替え	**252**・**257**
賃金は社会性	**97**
賃金表	13・**242**

て

定期昇給（定昇）	14・**241**
逓減率	**265**
定常業務	**24**・44・152
定常業務の質と量	**204**・308
適正労働分配率線	**114**

と

等級	8・**130**
等級手当	**103**
動機づけ要因	**87**
ドラッカー	**168**

な

| 内発的動機づけ | 85・**168** |

に

| 二次評価 | **165** |

ぬ

| ぬるま湯 | **143** |

ね

| 年齢給 | **107**・241 |

の

年俸制 …………………………………………… **96**

能力 ……………………………………………… **50**
能力開発 ………………………………………… **79**
能力考課 ………………………………………… **11**
能力主義 ………………………………………… **8**
能力の評価 ……………………………………… **53**
能力評価 ………………………………… **216**・235

は

ハーズバーグ ……………………………… **87**・143
パーソナル加点 ………………………………… **213**
バーナード ……………………………………… **178**
バランススコアカード ………………………… **189**
張出し …………………………………………… **241**

ひ

PDCA ……………………………………… 31・**41**・**64**
必須業務 …………………………………… **24**・44・152
ピッチ ………………………… 96・107・120・**241**・262
必要とされる知識技能 ………………… **131**・**134**・**225**
被評価者の壁 …………………………………… **73**
評価委員会 ……………………………………… **215**
評価基準 …………………………………… **57**・**155**
評価結果の信頼性 ……………………………… **66**
評価項目とウエイト ……………………… **45**・80・**154**
評価項目の定義（意味） ………………… **57**・**155**
評価者と被評価者の協働 ……………………… **64**
評価者の壁 ……………………………………… **73**
評価で陥りやすいエラー ……………………… **72**
評価の信頼性 …………………………………… **66**
評価の進め方 ……………………………… **71**・166
評価の段階 ………………………………… **57**・**155**

索引　325

評価の納得性……………………………………… **66**
評価のパワー………………………………… **78**・93
評価の品質………………………………………… **66**
評価のプロセス…………………………………… **64**
評価のプロセスでの協働…………………… **65**・93
評価の物差し……………………………………… **57**
評価の論理………………………………………… **59**

ふ

付加価値………………………………………… **110**
付加価値経営計画……………………………… **115**
部門活性化推進者……………………………… **141**
部門業績……………………………… **38**・142・**178**
部門業績責任者………………………………… **141**
部門業績評価…………………………… **42**・**178**
部門業績評価要素……………………………… **189**
部門貢献利益目標達成率……………………… **206**
部門重点施策…………………………………… **204**
部門の目的……………………… 39・178・**185**
部門別損益計算制度……………………………… **41**
部門目標………………………………………… **284**
部門目標分担マトリックス表……………… **173**・**317**
プロジェクト加点……………………………… **212**

へ

ベースアップ………………………… **241**・**261**
変化・前進・向上・改善・完成……… **44**・**153**

ほ

ポイント制……………………………… 125・**277**
補正前昇給額合計……………………………… **267**
補正比率……………………… **121**・**267**・**274**
保有……………………………………………… **52**

ま

マグレガー……………………………… **171**
マズロー………………………………… **144**

み

見える化………………………… 31・**89**・**172**
三つの壁………………………………… **73**

も

目標管理………………………… 18・23・**168**
モチベーションアップ………………… **83**
役割…………………………… 16・**51**・128

や

役割期待………………………… **45**・155
役割期待評価項目……………………… **155**
役割給…………………………………… **239**
役割主義………………………………… **16**
役割・能力・成果の関係……………… **51**
役割能力要件表………… 34・102・**131**・**302**
やったことの確認……………………… **64**
やっていることの確認………………… **64**
やることの確認………………………… **64**

り

リーダーシップ………………… **89**・**142**・**156**

る

ルーチンワーク………………………… **23**

れ

レンジ………………… 16・96・**103**・121・**240**

ろ

労働分配率……………………………… **110**

わ

Y理論…………………………………… **171**

《著者紹介》

河合克彦（かわい　かつひこ）
株式会社 河合コンサルティング代表取締役

<略歴>
1967年　京都大学経済学部卒業後、㈱富士銀行に入行
1980年　㈱富士ナショナルシティ・コンサルティング（FNCC）
　　　　続いて㈱富士総合研究所に出向し、経営コンサルティング業務に従事する
1997年　㈱富士銀行　退職
　　　　株式会社 河合コンサルティング設立、現在に至る

<主な著書>
「人事・賃金コンサルティング入門」（日本法令）
「被評価者のための評価の基礎知識」
「評価者になったら読む本　改訂増補版」
「管理部門生産性向上システム」
「役割目標によるマネジメント」
（以上、日本生産性本部生産性労働情報センター）
「一生懸命やっているのに評価されないと感じたとき読む本」
（中央経済社）
「一次評価者のための目標管理入門」（日本経済新聞出版社）
「一次評価者のための人事評価入門」（日本経済新聞出版社）
「要員・総額人件費マネジメント」
「役割・業績・能力基準人事賃金システム」
（以上、社会経済生産性本部生産性労働情報センター）
「真実の成果主義」（中央経済社）
「総額人件費管理マニュアル」（経営書院）

「賃金決定のための部門業績評価」（経営書院）
「業績貢献度測定マニュアル」（経営書院）
「業績貢献度別人事 活用マニュアル」（経営書院）

＜ビデオ・CD監修＞
「被評価者のための評価面談の基礎知識」
「一次評価者のための目標管理入門」
「CD-ROM一次評価者のための人事評価アシストパック」
「【ディスカッション教材】一次評価者のための人事評価」
「一次評価者のための人事評価入門」
（以上、日本経済新聞出版社）

＜連絡先＞
株式会社河合コンサルティング
〒103－0028　東京都中央区八重洲1丁目7番17号
　　　　　　八重洲ロータリービル9階
Tel 03-3272-7832　　Fax 03-3272-7833
E-mail kc@kawai-con.co.jp　ホームページ http://www.kawai-con.co.jp

役割・能力・成果…
"○×主義"を超えて

2015年7月1日　初版発行	ISBN978-4-88372-497-0
	本体価格　3,000円（税別）

　　　　著　者　河合　克彦

　　　　発　行　公益財団法人　日本生産性本部
　　　　　　　　生産性労働情報センター

〒151-0052　東京都渋谷区代々木神園町3-1 NYC内
Tel：03（3467）7252 直通
Fax：03（3467）7254 直通　http://www.jpc-net.jp/lic/

印刷／第一資料印刷㈱

ＬＩＣの本：生産性労働情報センター書籍ご案内
～"河合コンサル"の本～

被評価者のための基礎知識 －評価の信頼性・納得性と業績向上のために－

「評価はただ受けるもの」と被評価者の多くが、「評価は一方的に下すもの」と評価者の多くが誤解していないか。評価の質を向上させ、評価の本当の狙いを達成させるには、評価者と被評価者の双方が、評価とはその時々の給与・賞与の査定のためだけではなく、自身の能力開発、コミュニケーションの促進、モチベーションアップ、企業・組織の価値観の共有といった様々な意義や目的を持つことを理解し、積極的に活用していこうとすることが重要となる。

評価する側だけでなく、評価を受ける側が評価に納得し、評価への信頼性を高めることによって業績向上につなげるための一冊。

A5判・108頁 並製 本体1,000円 2014年1月刊行 ISBN978-4-88372-474-1

新任評価者が評価についての基本的な知識を系統だてて学ぶために

改訂増補版 評価者になったら読む本

新任評価者が評価をするにあたり、評価について基本的な知識を系統だって勉強できる本があると助かるのだが…。そういった声を受け、新任管理職のため、あるいは評価者実務研修のために、豊富なコンサルティング経験により多くの企業の人事を見てきた筆者によって書かれたのが本書である。「部下の評価をすることは管理職にとって片手間でない本源的な仕事である」「被評価者との協働が大切」「何を評価するかは組織の価値観を表す」と書かれる本書は、管理職研修でテキストとして配布したり、新任管理職（＝評価者）が読むのにうってつけの一冊。

A5判 290頁 並製 本体2,500円 2013年11月刊行 ISBN978-4-88372-4-467-3

目標管理と評価のパワーを創り出すノウハウ

役割目標によるマネジメント

多くの企業で導入されている目標管理だが、目標と実際の仕事がむすびつかなかったり、部門の目標との乖離が見られたりと、実際に活かしきれていない組織も多い。

そこで本書では、著者の豊富なコンサルディング経験をベースに、基本的な考え方から見直し、運用法を整理することで、組織と人材を活性化させるマネジメントを伝授する。

A5判 261頁 並製 本体2,500円 2009年12月刊行 ISBN978-4-88372-366-9

管理部門が活性化すれば会社が強くなる

管理部門生産性向上システム -管理部門の生産性を"見える化"する-

　我が国は欧米と比べて管理部門の生産性が低いといわれている。会議が多い、人数が多い、省力化の遅れ…等々、何となく非効率な気がする。しかし、どれくらいそうなのか測定していないし方法も確立していないため、ハッキリとは分からないのが実情である。
　そこで本書では、管理部門にも売上・利益の概念を導入し、管理部門の生産性を測定する方法をさぐっていく。管理部門の損益計算の仕組みができれば、管理部門にも部門業績責任が明確になり、採算意識・コスト意識が喚起され、改善意識喚起につながる。

A5判 205頁 並製 本体2,500円 2012年12月刊行 ISBN978-4-88372-444-4

付録：要員・総額人件費計算エクセルソフト CD-ROM

要員・総額人件費マネジメント

　景気動向や法制の新設・改訂など、企業をとりまく環境は激変しているが、経営戦略実現にむけて、人材の活用とその最適配分を検討していくことは、企業の将来を左右する重大事となっている。
　本書は、要員管理・総額人件費管理について実践的視点で取りまとめたもので、職務分析を反映させた要員とマネジメント的視点からの要員とをいかに調和させていくかについて、定量・定性両面からの分析による解説に加え、添付のCD－ROMのエクセルソフトを活用し自社ケースでの分析が行えるようになっている。

A5判 254頁 並製 本体3,400円 2008年12月刊行 ISBN978-4-88372-334-8

付録：エクセル給与計算CD-ROM付き

役割・業績・能力基準人事賃金システム

　中小企業ではエクセルなどの市販ソフトを用いて昇給計算や賞与計算を行っている会社も多い。本書では、河合コンサルが提唱する人事制度（業績貢献度別人事システム）を解説するとともに、賃金表は作成せずとも予定の昇給・賞与原資に収まりつつ若年層の昇給はしっかり行い、賞与は生活見合配分と業績見合区別し、バランスよくメリハリを効かす昇給賞与計算の方法について、付録のCD-ROMに収納されたエクセル給与計算ソフトとともに解説している。

A5判 240頁 並製 本体3,000円 2007年4月刊行 ISBN978-4-88372-285-3

全国の大手書店・ネット書店・財団店頭ほかにて好評発売中。生産性労働情報センターホームページからもお求めいただくことができます（http://www.jpc-net.jp/lic/）。

評価の急所（へそ） －パラダイムシフトを迎える人事評価－

神戸大学大学院経営学研究科教授　高橋　潔　著

　人事評価は組織を映す「鏡」である。評価の仕組みを見れば組織のことが見えてくる。わが社でだれが優遇され、だれが上に昇るのか。組織のナンバーワンは、どうのようにして決まるのか。それは組織が大切にしている「価値」を、わかりやすい形で示している。だから、評価の仕組みを通して、企業の価値観をこれまで以上に熱心に伝えていく必要がある。本書では人事評価の"九つの急所"を射ぬき、多忙なビジネスパーソンが人事評価の急所（へそ）を理解できるよう、分かり易くその要点をまとめている。

　B6判 102頁 ソフトカバー 本体1,000円 2013年11月刊行 ISBN978-4-88372-457-0

「働くことの意識」調査報告書（毎年6～7月刊行）

日本生産性本部・日本経済青年協議会　編・発行

　昭和44年から実施している、各年度の新入社員を対象とした、我が国で最も歴史のある意識調査。経験のない新入社員がどのような価値観をもって職場生活に臨もうとしているか、仕事・働き方への考え方や会社を選んだ理由、仕事と生活のバランス等、意識構造と経年変化を把握できる。

　毎年入社年度別新入社員タイプ一覧付き。平成24年度は「奇跡の一本松型」、平成25年度は「ロボット掃除機型」、平成26年度は「消せるボールペン型」。

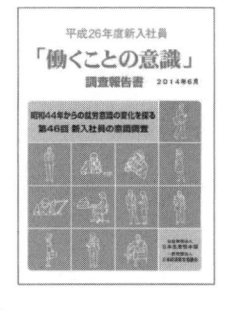

　B5判 153頁 本体3,000円 ISBN978-4-88372-480-2（平成26年版）

日本的雇用・人事システムの現状と課題（2013年度調査版：調査毎刊行）

雇用システム研究センター・生産性労働情報センター　編・発行

　1997年より実施している「日本的雇用・人事の変容に関する調査」の第14回・2013年度調査結果。管理職層・非管理職層への導入賃金体系／評価・キャリア開発制度／働き方／女性・高齢者活用など、これまでの継続的設問に加え、定昇制度の有無や改正高年法施行など時事に合わせ設問している。

　改正高年法施行に伴い設定した設問では、「公的給付をできるだけ活用」と「前提としない独自水準」が二分、「現役世代の賃金カーブの見直しはしない」が約8割、約3分の2が「60歳以上の雇用確保は新卒採用に影響しない」が約3分の2、という回答だった。

　B5判 156頁 本体3,000円 2015年4月刊行 ISBN978-4-88372-494-9